続暗黒大陸 中国の真実

ルーズベルト政策批判 1937–1969

ラルフ・タウンゼント・著
田中秀雄・先田賢紀智・訳

芙蓉書房出版

【解説】アメリカから昭和史の見直しをせまる

田中　秀雄

本書は二〇〇五年に出版されたラルフ・タウンゼント著『アメリカはアジアに介入するな！』（芙蓉書房出版）を増補し、改題して、新たな解説をつけたものである。二〇二〇年に本書の前作というべき『暗黒大陸中国の真実』が新装版として出版されたので、本書もまた新たな体裁で再刊しようということになったのである。

タウンゼントの略歴は、新装版『暗黒大陸中国の真実』でほぼその全体像を語っている。本書では、それと重なる部分もあるが、一九三七年から一九四〇年頃までの悪化する一方の日米関係、そして戦後に解説の焦点を当ててみよう。

中立を維持しよう

外交官を辞めてから、『暗黒大陸中国の真実』の原書である *Ways that are dark* を一九三三年、ルーズベルト政権発足の年に出版したタウンゼントは、その後一九三五年に *Asia answers* を出版した。これは一九三七年に『米国極東政策の真相』として邦訳出版され、タウンゼントは日本に招かれることになった。タウンゼントも激動する極東情勢を自分の肌で感じておく必要を認めたのだろう。日本から足を延ばし、満洲国の実情をつぶさに観察した。その折に勃発したのが盧溝橋事件（七月七日）である。

アメリカに帰国した彼はアジアの戦争に対して取るべきアメリカの態度について、居住するサンフランシスコの放送局から、二週続けて放送したのが、冒頭の「中国大陸で戦争中の日中両国について」と「戦争話は関係修復を阻害するだけである」である。

この背景にはルーズベルト大統領がシカゴで行なった有名な隔離演説（一九三七年十月五日）がタウンゼントの念頭にあったと思われる。これまた有名な、爆撃で破壊された上海南駅ホームに泣き叫ぶ赤ん坊の写真を載せた『ライフ』は十月四日号である。『ライフ』誌の社主、ヘンリー・ルースはあからさまな親中派だった。この煽情的な写真によって、ルーズベルトの反日姿勢が鼓舞され、増幅した可能性は否定できない。

タウンゼントは大統領が明確に、平和と秩序を破壊しようとする勢力に日本を入れたことに危機感を持ったのである。英文タイプ原稿計二十三枚で、いかなる経緯か分からないが、牧野伸顕関係文書（国立国会図書館）に入っている。

次に見出されるタウンゼントの足跡は、『東京朝日新聞』（十二月十六日付）に載った手紙である。夏の訪日で知り合いになった朝日の記者に手紙を出したのだろう。以下のような内容だった。

> 極東の現実を知悉し且つ米国の利害に良心的に専心する者は、いづれも今日日本がアジアで「アメリカの戦」を闘つてゐる事を認識してゐる。現在米国の言論は主としてボルシェヴィズム論者及びその愛好者のニュース根源から発せられてゐて、巧みに一般の輿論《よろん》を指図してゐる。
>
> インチキ牧師や大学教授は此の赤色の魔術に操られて「人道的」なる見解を発表してゐる。数日前私は或る新聞の編集者と会食中、彼が知らざる種々の事実を私が話したところ

即座に同意賛成した、そして私に記事を書く様に乞うたので私は早速それを書いて与へたところ彼は読んで頭を横に振った「これは疑いなく全く事実だ、然しこれを発表したら問題になる」これは日本の読者に説明を要する。

即ち約言すれば、ボルシェヴィズムの煽動者は長い間わが労働階級に運動の結果、今日米国の左翼労働者は極端にロシアに親密だ。日本はボルシェヴィズムの敵対者として知られてゐる、従つて日本に有利なニュースを提供する新聞社は労働争議を惹起す。それは今日米国で単なるストライキに非ずして機械の破壊及び企業の現実的壊滅を意味するのだ（中略）吾人《ごじん》は日本が存在せねばアジアの地図は短時日の中に真赤に彩られる事を知つてゐる、ボルシェヴィズムは疫病だ、それは一部に掴まれば忽ち他の部分に蔓延する。同様にその抗素は一部に出来れば他の部分に生ずる。吾人は日本が支那の民衆にとつて南京政府より遥かに良き友達である事を信ずる。

支那の民衆の福祉のため、日本の不断の発展のため、世界文明の利益のため吾人は日本の迅速なる勝利を祈ると共に併せてそれを実現するため闘つてゐる忠勇なる日本の将兵に敬意を表します。

タウンゼントは「ボルシェヴィズムは疫病だ」と述べている。これはまさしくルーズベルト演説の「無秩序という疫病を隔離する」とは正反対の認識だ。大統領の考えでは、世界はいずれ真っ赤に染まってしまうというのがタウンゼントの危惧するところだった。自らの考えがマスコミで発表できないのであれば、日米関係の安定に役立つ冊子を自力で発行していこうという気にさせたのであろう。

そうして彼が立て続けに読者を募って発行していくのが、次の四冊となる。『中立に中途半端はあり得ない！』、『アジアにアメリカの敵はいない！』、『憎悪の高い代償』、『国際紛争を求めて平和を望まぬ者たち』である。これらを一九三八年から一九四〇年にかけて彼は独力で発行している。しかし金具で綴じただけの、ある意味粗悪なパンフレットである。*Asia answers* までは、重厚なハードカバーの本を二冊ＰＵＴＮＡＭ社から出せたのである。

『中立に中途半端はあり得ない！』の場合、定価は一部十セント。但し、二十五名か、それ以上のグループ、平和団体、協議会、研究団体のような組織でまとめて購入する場合は七セントで買える。送料受取人払い、大量購入で、宛名がそれぞれ違えば、一冊十セント。郵便振込前払い。申込先はサンフランシスコ市のボックスナンバー３４７の私書箱宛てと裏表紙にある。この宛先は一九四〇年まで変わらない。

『アジアにアメリカの敵はいない！』は、定価十五セント、米国内送料込みで十八セント。十人以上まとめて購入の場合は十一セント。送り先が別々であれば十二セントとなっている。次の『憎悪の高い代償』も定価は十五セントである。『国際紛争を求めて平和を望まぬ者たち』については本文中に書かれている。

支那事変勃発直後からタウンゼントが念願していることは、アメリカが純正な中立法の精神によって動くこと、反日ジャーナリズムの煽動に米国民が動かされないことにあった。

中立法は一九三五年八月に、イタリアのエチオピア侵攻を期に制定されたもので、交戦中の国には武器、軍需品を輸出しないということだった。これが二年続けて修正されても、アメリカ伝統の孤立主義の趣旨は維持せられていた。合衆国の安全を目的とするものであり、交戦国を援助、妨害する目的は持たなかった。しかしタウンゼントは隔離演説に明確に中立を離脱しようとする意志をみとめた。その意向が強く出ているのがラジオ演説の二編であり、『中立に中途半端はあり得ない！』である。

元々大統領は中立法制定以前から交戦国を自ら指定できる権限をこの法律上に求めている人物だったから、タウンゼントの危惧は当然であった。

反日ジャーナリズムの猖獗

次にタウンゼントが憂慮していたのは、アメリカにおける反日ジャーナリズムの猖獗《しょうけつ》であった。真実を捻じ曲げて、嘘のプロパガンダと化した幾つもの事例が本書に紹介されているので、つぶさにそれを観察して頂きたい。ルーズベルト政権を煽るように、あるいはそれと歩調を合わせて、対日戦に向けて邁進する反日ジャーナリズムの実態がタウンゼントの手によって記録されているのである。

補足的に書いておくと、93頁に紹介されているアンナ・ルイズ・ストロングはアメリカの左翼ジャーナリスト――「３Ｓ」の一人と呼ばれていた著名な女性である。Ｓの他の二人はアグネス・スメドレーとエドガー・スノーである。スノーと同じく、ストロングの墓も北京にある。

94頁に紹介されている *Chinese destinies*（邦訳書『中国の運命』）は、そのアグネス・スメドレーの著書である。同じ頁の *The case against Japan*（日本を告発する）は、チャールズ・Ｒ・シェファードという無名作家の著作だが、出版時期から推定すると、いわゆる南京虐殺事件も出ているのだろう。『暴日侵華記』というタイトルで、中文訳も出ているらしい。

『日本はアジアでアメリカに対して門戸閉鎖をしたか？』と『アジアにアメリカの敵はいない！』で批判されているカール・クローは有名な反日作家である。辛亥革命の年（一九一一年）に中国にやってきたジャーナリストであり、それから支那事変が始まるまで中国に住み、広告代理店も経営していた。日本滞在の時期にUPの記者として、対支二十一ヶ条の要求をスクープしたと自慢する人物である。

元々親中派だった彼があからさまな反日姿勢を取るのはアメリカに帰国して、*I speak for the Chinese*（一九三七年）を出版してからである。この本は明治以降の日本が一貫して中国を侵略しようとしているという歴史観で描かれており、驚くことに日本が世界征服のためにまず中国を征服するということを述べた田中上奏文までも出てくる。

彼は同じ年に ***Four hundred million customers***（邦訳書『支那四億のお客様』）が売れて、英米で人気作家となっていた。彼はこの後、田中上奏文を繰り返し著作に取り上げ、宣伝している。その頃ルーズベルトが中国に派遣した側近、エバンズ・カールソンも日本の世界征服計画を本物だとする報告書を出して、大統領に影響を与えた（『ルーズベルト秘録』）。カールソンもクローの著作を読んだに違いない。

クローは日米戦が始まった翌年、一九四二年にはOWI（戦時情報局）に勤務する。田中上奏文を取り上げたクローの著作は、南京虐殺も描いた映画『バトル・オブ・チャイナ』（一九四四年）でその書名が紹介されている。彼の上司はタウンゼントの『暗黒大陸中国の真実』をNYT紙上で酷評したオーエン・ラティモアだった。ラティモアは戦争末期に、日本の皇族を中国に監禁すべきだと論じた人物である。

タウンゼントが「親ソ派」として批判するジャーナリストには、トーマス・A・ビッソンもいる。戦時中にエドガー・スノーやラティモアと行動を共にし、戦後はニューディーラー官僚として来日し、日本の根本的改造と社会党政権樹立に力を注いだ。一九九五年に公開されたヴエノナ文書でソ連スパイと指摘された人物である。

あるいはハルノート原案作成に尽力したとされ、戦後、非米活動委員会で共産主義者として告発され、その後自殺したハリー・デクスター・ホワイトが、財務省官僚だった盧溝橋事件直後から中国を経済支援していたとタウンゼントは述べている。驚くべき話である。

タウンゼントはこうした反日に明け暮れる作家、あるいはジャーナリスト、政治家たちを、文字通り「共産主義者」「極左 red」、あるいは「国際主義者 internationalist」と表現し、告発している。国際主義者とは「視野の広い国際的視点を持つ人」などではない。国益を忘れて、他国あるいは外部集団に奉仕する人である。最後の論文「真珠湾攻撃とは何だったのか」で批判されている「リベラル Liberal」も同じである。

タウンゼントがこの論文集で舌鋒鋭く批判したのは、クローやラティモアのようなプロパガンディストとして認識されねばならない作家たち、そして英仏米の政治家の偽善、ダブルスタンダード、策略、遁辞である。彼らリベラルの日本観、例えば「悪辣な軍国主義国家・日本」という認識が、戦後のGHQの日本改造の指針となっているのである。タウンゼントは明確にそれが間違いだと指摘しているので、本文をご覧いただきたい。

日本との共同作業

タウンゼントの名前は、処女作『暗黒大陸中国の真実』を出版したときから、在米の日本人関係者には知られていた。そのことは駐米大使の齋藤博が外務省に送った手紙でも知ることができる。彼は自ら第二作目の *Asia answers* を日本の外務省に送ったほどである。

このようなアジアにおける日本の立場を弁護してくれるタウンゼントは、在米日本人社会には頼もしい人物であったに違いない。そのことが分かるのがラジオ講演録『日本はアジアでアメリカに対して門戸閉鎖をしたか?』(サンフランシスコ日本商工会議所発行)である。悪意極まるネガティブキャンペーンになんとか対抗しなければならないというのが、商工会議所関係者の偽らざる思いであったろう。

同じアメリカ西海岸に、バンクーバー(カナダ)という町がある。支那事変後、この町でも反日感情が高まって来た。日本人への移民制限、商業を営むためのライセンスの発行制限など、様々な難題が降りかかった。そのトラブル解決は当地の領事館の仕事である。根道広吉領事の日本本省への報告書を見ると面白い。日本への誤解を解くため、領事館では当地のCKMOラジオ放送局の時間を週一度買い、地元市民に人気のあるトーマス・マキネスというラジオキャスターを使ってカナダ人の反感を鎮め、日本理解を広めようとしていた。例えば、蔣介石軍が撤退していったときに黄河をわざと決壊させた事件(一九三八年六月十二日)も、中国側の宣伝で日本軍の仕業だと見られていたので、真実を説くラジオの効果はてきめんであったという。

根道は一九三九年三月一日の夜、このトーマスを使って High cost of hate というタイトルのラジオ番組を放送している。内容はタウンゼントの同名の冊子と同趣旨のことを言っており、タウンゼントの名前も原稿に出てくる。根道はタウンゼントの『憎悪の高い代償』を手に入れて読み、真実を広める宣伝に使おうとしたのだろう。彼は加瀬俊一と同期の外交官である。

しかしこのような在米日本人社会との共同作業や関係の深さが、逆に真珠湾攻撃後において、「秘密のエージェントではないか」とタウンゼントがこうむることになる悲境に繋がっていくのである。

急角度で悪化する日米関係

元々、ルーズベルトは親中派で、中国と手を結んで日本を抑え込もうという考えを海軍次官時代（一九一三～一九二〇年）から持っていた。またエドガー・スノーの『中国の赤い星』（一九三七年）や『アジアの戦争』（一九四一年）を深い関心を持って読むという人物である。一九三八年末には中国への初の借款、二千五百万ドルを決めている。日本軍が漢口や広東を軍事占領してまもない頃で、日本への敵対性が明確化してくる。

翌年四月九日、親日派中国人天津海関監督を殺害した抗日テロ犯人四名が英仏租界に逃げ込んだため、現地日本軍は犯人引き渡しを要求したものの、二か月経っても進捗しないことから六月十四日、天津英仏租界の封鎖に踏み切った。この問題は翌七月二十二日、イギリス側が譲歩した形で決着したが、これをNYT紙は、前年九月三十日にズデーテン（チェコ）のドイツ帰属を認めた協定にちなみ、「第二のミュンヘン」と呼んだ。

四日後の二十六日、報復行為のようにアメリカは対日通商条約の廃棄を通告した。条約は六か月後に失効する。日本は軍事行動に必要な軍需物資を多量にアメリカから輸入していた。日米関係は漂流を始めた。

また一九三九年十月には、英仏に対して有利になるように中立法が改訂された。第二次大戦勃発直後である。

そういう頃にタウンゼントは『国際紛争を求めて平和を望まぬ者たち』を出版したのである（一九四〇年五月一日）。この冊子は戦争への危機感を如実に反映している。その切実感を味わってほしいと思う。

中立を標榜する彼は、国際主義者と反対の孤立主義者、不介入主義者であり、日独伊、いわゆる枢軸国を応援するつもりはなかった。しかしルーズベルト政権が中立を逸脱し、国際主義者たちが反共国家である枢軸国を激しく非難し、戦争を煽る以上、その言論は自ずと枢軸国の擁護となってしまうのであった。

この点はタウンゼントも主要な会員となった「アメリカ第一委員会」（一九四〇年九月結成）の広告塔的存在であるチャールズ・リンドバーグの場合も同じだった。彼もそのラジオ演説がユダヤ批判であるとされ、直接ルーズベルト大統領に名指しで非難されたのである。「アメリカ、ファースト！」を唱えるアメリカ第一委員会は、アメリカの国益を第一に考え、参戦を望まない米国人の孤立主義者、不介入主義者が自然に集まってできた団体で、八十万人の会員を抱えた。フーバー前政権の国務次官だったウィイリアム・キャッスルもその一員で、その言動によって理不尽な中傷を受けていた。タウンゼントはそうしたリンドバーグやキャッスルの議論を支持して欲しいと『国際紛争を求めて――』で呼び掛けている。

一九四〇年八月には、アメリカは対日航空機燃料を禁輸し、九月二十三日に日本が北部仏印進駐をすると、二十六日に屑鉄を禁輸する。翌日、日本は日独伊三国同盟を締結する。当時の近衛文麿首相の考えは、「唯一の打開策は米国の反対陣営である独伊と結び、更にソ連と結んで、米国を反省せしめるほかない」（『平和への努力』）というもので、積極的な同盟締結ではない。これはアメリカの圧迫の産物なのである。

一九四〇年十一月、不戦の誓いをして三選したルーズベルト大統領は、年末には口をぬぐって、「民主主義の兵器廠」を唱えた。更に枢軸国との対立は深まった。大統領は翌年三月に武器貸与法を成立させて、イギリスを援助し、さらにこれは中国やソ連にも適用された。中立法の完全な蹂躙である。八月一日には、対日石油輸出が全面的に禁じられた。

この年、関係打開のためにアメリカに渡った野村吉三郎、来栖三郎両大使の外交努力も空しく、ハルノートを突き付けられて日本は対米開戦を決意する。タウンゼントはその余波というべき対日憎悪のうねりと前述した疑惑から、二つの法律の違反者として逮捕、告訴された。見せしめ裁判 show trial に晒され、戦時中は長く屈辱的な状況に甘んじなければならなかった。

その最大の原因は〝騙し打ち〟としての真珠湾攻撃なのである。これが意味するものをタウンゼントが戦後の晩年になって考察したのが、「真珠湾の真実」である。彼は自らを辛く厳しい立場に陥れることになった真珠湾攻撃、これを遂行した日本を非難してはいない。そうせざるを得ない立場に追い込まれた日本を温かい目で見つめている。

しかし日本人は逆にそういう彼を数十年も忘れ続けていたのである。タウンゼントの日本における復権は、昭和史を修正主義の立場から改めて見つめ直すことに通じている。

なお前作『暗黒大陸中国の真実』では、読みやすさを考慮して翻訳時に我々が小見出しを付けておいたが、今回のタウンゼントの全著作ではすべて原文そのままの小見出しを翻訳、使用している。また第二次上海事変後の日中間の戦争を、当時の日本は「支那事変」と正式呼称していたが、タウンゼントは China war とか Asia war と書いており、「日中戦争」が訳語としてよりふさわしいと判断した。また冊子により、通州事件の犠牲者数が違っているが原文のままに訳している。

続　暗黒大陸中国の真実
ルーズベルト政策批判1937－1969

目次

《ラジオ講演》

中国大陸で戦争中の日中両国について

原題　Talking sides in the China fight
サンフランシスコ・ＫＹＡ放送とその系列局で
１９３７年11月18日午後８時15分～８時30分放送

数年前のこと、私は中国にいたのですが、実際それは極東問題についての研究とレポートに夜も昼もない日々でありました。一九三二年、私は上海での戦い〔訳注／第一次上海事変〕に遭遇しました。その後、私はアジアの別のところで日中間のさまざまな関係を知ることになります。今年、一九三七年の夏、私は再び戦いが始まった極東にいました。こうした観察から、私はアメリカの一般的意見が正しい情報というよりも、プロパガンダによって形成されていると断言できるのです。これは二十年前の第一次世界大戦のときもそうでした。極東関連のニュースには現在検閲がされているので、真実は判らないままです。正しく判断するには、我々は修正が何度も必要だと理解するのです。

一九一七年のことですが、少数派なのに行動的な者たちが私たちを戦争に導きました。それと同じ事例に今我々は巻き込まれようとしているのです。中国と日本は六千マイルも遠いところにあります。どちらにも何の義務もないのです。どんな問題があろうと、彼らの戦いには関係がありません。私たちは中立を維持すべきです。日本は我々に一度も危害を加えたことがない。アメリカの旗が翻っている領土を攻撃したこともないのです。日本は我々を困らせるようなことはなにもしないのです。ついでながら、日本は借りた金をすべてきっちり一セントまで忠実に返却してくれる数少ない国の一つなのです。なぜ私たちは日本に対して敵対的な言動をするのでしょうか？　ただ単にソ連を、イギリスを、そしてフランスの野心を喜ばせるだけではないでしょうか？　彼らは借りがあるのに払わず、我々にひどい手荒なことをしているのですよ。

我が国の宣伝屋たちやかの国々の手先の連中は、中国での戦争がデモクラシーに対する脅威だと言い張っています。私たちはこれを二十年前にも聞いたように思います。ちょっと一息入れて、この話を極東問題に置き換えて考えてみましょう。なんで、存在もしないデモクラシーが脅威にさらされるのですか？　中国も日本も民主主義国ではありません。日本人が国会議員を選挙で選んでいるのは事実です。しかし統治を行う皇室という世襲の権威の存在が、我々の考える民主国という概念から日本を除外するのです。デモクラシーという言葉は、これを中国に適用するとすべてが馬鹿馬鹿しいものとなってしまいます。公職にあるものは選挙で選ばれていないのです。いまだかつてない。

中国はこの二十六年間混乱しており、軍事独裁国家なのです。専制国家であり、誰もが知っていることですが、独裁者の蔣介石は選挙で選ばれたことなどないのです。彼はその前の者がそうしたように、戦争に勝ってその最高権力を手に入れたのです。ところで、巧妙なプロパガンダの臭いがするのですが、この戦争が始まって以来、ある者たちは蔣介石を「独裁者」と呼ぶのをやめました。そのプロパガンダによると、中国を民主国にする計画のようです。民主国に住む私たちを同情させるようにということのようです。

どうして、こういう外国の事件に関心を向けるようにアメリカでキャンペーンが行われるのでしょうか？　国内を見てみましょう。政府の統計によると、一月当たり約千件の殺人事件がここアメリカ合衆国で起きているのですよ。この国で捕まっていない犯人の数は、今戦っている中国軍と日本軍の兵隊を合計した数の約三倍になると考えられています。もし我々のGメンが作成した見積もりを信ずるならば、アメリカにおける犯罪による資産の損失はこの五ヶ月に限っても、これは中国で戦いが始まってからの期間と同じですが、その期間の中国の戦場での資産損失のおおよそ十倍になるのです。私たちは国内に何万人もの敵を抱え込んでいるんです。泥棒、強盗、恐喝家、殺し屋、ギャング団と、ありとあらゆるものです。それなのになぜ、太平洋のかなたの仮想敵などのことにかかわろうとするのでしょうか？

私の知る限り、一人のアメリカ人も意図的はもちろん、偶然でも日本人によって殺されてはいません。上海市議会の公式声明によれば、これはアメリカ人とイギリス人から構成されておりますが、租界に恐ろしい被害をもたらした爆弾は日本のものではなかったと明確に述べております。

一人のアメリカ人もこの戦いで日本人に殺されていないのに、これとは対照的に、この戦争が始まって以来、国内で五千人もの人が殺されているのです。それでは、我々の敵は誰なのでしょうか？　我々に何も害を与えない日本人か？　それとも国内にいる毎月千人もの尊敬すべきアメリカ人を殺し続けているギャングなのか？

文明を守れとよく言われます。ごく普通の意味において、文明とは何によって成り立つものなのでしょうか？　そして文明を守るとして、それはまず自分のことから始めるべきではないでしょうか？

中国との貿易で年間一億ドルの損をしているというアジテーションがありますが、あれはフィクションです。ウソです。この中国との貿易を守るためには、日本製品をボイコットしなければならないと彼らは言います。日本との貿易は我々には三倍も重要なのですよ。どうしてこんなことになるのでしょうか？　陸軍省の見積もりを読めば、日本と戦争するとして、五百億ドルの戦費がかかるというのです。五百億ドルですよ。もし我が国が中国に物を売って十％の利益が上がるとします。多めに考えての話ですが、それは年間の純益として一千万ドルです。繰り返しましょうか、日本との戦争にかかるコストは、五百億ドル、中国との貿易での利益の五千年分になるのです。

我が国に何か新しい貿易の展望とかがあるのでしょうか？　ワシントンでやかましく叫んでいますが、何か新しい平和の方法とか、中立のための政策とかがあるのでしょうか？

日本が中国との戦いに勝利を収めた暁には、我が国は中国と貿易が出来なくなるという宣伝がありますが、まったく証拠のないことなのです。我が国の満洲との貿易は、一九三三年から翌年と増えているのです。世界情勢に影響される他国の場合と比較しても変動は少ないのです。日本は我が国との貿易を中国相手に転換することはできません。なぜなら、我々は日本が作れないものを売っているからです。日本には綿や石油、その他の我が国が主要輸出品としているものがありません。日本はこれらを我々から買い、それは中国が買うものの約三倍にもなるのです。だから敵を作るということは、我が国の労働者にとっての一番いいお客さんをもっと貧しい連中と取り換えてしまうことになるのです。

そういう行為はアメリカの労働者を痛めつけるだけです。日本に対しても効果はない。気をつけておくべきことがあります。日本製品をボイコットしようとすることは、ボイコットの影響のないイギリスに一歩を譲るということになるのです。イギリス、フランス、ソ連は我々よりはるかに大きい利害関係を極東に持っているのです。このボイコットキャンペーンを始めたわけではないのだし、彼らにはどうってことないことではありませんか？

繰り返しますが、日本製品をボイコットしようというアジテーションをかけている連中は、私たちを戦争に連れて行こうとしているのです。「我々の伝統的な孤立主義を捨てて、世界の中で役割を演じよう」と。では、彼らが言っている「孤立主義」とは何でしょうか？　証拠を見てみましょう。

一九〇〇年以来、公刊された統計によると、外国との取引関係でアメリカは約三千八百億ドルもの損失を被っているとのことです。三千八百億ドルですよ。これはほとんど同額までふくらみ、我々を呆然とさせている国債とは関係がありません。別の問題です。単に外国との取引の総額です。それらのほとんどは債務不履行のことなのです。そのいくらかは、アメリカの学校とか病院などの援助として換算されています。世界中への。もちろん中国も含みます。重要な事実は、この三千八百億ドルが、三千八百億ドルですよ、この国から消えて、キャッシュでも製品でもいいですが、同じ価値のものとして戻ってきていないことなのです。南アメリカの先端から北極海まで、そしてフランスの山から中国の平原まで、私たちはまったく気前の良いサンタクロースを演じているのです。貸し倒れの増大によってまったく価値がなくなったり、収支が逆転してかさんだりして、その結果が三千八百億ドルという総額となっているのです。

一体どうしたんでしょうか？　これはアメリカの男女をすべて雇用して、平均約千ドル与えるという換算になるのです。三千八百億ドル……、ありがたいじゃありませんか、そして彼らは孤立主義でありすぎた、我々の役割を演じなければならない、と言うのです。

ここ四十年間に私たちは他国のために二度の戦争をしてきました。気がついて欲しいのは、我々が自ら望んで戦おうとしたことではないことです。そうです。我々は誰かとその利益のために戦ったのだということです。一八九八年、キューバ人を助けてやろうとスペインと戦争しました。一九一七年から翌年にかけては、イギリスとフランスのためにドイツと戦いました。我々は二百万人をフランスに送りました。そして何千人もの兵隊が生きて帰りませんでした。ほかに数千もの兵隊が毒ガスにやられ、負傷しました。何のためでしょうか？　誰のためでしょうか？　そうです。歩兵部隊でも砲撃部隊でもという頼みごとに応じたのです。そして今また、新たな戦争を煽ろうとしている者がいます。その戦争は何百万、十億という巨額を使い、もっとひどく血が流されるものなのです。なぜそうするのか、彼らは言います。「我々は過去において何もしてきてこなかったからだ」と。

では誰がこう言っているのでしょうか？　誰がこんなプロパガンダを発明するのでしょうか？　別に探しに行く必要はありません。アメリカ中でボイコットを呼びかけている一番目立つ者たちに注意を向けるだけでよいのです。彼らは極東で共産革命を成功させるために骨を折っている連中なのです。もちろん、私たちは選ばれてスケープゴートになっているのです。このようにして、アメリカにおける共産主義者の利益と機密事項がボイコットという手段を通じて結びつくのです。ボイコットは紛争に発展するでしょう。そして我々は紛争から何が起きてくるかを知ることになるのです。

私たちが世界中でサンタクロースを演じてきた結果、どういうことになったのでしょうか？　デモクラシーが発展したでしょうか？　今日のヨーロッパの政治地図を見てください。デモクラシーがどのくらい履き捨てられてきたかを理解するでしょう。我々が一生懸命援助をした国々に対して、どの程度友好関係を結べたのでしょうか？　答えは簡単。一九一八年十一月十一日の休戦協定締結から二、三ヶ月も経たないうちに、フランス人に馬鹿にされました。一九二六年の夏まで、ちょうど我が国が負債の返済をおずおずと求めている時です、アメリカ人はパリの路上でつばを吐かれたり、石を投げられたりしていたのです。イギリスでは、どこでもあからさまな侮辱行為を受けていたのです。

そして我々がスペインから無条件で解放してあげたのに、今日キューバでは、我々のことをどう思っていると思いますか？　近年キューバに滞在していたアメリカ人に尋ねればすぐ分かることです。

第一次大戦後、ヨーロッパであったことを覚えておくのは重要なことです。私たちは実際に戦った者の中で嫌われていたのです。

同じことが中国でも言えます。過去において、しばしばあることです。何ヶ月もかかってあの手この手を使って私たちから融資を引き出します。そしてお金を手にしたとたん、中国の政治家たちは、これは中国の金融界を支配しようとするアメリカの策略の証拠だと言いふらすのです。中国人に我々が貸したお金は、しばしば我々への敵意の温床になってしまっているのです。中国を助けようという私たちのこれまでの努力は、ヨーロッパに対する友情より強いものでした。

十九世紀の後半、我が国は何百万ドルも中国に学校その他の援助として注ぎ込みました。善意としてのそうした努力は中国の役人たちにはなんの好印象も与えませんでした。一九〇〇年の恐ろしい反外国人虐殺〔訳注／義和団事件〕で、我々が援助していた政府は、なんとその軍隊を殺戮中の義和団と合体させたのです。アメリカ人たちの指揮官たちが犠牲になりました。またほかの外国人も同じ運命に遭いました。にもかかわらず、その後何十年も私たちは学校や病院を中国に作り続けてきたのです。その総額は五千万ドルに上ります。そしてそれを維持するために、何百万ドルも送り続けているのです。これで友情を獲得できたでしょうか？　少しばかりの中国人はそうなったと言えます。しかしほとんどの役人は、「ノー」です。

一九二七年に国民党の一団が権力の座に着いたとき、それは今も政権を持っていますが、アメリカ人をはじめとした外国人を排撃しようという呼びかけをやっていた共産主義者と連携していたのです。アメリカ人たちが殺されました。ちょうど十年前のことです。蔣介石の国民党の軍隊は、「洋鬼をたたき出せ」と言って横断幕を掲げていたのです。南京では、国民党の軍隊に包囲された我が国の市民を助けるために、アメリカの軍艦が砲撃しました。ついでながら、我々はこのとき、宣戦は布告しておりません。中国はそのとき、アメリカやイギリスと対抗するために、共産主義者と同盟を結んでいました。今日、同じ独裁者による同じ政府が、再び共産主義者と同盟を結び、我々を抱きこんで、日本と対決させようとしているのです。

そうです、私たちはこう論理的に問いかけてもいいでしょう。なぜ我々はふたたび、中国でもソビエトでもあるいはその結合体でもいいのですが、その手先にならなければならないのでしょうか？　これらの国は、我々が一生懸命働いて得た金や我が国の青年の命を要求しているのでしょうか？　そういうものは我が国のために必要なのです。

それらを必要だと言い、工作をしかけてきている外国があります。しかし我々は今「ノー」

と言うべきです。我々はもう学びました。「ノー」と言うときには、はっきりと「ノー」と言うことです。

これはボイコットも平和への脅威も意味しません。

我々の行くべき道は、中国に対しても日本に対しても中立です。

今、どっちかに付けというのなら、我々はアメリカ側に付くとしか言いようがありません。

《ラジオ講演》
戦争話は関係修復を阻害するだけである

原題　War talk halts recovery
サンフランシスコ・ＫＹＡ放送とその系列局で
１９３７年11月25日午後8時15分～8時30分放送

先週の放送以来、西海岸の多くの聴取者から、私を支持するという手紙や電話をいただきました。これらの意見から汲み取れることは、大多数の思慮深きアメリカ人が平和を欲しているということです。そして、戦争になりかねないボイコットや、中立的でない動きに反対しているということです。

そしてこの夕べ、私たちは国民として、感謝祭を祝うべき二つの理由が存在するのです。一つには、我々は外国の紛争に巻き込まれてはいないということです。二つ目には、巻き込まれないために、良心的で情報に精通した市民の砦を築いていることです。センセーショナリズムに踊らされて無謀な行動に出ることのない、冷静な判断ができる人々がいることに感謝しましょう。私たちの来年の感謝祭が、ふたたび平和の中に見出されるか、あるいは戦争に突入してしまうか、それぞれのコミュニティで平和のためのリーダーシップを発揮し、決定するのはあなたがたなのです。

　私たちが今現在、尋常ではない戦争に参加しなければならない時代に生きているというのは通俗的な空想にすぎません。なぜこうなるかと言えば、戦争をやろうという宣伝が大きくなっているからです。彼らは我々にこう言うのです。「戦争というものは段々きびしくなり、大きくなってしまうものだ、結局は巻き込まれてしまうものなのだ。だったら今やったほうがましだ」と。

　しかしちょっと待ってください。比較してみましょう。一九三二年以来のことですが、それに先立つ五年間よりもその後の五年間のほうが紛争は少ないということが分かるのです。

　一九二七年から一九三二年までフランスは、アフリカのモロッコのリフ人と戦争していました。スペイン、タイ、その他の国々で大動乱でした。中国では、内戦がとてつもないスケールで繰り広げられていました。人命の損失もひどく、とても今の紛争とは比べ物になりません。私は中国で手に入れた統計を持っております。出典は中国のものからです。ある省の一九三一年五月の報告です。二百二十八万六千人が、二百二十八万六千人がですよ、中国共産党と反共産党との戦いで死んだのです。一九三二年の十一月に別の省・湖北省の長官が報告しています。彼の支配地域内だけで三十五万人が殺され、三百五十万人が家を失ったというのです。三十五万人が殺され、三百五十万人が路頭に迷ったというのですよ。これは共産主義者の戦争の結果です。一九二九年には中国とソ連との間で戦争がありました。ソ連の宣伝者は注意深いので、これについては今コメントできません。

　これらはちょっとした例です。戦争はもっときびしくなり、もっと大きくはなっていないのです。その逆なのです。

ではもっと前の五年間を見てみましょうか。好都合ですから一九二二年から一九二七年を、現在と比較してみましょう。この期間にはロシアの打ち続く内戦で百万人が虐殺されています。中国の長期にわたる内戦では、数え切れない人々が消え去っています。一九二七年には、排外キャンペーンが露骨に英米人に向けられ、捕まってしまった市民を助けようと、我々は南京を砲撃しました。一九二三年にはロシアはモンゴルの中国の領土をざっと一千マイルにわたって掠め取りました。赤い旗が今もはためいています。中国はいくらかのソビエトの援助と引き換えに、抗議することをやめたのです。その強奪がなされたのは、九ヶ国条約が締結された後のことです。私はこのソビエトの一九二三年の略奪をもって、どこかの国、共産主義でもほかのでもいいですが、悪意を書きたてようという気はありません。私が言いたいのは、戦争にしても領土支配にしても、十年から十五年前のほうがはるかに異彩を放っているだけでなく、最近のことに比べてももっと大規模であるということなのです。

もしよければ、第一次大戦以前の期間と比較してみればよろしいでしょう。戦争というのはもっと頻繁にあったことが分かりますよ。日本とロシアは一九〇四年から一九〇五年にかけて戦争しました。深刻なバルカン半島の戦争がありました。イギリスは南アフリカを征服するために大軍を派遣しました。一八九八年には我々はキューバの側に立ってスペインと戦争しました。一九〇〇年には、義和団と合体した政府命令による外国人虐殺行為からアメリカ人を救おうと中国に派兵しました。

現在、戦争は増えているわけではないのです。ただ通信、伝達が早くなった分、戦争の情報が多く聞こえてくるのです。刺激、興奮をもたらすということについては、宣伝する者ははるかに有利です。ほとんどすべての国がアメリカの助けを求めようとキャンペーンを行っています。もし可能ならお金を借りたいということです。もし誰かが宣伝と訪問してのお願いに百万ドル使って、結果として一千万ドル借りられたとするなら、それは立派なビジネスでしょう。おまけにそれは決して戻さなくていいのですから。

これらの宣伝者たちの中には、自分たちの戦争に私たちを引き込もうと思っている連中がいます。だからボイコットを呼びかけるのです。それが結果として《事故》となってしまえば、我々は完璧に戦争に落ち込むのです。

アメリカの危険というのは、外国からの攻撃があるということではないのです。我が国を脅威に陥れるような国はないのです。危険なのは、私たち、きちんとした善意の人々の中に、宣伝に動かされやすい人がいるということなのです。アピールの仕方はいつも決まっています。「デモクラシーを救え」です。昔は確かに効き目がありました。二十年以上前は、ロシアのニコライ皇帝は民主主義者だというように使われたものです。今は中国の独裁者・蔣介石に対して使われています。デモクラシーなんかどこにもない。彼は十年前、共産主義者と手を握り、血塗られた戦いに勝って権力を手にしたのです。中国はもっとも過酷な軍事独裁の国です。「民国」などというのは、まったくのフィクションです。私が中国にいたとき、反対の意見を言えば、裁判もなしに銃殺されました。これは悪意で言っているわけではありません。どんな政治体制だろうがそれは彼らの問題です。しかし判断を下そうというのなら、明らかな事実は知られておくべきでしょう。

多くの心優しい人、また正しいことを求める人、そういう人たちは特に宣伝に左右されやすいのです。戦争ということになるとき、彼らはどこかの受難者を助けたいと思うのですが、結局ただ我が国の人々を受難者の群れに引き入れるに過ぎないのだということまで考えないのです。戦争というのは病気みたいなものです。病気にかからない限り、我々はその犠牲者を助けることはできないのです。

ボイコットというのは、宣戦布告をしない戦争といっていいのです。この国の軽率で無分別な一部の人たちが、ボイコットという手段で宣戦布告なき戦争を日本に仕掛けようとしています。しかし我が国の政府はどんな国にも敵意を表明してはなりません。それゆえに、厳密に中立を維持することは、すべてのアメリカ市民の義務なのです。一部の人が六千マイルも離れたところの事件の判定を下したりするのは正しいことではありません。また中立から踏み出して行動することは、わが一億三千万の国民の平和や福祉を脅かすことになるのです。このボイコットを煽動している人々の多くはかつての戦争世代が多いのです。彼らの煽動はこのように塹壕の中で勤務することになるかもしれない若い人々に対して不公平です。こうしたアジテーションの危険性に対して、思慮深く視野の広い人々は立ち上がるべきです。結局それは、興奮して魔力にかかったようにして始まり、悲劇に終わるに違いないのです。

中国の今の戦争が宣戦布告なき戦争だという抗議の声が上がっております。しかしそれは、我が国の国務長官だったジョン・ヘイが、宣戦布告なき戦争をしているという先例を見逃しているのです。彼はそれを一九〇〇年に行いました。アメリカはその時、排外虐殺事件のアメリカ人生存者を助けるために中国へ派兵したのです。彼は「我が国は厳密な法解釈によって、宣戦布告は宣言しない」と他の列強に通知しました。もちろん、一九二七年に南京で、中国国民党の兵隊によってアメリカ人たちが包囲されたのを助けるために砲撃したときも宣戦布告はしていません。その時、蔣介石は公然とボルシェヴィキと手を結んでいました。そして彼の兵隊は、我々やほかの外国人を中国から叩き出し、財産を没収するのだという天下公認のアジテーションに応えて、「洋鬼を殺せ」と叫んでいたのです。その時アメリカ人は殺されました。さらにもっと多くが負傷し、何千人が国外に脱出しました。さらに言えば敵愾心のない宣戦布告の例がありますが、忘れられているようです。約八十年前、我が国は日本にペリー提督を派遣しました。もし日本が友好的でなかったら、日本沿岸を砲撃する許可を受けていたのです。我々は宣戦を布告していませんでした。

今、イギリスとフランスは中国での戦争に味方に付くように我々をせかしています。世界に正義を打ち立てろと言うのです。彼らはそれを一九一七年にも我々に言いました。戦争が終わるとすぐに、英仏のすべての新聞は、「アメリカは金儲けするために戦争に加担したのだ」と冷ややかに述べたものです。戦いが終わった後、デモクラシーが救われた後、そして我々が大西洋の向こう岸に百億ドル、百億ドルですよ、を貸し付けた後に、英仏の眼に映った、それが私たちの正義の姿なのです。しかし私たちは学びました。我々が今ボイコットやその他の手段でどちらの味方をしようとも、我々の行動は、我々をせかした連中に、後であざ笑われるに違いないのです。スペインとの戦争後にもそれは起こりました。ドイツとの戦争の後でもそうでした。同じ宣伝が今も出てきています。もし私たちがこれに屈服したら、同じ結果が出てくるでしょう。

ここに歴史事実の小さな断片があります。その上にあなたご自身の解釈を書き加えてくださって結構です。一九二九年のことです。中国は鉄道路線回収紛争でソ連と戦争をしました。我が国の政府は中国の行動を非難しました。もう一回言わせてください。八年前、中国が侵略してきたソ連軍と戦った時、中国の行動を非難したのです。そして今、我々は共産主義者と結託した中国政府と一緒になって、「中国」側に立って抗議しているのです。我々は中国が共産主義と結びつくと彼らの側に立ち、彼らが共産主義者と戦うと敵対するのです。これは両立は可能かもしれませんね。しかし面白いことがあります。私が知る限り、ソ連が中国の領土を一九二三年に掠め取ったとき、我が国はまったく非難はしていないのです。そこでは今も赤い旗がはためいております。

最近、私はボイコットとボイコットの脅威の影響を調べています。最近では、ボイコットが国家の政策を変える原因になったということはありません。ドイツはアメリカの四百万人の人たちによって四年間ボイコットを受け続けています。それでもナチの政策は変わりませんでした。イタリアもエチオピア侵攻の際、そのことでまったく影響は受けませんでした。どちらのケースでも、効果としては自国の生産を刺激し、外国からの供給に依存することからの自立を達成することにつながったのです。イタリアは驚異的な規模で、石油代用品やその他の必需品の生産に邁進しています。同じようにドイツは、以前は我が国から輸入していた食糧、綿の代用品、石炭から作る自動車燃料の増産に着手しました。ボイコットを受けた国、その脅威にさらされた国は危機感を感じています。それは我が国の輸出業者たち、労働者、農民たちも同じです。彼らは我が国の生産物を売らなければならないのですから。不自然な状況が生まれてきています。そこでは誰も助けられることはなく、すべての人が傷ついているのです。

日本に対するボイコットは現在、我が国に特に深刻です。ブラジルは我が国の対日綿貿易に抜け目なく入り込もうとしています。ほかの国々も日本の石油市場への参入に熱心です。我が国の貿易がうっかり間違うなら、私たちはそれを元に戻すことはできないでしょう。綿の場合だと、日本はそれを中国に求めます。綿の生産地があるのです。日本人は、「今の戦いで中国の領土を奪おうという計画はない」と言っています。もし我が国によるボイコットが着手されるなら、彼らは中国の綿産地に誘惑を感ずるでしょう。そして、そこに生産の拠点を確立するでしょう。ボイコットは政治的にも効果はないし、経済的にも賢いとは言えません。国家を大きく発展させるためにも、綿作地の農民や労働者のことを公平に考えれば、私たちは外国勢力による宣伝の策略に陥ってはならないのです。

しかし分別のない戦争の話がやっかいであるのは、直接に軍備の増強に結びつくことです。一九三一年における、我が国のあいまいな日本への警告は日本人を覚醒させました。日本は軍艦を増強させています。我が国の政策は、日本に対して海軍力を十分の三大きく保つことです。だから私たちは海軍増強に何億ドルもの増税を背負い込まなくてはならないのです。六年前からのボイコットの警告やむちゃな戦争話によって、日本の中に敵意を芽生えさせているのは別にするとしてもです。失敗を繰り返すことは無意味なことです。

私たちは中国を戦争から救い出すことはできません。できるのは、自分たちを遠ざけることだけです。どんな国でも、平和に向かってなしうる一番の貢献は、平和を維持することです。私たちにとって、今このコースが、経済的にも一番健全で政治的にも最も安全なのです。これを達成するために、あなたがたのコミュニティであなた方の力を振るってください。このことによって、私たちは来年の感謝祭のディナーを平和裏にいただくことができるのです。そして、すくなくとも繁栄のよりよいチャンスを得ることができるのです。

中立に中途半端はありえない！

原題　There is No Halfway Neutrality!
１９３８年３月刊

一八九八年〔米西戦争〕と一九一七年〔第一次大戦参戦〕、アメリカを戦争に巻き込まんとする動きがあったが、今その動きは組織化され大きくなっている。これは明らかに外国の国益を重要視したものである。アメリカにとって必要不可欠である貿易を支え、平和を維持するためには、いずれの国にも与することなく、厳正な中立を貫く以外に道はないのである。

前アメリカ中国領事館勤務
ラルフ・タウンゼント

日米間に揉《も》め事を起こそうという邪悪な外国勢力の運動があるが、それと知らずにこの運動に手を貸す「善意の人」が多い。なぜなら、多くの新聞が、昔と同じ手を用い、憎悪を掻き立てるために、まともな解釈ができるようなニュースや解説を止めて、考えられる限りのあることないことを書きたてているからである。

まともに書けば間違った記事にはならないのだが、間違った記事が毎度のように繰り返されるので、日米間の揉め事を起こそうという運動は、常識のある人に軽蔑され反論されるのである。アメリカを傷つけるような無用な揉め事だけは避けたいと考え、外国勢力に忠誠を誓うのではなく、極東情勢を観察し、曇りのない目で考察したアメリカ人たちの目には、ある国に対し憎悪を抱き戦争を仕掛けようという運動は実に不愉快に映るものである。

アジアで起こった動乱の数々を目撃してきた者の一人として、また現今の抗争が始まった当時、現地にいた者の一人として、現場に居合わせてじかに観察できなかった方々のために、ここに著者の考えを申し上げたい次第である。

一九三八年三月　サンフランシスコにて

ラルフ・タウンゼント

▼（タウンゼントの解説）
お好きな方をどうぞ
同じ日付の新聞であるが、人力車の乗客をある新聞は日本人とし、別の新聞はかわいそうな中国人としている。新聞が地方により、また編集方針によっては「正反対の解説をする」というほんの一例である。著者の手元にはこうした例が多数ある。

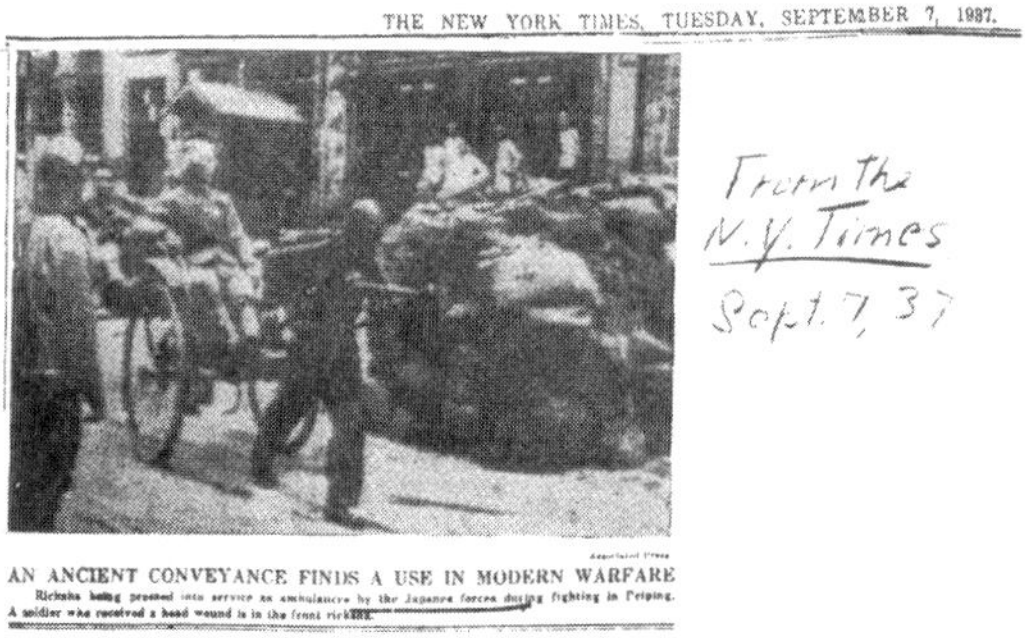

THE NEW YORK TIMES, TUESDAY, SEPTEMBER 7, 1937.

AN ANCIENT CONVEYANCE FINDS A USE IN MODERN WARFARE

Ricksha being pressed into service as ambulance by the Japanese forces during fighting in Peiping. A soldier who received a head wound is in the front ricksha.

（記事抄訳）1937年9月7日付の『N・Y・タイムズ』
近代戦に使用される古式乗り物。北京での戦闘中、日本軍に救急車として強制使用された人力車。先頭の人力車に乗っているのは頭部を負傷した日本兵。

A strange contrast in weapons of warfare is offered in the Sino-Japanese conflict, but none is more strange or pitiful than the comparison of the treatment of the wounded. The modern, comfortable ambulance above serves the Japanese casualties, while Chinese wounded must suffer in silence in their makeshift rikisha vehicles.

（記事抄訳）同日付けの『サンフランシスコ・クロニクル』
支那事変の日中の武器には格段の差があるが、なかでも負傷者に対する対応の差ほど悲しいものはない。日本軍の負傷者は最新式で快適な救急車に乗り、中国軍は急ごしらえの人力車に乗り、じっと痛みを我慢するしかない。

揉め事を起こすのがアジテーター

「中国から戦争をなくすことは我々アメリカ人にはできない」

これは極東事情に通じている者の常識である。

できることといえば、せいぜい介入しないことぐらいであろう。介入することによって苦しみを和らげることができるかというと、そうではないのである。

現在、アメリカには敵対する国がない。アメリカ人が主要国に赴けば、誰でも丁重なもてなしを受けている。世界各国政府がアメリカとの親善関係を望んでいるのが現状である。

中国は汽船フーバー号に対する爆撃と、上海の中立地帯にあるホテルを爆撃しアメリカ人を殺害したことを直ちに謝罪している。

日本はパネー号に対する誤爆事件を迅速に解決している。それは他国がアメリカに対して謝罪した場合や、アメリカが他国に対して謝罪した場合に比べると、実に迅速なものであった。

こうした友好的態度をなぜ揉め事や憎悪や戦争の脅威にしなければならないのか。

もし外国と重大な揉め事が起こるとすれば、それは、我々アメリカが挑発した場合に起こるものである。アメリカには日本との揉め事を望んでいるアジテーターがいる。その数は決して多くはない。しかしよく組織化され、資金は豊富である。こうした、少数ながら資金力のある一味が新聞・雑誌を握り、大衆を催眠術にかけ、無用の戦争へと引きずり込む手法はすでに明らかになっている。一八九八年〔訳注／米西戦争〕にそれを学んだ。また一九一七年〔訳注／第一次大戦参戦〕にも学んだのである。もちろん、アジテーターたちは今のところあからさまに戦争を呼びかけているわけではない。その第一段階として心の準備をさせようというのである。

①

The New York Times.

AMERICANS AND BRITISH KILLED IN ATTACKS AT NANKING;
WARSHIPS THEN SHELL CITY AND RESCUE SOME FOREIGNERS;
ALLIED COMMANDERS SERVE ULTIMATUM; ALL CHINA AFLAME

POISONED WHISKY IN SNYDER HOME

WASHINGTON ACTS QUICKLY

Parties From Ships Fight Way to Socony Hill to Reach Nationals.

②

The New York Times.

GRAY TO SEEK TRIAL OUTSIDE OF QUEENS; GAS PLOT REVEALED

THREAT TO SHELL NANKING FREES FOREIGNERS;
20 AMERICANS STILL MISSING, ONE KNOWN DEATH;
HOMES AND MISSIONS BURNED, WOMEN ATTACKED

WASHINGTON BACKS NAVY

Government Upholds Any Action Needed to Save Nationals in China.

THIRD ULTIMATUM IS SENT

It Follows an Evasive and Insolent Reply by the Cantonese Leader.

③

The New York Times.

AMERICAN COUNTESS SHOOTS ENGLISHMAN AND SELF IN PARIS

FOREIGNERS FLEE FROM ALL YANGTSE POINTS;
MORE BLOODSHED FEARED AS RED FLAME SPREADS;
1,500 MORE MARINES TO GO AT ADMIRAL'S CALL

CONFERENCE AT WASHINGTON

Cabinet Calls Army and Navy Chiefs in Consultation.

JAPANESE A NANKING HERO

Unarmed Navy Officer Rescued 190 of His Countrymen.

SHANGHAI ATTACK PLANNED

Labor Army, Well Armed, Prepares Drive at the Foreign Settlement.

FOILED GRAY SUICIDE BY POISON ON TRAIN

MISSION BOARDS GET RESCUE LISTS

NOTED 6TH MARINES

（記事抄訳）『ニューヨーク・タイムズ』

①（3月25日付） 南京が襲撃され米英人に死者。軍艦が砲撃し外国人多数を救出。戦火は全土に広がると連合軍司令官の結論。

②（3月26日付） 砲撃で助かる外国人。アメリカ人の死者1、行方不明20。家屋と伝道所は焼き討ちされ、婦女は暴行された。

③（3月27日付） 揚子江沿い全拠点から外国人避難。極左の炎が広がるにつれさらなる流血の恐れあり。海軍司令官が1500の海兵を派兵予定。

国民に憎悪が沸騰すれば、後は容易である。ところが不買運動ともなればビジネスは打撃を受け、失業者が増加する。これは、どれもこれもアジテーターたちには好都合なのである。

一九二七年には……

蔣介石は、米英を中国から追い出そうとする共産同盟によって中国の支配権を取った人間である。前頁の記事は一九二七年三月二十五、二十六、二十七日付のものである。アメリカ人が殺害され、拷問をうけたとあるが、これは中国が公式に表明した政策による犠牲者である。避難所に避難した外国人保護のためアメリカ軍が戦った。こうした十年前の事実をアメリカ大衆がすっかり忘れたのを見計らって、多くの新聞が蔣介石を「アメリカの援助に値する聖人ともいうべき英雄」として描いているのである。

一九二九年には……

満洲を侵略したソビエト軍はその後数ヶ月、宣戦布告もせず戦いを続けた。何らかの強い力が働き、このことはアメリカでは報じられなかった。戦火が拡大しても新聞は大きく取り上げず、後ろの方で申し訳程度に扱うだけであった。国際連盟もなぜか無関心であった。戦争全体が報じられなかったので、アメリカ人で事実を知る人はごくわずかであった。戦争という政治的に大きな意味を持つ事態であるにもかかわらず、どの新聞社も特派員を派遣しなかったようである。

▼（タウンゼントの解説）一九二九年まで、平和的というソ連の評価は弱まっていたが、親ソ派の組織はまだまだ強力で国際連盟の動きを抑えていた。当時のアメリカの新聞は沈黙を保っていたものだが、その二年後、日本が同じ地域でまったく同じ状況で、しかもごく穏やかに戦った時、大々的に報じたことを比べて欲しい。極左組織がアメリカで完成した後、極左と戦う中国は支持を全く得られなくなった。ところが反共の日本と戦うことになった途端、強力な支持を得るようになった。これは個人的な意見ではない。資料に基づき証明できるものである。なぜ反共とされるアメリカの新聞がこうした政策に反対しないのか不思議である。

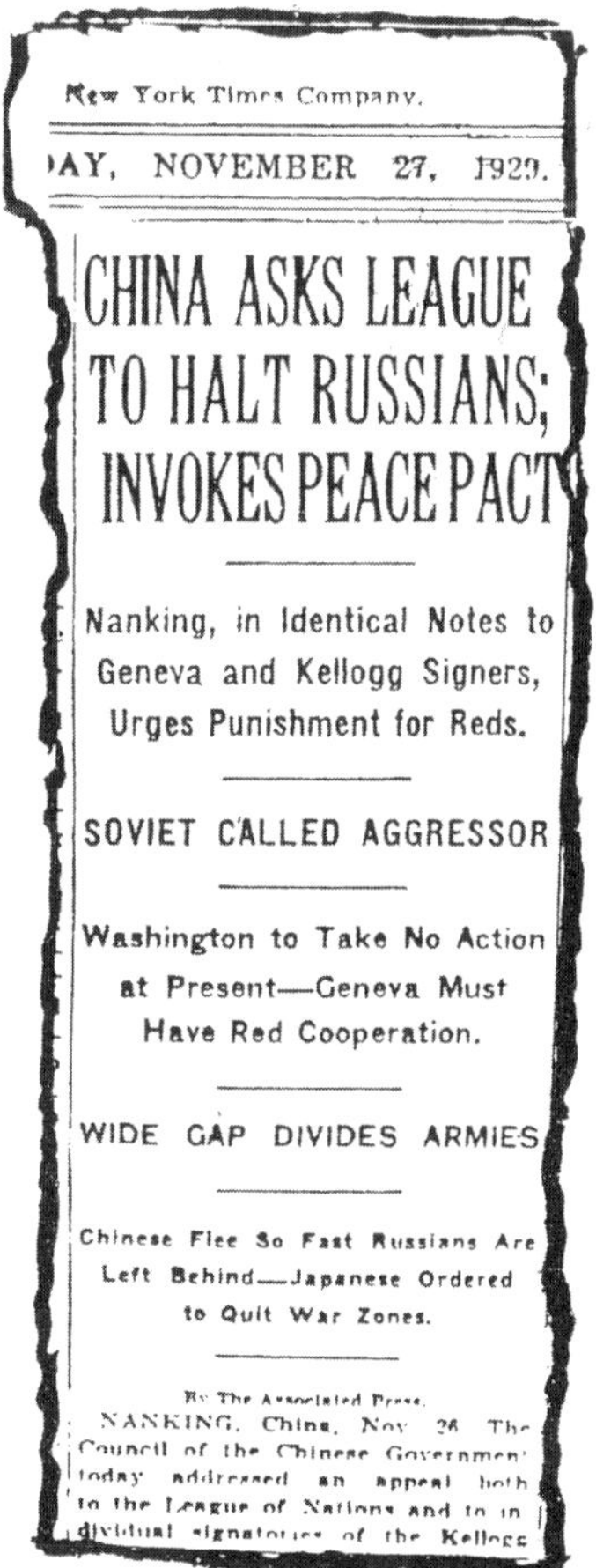
New York Times Company.

DAY, NOVEMBER 27, 1929.

CHINA ASKS LEAGUE TO HALT RUSSIANS; INVOKES PEACE PACT

Nanking, in Identical Notes to Geneva and Kellogg Signers, Urges Punishment for Reds.

SOVIET CALLED AGGRESSOR

Washington to Take No Action at Present—Geneva Must Have Red Cooperation.

WIDE GAP DIVIDES ARMIES

Chinese Flee So Fast Russians Are Left Behind—Japanese Ordered to Quit War Zones.

By The Associated Press.

NANKING, China, Nov. 26.—The Council of the Chinese Government today addressed an appeal both to the League of Nations and to individual signatories of the Kellogg

（記事抄訳）『ニューヨーク・タイムズ』1929年11月27日付
「中国が平和条約を持ち出し、連盟にロシアの侵攻停止を要請す」

「南京政府はジュネーヴ条約、ケロッグ条約の締約国にも同様の極左の処罰を主張」

「ソビエトは侵略国家とされた」

「現在、ワシントンは具体的な行動を起こす意思はなし。ジュネーヴは極左と協力か」

一方に味方すると戦争になる

中国が常に悲惨な状況から抜け出せないのは、人口過剰、政治的腐敗、内乱、匪賊の跋扈《ばっこ》のせいである。したがって、今アメリカで「政治的なものはさておき、人が苦しんでいるのは捨て置けない」と言うのであれば、なぜ今まで問題にしなかったのか不思議である。

確かに極東では悲劇が起きているが、だからといってどちらかに与すると、アメリカは戦争をせざるを得なくなるのである。

現在、日本はアメリカに友好的であるが、アメリカが不買運動等で中国に味方するとなると、一転して反米となるであろう。仮にそうなれば、日本が怒るのは当然のことであるが、日本が怒れば怒るほど、「日本はアメリカの総力を挙げて戦わねばならぬ敵である」と言われるであろう。

これは一八九八年と一九一七年にアメリカがたどった道と同じ道である。しばらく経ってから、アメリカを戦争へと導いたさまざまな汚い取引が明らかになったのである。政治的譲歩をする見返りに、アメリカを参戦させることに強国が同意していたことが明らかになったのは第一次大戦後のことである。こうしたならず者の手口は「アメリカの偉大なる道徳的選択」と称されたものである。

一八九八年の場合でも、また一九一七年の場合でも、ある一方に味方する強力な「党派主義」を形成することが第一段階として実行された。状況を適切に伝えるような情報は差し止めになった。一九一七年の場合、まともな人には全くのウソと分かっていたドイツの虐殺話が大々的に報じられた。今、写真を修整したりして、同じことが行われているのである。

一八九八年、一九一七年の戦争騒ぎは、全くのウソに基づくものであったということは国民の全てが等しく知るところである。

今また、これを信頼するのであろうか。

外国の政治的力が働いているのは明らか

日本と事を構えようという運動の首謀者の過去を見ると、これらはほとんどが熱心な「親ソ派」である。共産党員は、あらゆるところで日本排斥に懸命である。共産党関連文書がそれを物語っている。

もちろん、イギリスもアメリカが反日に回ることを望んでいる。しかし一番強力なのは親ソ派の影響力である。排斥派の書物に登場する人物、ジョン・デューイ、ハリー・ウォード、ロバート・モルス・ロヴェット、ローズ・シュタイン等は親ソ派でならした人物である。

極左に肩入れしている全米市民自由連合や、共産化運動に協力的な全米学生連合や、青年共産党連盟等は排斥運動派組織として有名である。

それと知らずに名前を貸している善良な人、団体があちこちに存在している。高名な団体を集めることが極左宣伝の「手」である。そして「全国的に有名な誰それが日本排斥に賛同した」と触れ込むのである。

極左の狙いは明白である。

（一）日本は敵であるという概念を醸成し、日本に対抗する同盟としてソビエトを援助する道を整えること。

(二) 小事を煽り一大事に発展させること。
(三) 日本と戦い、揺らいでいる政権をその手に収めんとする中国共産党に同情を集めること。
(四) 結果的に日本非難となる絹の輸入と綿の輸出を阻止し、失業者を増大させること。

ソビエトに同情する権利は誰にもある。ただし、いかにもアメリカ人のようにアジテーターたちが演説する時、こうした同情がどういうものか忘れてはならない。彼らの主張に染まった人は「それと気づかぬうちに全くアメリカ人ではなくなる計画」に加担することになりかねないということをよくよく考えて欲しいのである。

アメリカに極左が台頭する

もし対日戦が実際に計画されるとなると、極左勢力が政界を牛耳るようになるだろう。そうなると、一九一七年(第一次大戦)の時と同様、戦時特別法を布くことになる。当時のウッドロー・ウィルソン政権がそうであったように、完全な独裁体制となる。しかし大きな違いがある。現在の政界の要人には明らかにソビエト的理論、手法を支持している者が多いのである。

もちろん自ら共産党員であることを公言するものはいない。違う党名を名乗っているのである。しかし、その狙いは記録に残っている。ソビエトの指示によりアメリカ国民を支配するという欲望を隠したことはないのである。

一端戦争準備にでもなれば、こうした、外国に心を置いた役人がそれぞれの部署を牛耳ることになる。これまでは、こうした多数派工作に国民は反対してきた。しかし、一端戦争となり特別法が施行となると、これに反対すれば反逆者となる。反逆者は牢獄入りである。戦時特別法を以ってすれば実行できるのである。

単なる仮定の話ではない。現に実行しようという者が政府にいるのである。

そして「平和」が訪れた後、こうした勢力の力が増大してしまえば、深刻な内乱でも起こらない限り、一掃することは難しいのである。

そもそも、日本と揉め事を起こすことはないのだが、「中国の自由のため」という名の下に日本と揉め事を起こそうという話に乗っている善良な人は、これまで続いてきたアメリカの自由を破壊せんとする少数派の手で踊らされているのである。

極左活動のための「人道」

その数は少ないが、反共国家日本と戦争したい極左勢力は、「人道に動かされて」と叫んでいる。

ならばなぜ、一九二九年ソビエトが宣戦布告もせず中国の領土を侵略し数ヶ月戦った時、沈黙していたのであろうか？

なぜ十年後の今、アメリカの新聞はこれを取り上げないのだろうか。死者は抗日戦より多いのではないか？

なぜ、中国の領土問題を心配する新聞が、一九二三年ソビエトが満洲より広大な外モンゴルを取ったことを一度も書かないのだろうか？　「真に人道上の問題であり、政治的なものではない」と言っているではないか。もしそうなら、なぜ、ソビエトと同盟を組む中国共産党が一九二九年から一九三五年までの間に数百万人を殺害したのに、無関心でいられるのか？　この数字は中国人自身が弾いた数字なのである。

なぜ、一九二五年から三三年、容共のフランスが昔から自由を謳歌していたモロッコのリフ人を侵略したことを輝かしい冒険映画の如く褒《ほ》めたてたのか？　その一方で、反共のイタリアが、同じようにエチオピアを侵略したことが「驚愕」と書かれたのである。

なぜ、反共国家の宗教団体と政府間の些細な軋轢《あつれき》を大げさに取り上げる新聞が、半容共のメキシコによるアメリカ資産没収と宗教弾圧には口をつぐんでいるのか？

さて、地図を広げ、どこでもいいから紛争発生地を見てもらいたい。その地域を新聞が大きく取り上げるかどうかは、ただそこが「極左か反共か」で決まるのである。反共を任じる新聞でさえ、不思議とこの原則を忠実に守っている。

なぜか？

一八九八年と一九一七年の経験に鑑みて

日中戦争の一発を誰が撃ったかは、おそらく誰にも分からない。

近代戦史上、善玉・悪玉、侵略側・防御側と明確に分けられる戦争はただの一つとしてない。日中戦争とて例外ではない。

戦争を始める時は、まず国民がよく知らない遠隔地の抗争を取り上げるものである。そして、それを善人対侵略者の「道徳的戦い」であるかのように宣伝するのである。一八九八年と一九一七年の作戦がこれであった。タカ派のお望みどおりのことを言っていた有名人がたくさんい

▼（タウンゼントの解説）憎悪を煽る噂

昨年の十一月、毎日のように「日本が世界常識を踏みにじり、上海の税関を握る」等と大々的に報じた新聞があったが、こうした煽動記事は大体が「ガセネタ」であったのである。ところが、反日という影響力は強く、結局的に揉め事を望む一味の喜ぶこととなったのである。

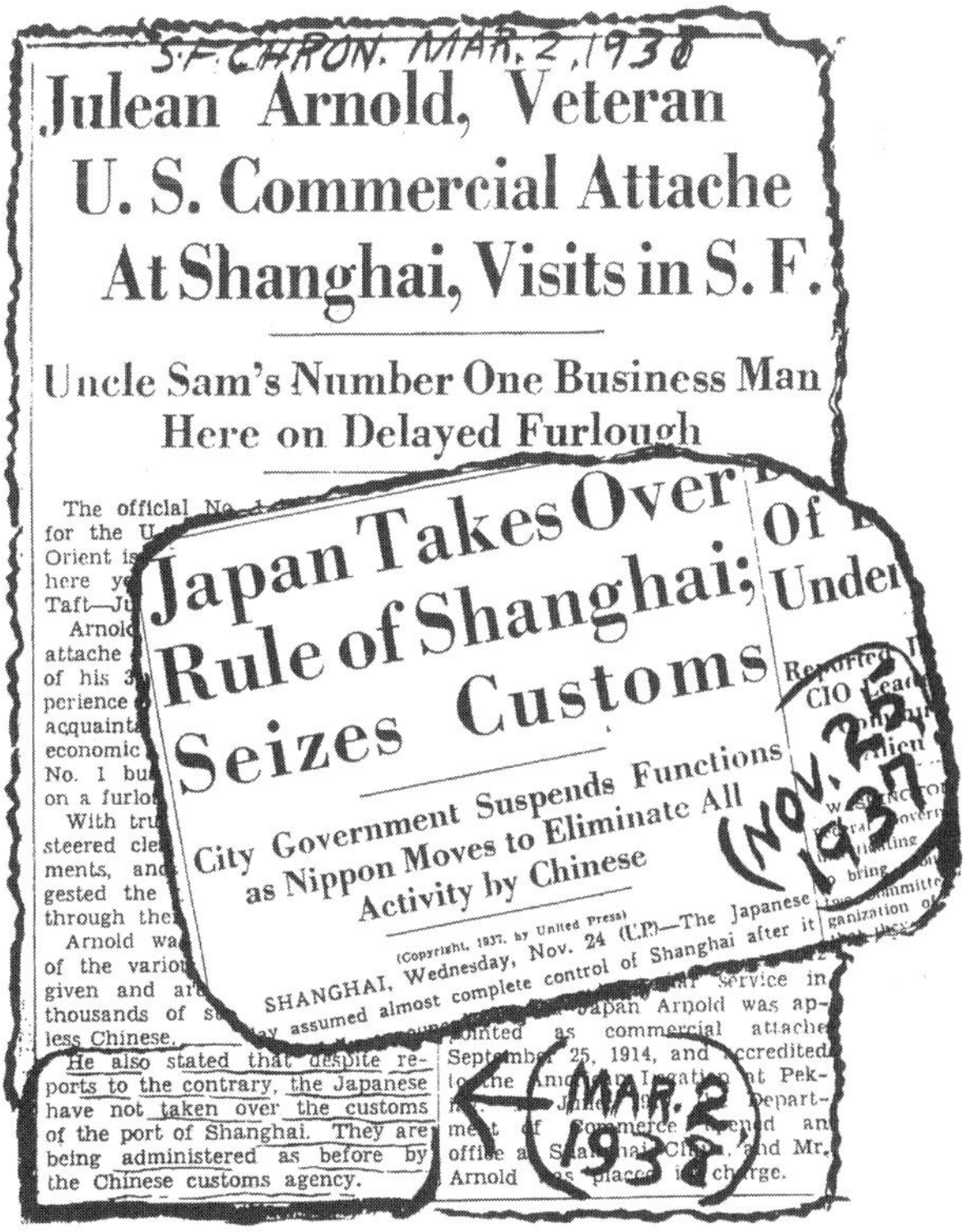

S.F. CHRON. MAR. 2, 1938

Julean Arnold, Veteran U. S. Commercial Attache At Shanghai, Visits in S. F.

Uncle Sam's Number One Business Man Here on Delayed Furlough

He also stated that despite reports to the contrary, the Japanese have not taken over the customs of the port of Shanghai. They are being administered as before by the Chinese customs agency.

Japan Takes Over Rule of Shanghai; Seizes Customs

City Government Suspends Functions as Nippon Moves to Eliminate All Activity by Chinese

(Copyright, 1937, by United Press)

SHANGHAI, Wednesday, Nov. 24 (U.P.)—The Japanese today assumed almost complete control of Shanghai after it

(NOV. 25, 1937)

MAR. 2 1938

（記事抄訳）『サンフランシスコ・クロニクル』
（1937年11月25日付）日本が上海統治権を握り、税関を掌握　日本が中国人の行動を全て排除するにしたがい市の機能が麻痺
（1938年3月2日付）上海のベテラン商務官ジュリアン・アーノルド氏がサンフランシスコを訪問。全米一の企業家が賜暇（休暇）で当市へ。氏は「報道とは逆に、日本人が上海の港の関税を掌握したことはない」と述べた。従来同様、中国人が業務を実施していると。

たのである。心ある人の声が紹介されたのは、事が終わってはるか後のことであり、被害は甚大であったのである。一端、一方に味方すると恐怖を煽る話題がこれでもかこれでもかと流され、人は武器を手にするようになるものである。善玉・悪玉を決めるのは新聞であり、金を持つ国際主義者である。

新聞がこうしたことを始めると、我々は経験上「一握りの大金持ちが戦争を企んでいるな」と分かるものである。

なぜ彼らの都合の良いようなことを繰り返すのか。

罪は日中の何れにあるにしろ、とにかく、アメリカは「世界の審判」ではないのである。煽動や新聞に乗じて、一方を侵略者と判定することは理に適ったことでも正しいことでもないのである。なにせ、彼らは間違っていたということが証明されているのであるから。

戦争関連の情報を全て手に入れることは難しい。しかし経験上「時折入る情報も正しいかもしれないが、それ以上に報道されない真実もたくさんある」ということは分かるのである。

ボイコットしても中国を助けることにはならない

日本人は軍需品も武器も作っている。国家財政をみると、貿易による収入は国家財源に占める割合ではごく小さいものとなっている。輸出の中で対米輸出が占める割合は二割に過ぎないのである。

収入を取り上げれば、日本は正当な戦いであると思い、また国の命運がかかっていると思って戦っている戦から身を引くだろうと考えるのは無理である。収入といってもなにせ額自体が小さいのであるから。

「ソビエトとの同盟国と協力しボイコットしよう」とタカ派は言っている。一体どういうことだ。現在「民主主義国家」と呼ばれる米英仏ソの四ヶ国に対する日本の輸出は全輸出の二九％にしか過ぎないのである。

アメリカ一国だけがボイコットをしたら、いや全四ヶ国が揃ってボイコットをしたら、確かに日本に失業者が多くなるが、こちら側にはそれ以上の失業者が出ると思われる。しかし、日本でこうしたボイコットで出る失業者は軍需関連労働者ではないのである。とにかく、日本は軍需産業の火は消さないだけの国力はある国である。

最新情報によれば、中国の穏健派は日本の和平案を受け入れようとしている。これによって領土を失うことはない。が、あくまでも戦闘を継続しているのは主に共産主義者なのである。和平派は次々と過激派に殺害されている。この過激派は中国人のみならず、気に入らない真実を書いた外国人作家を殺し、攻撃しているのである。こうした外国人作家殺害事件がアメリカの新聞に載ったことはない。最近イギリスのベテラン記者が上海で撃たれたことがあってもである。

日本は半共産化し、ソ連との同盟を画策する政権の下に、中国軍が半ば作りかえられるのを放置しておくわけにはいかない。たとえボイコットによってある分野の輸出が不振となったとしても、こうした脅威に直面して放置しておくことはできないのである。

禁輸しても中国を助けることにはならない

ボイコットとは、商品を買わないことである。禁輸とは、商品を売らないことである。日本に対する禁輸で何が起こるか。

ボイコットと同様、禁輸で日本人に多くの失業者がでるが、同時にアメリカ人にも失業者が多く出ることになるだろう。日本ではアメリカ向け生糸生産者が影響を受ける。禁輸となると、主に日本が購入する生綿関連が影響を受けるであろう。

対日輸出は、軍事関連ではなく商業関連品である。その主なものは綿である。軍需品に綿はあまり必要とされない。しかも、日本は軍需品に必要な綿はブラジルその他から輸入しているのである。

軍需用の綿はどこの産でも良いわけで、アメリカの綿は服地として使われているのである。したがって、アメリカが綿を売らなくなっても、民間は困っても、軍事産業は何ら影響を受けないのである。

アメリカが輸出する石油や銅等の金属もほんの一部しか軍需品に利用されていない。戦争に利用されるこうした物は、アメリカに禁輸されても日本の友好国と中立国が必要なだけ供給してくれる。ただ価格がわずかに高くなるだけである。仮に友好国までが供給を全てカットしたら、やがて終わると見られる現在の局地戦が何年も続く一大悲劇となってしまうであろう。

日本の国力を分析してほしい。必需品を分析してもらいたい。ボイコットになろうと禁輸になろうと、軍事産業は何ら痛手を被ることなく、ただ日米双方の戦争に関係のない産業だけが痛手を被ることは明らかである。

アメリカが苦しくなる

一九三八年一月二十五日、製造業者と絹産業会議がアメリカ絹産業に対し声明を発表した。この会議は、ＡＦＬとＣＩＯ（訳注／ＡＦＬとＣＩＯは米国労働総同盟産業別労働組合会議の前身）の長と製造業者の代表で組織された会である。これには全米靴下販売連盟会長のエミール・リーブ、国際室内装飾連合会長のサル・Ｂ・ホフマン、全米靴下製造業者協会会長ウィリアム・Ｈ・ゴシュ、国際絹商人組合会長のパオリーニ・ゲーリも名を連ねていた。

以下にいくつかその声明を引用する。

「アメリカの絹産業はアメリカ人が投資しアメリカ人が働くアメリカ人の産業である……」

「ＡＦＬとＣＩＯの労働者はこの問題では雇用主と協力した……アメリカ人労働者のための職を守り、アメリカ人のためのアメリカの絹産業を維持するために国民の協力を願うものである……」

「昨年アメリカは日本からほぼ九千万ドル相当の生糸を輸入した。これを製品にした後、小売価格にするとほぼ五億八千万ドルに相当するものである。アメリカの絹業界には五億ドル以上が投資されている。二十五万人以上の雇用がある産業である」

「直接雇用者が二十五万人以上おり、運送、配達、販売等に当たる間接的雇用も恐らく二十五万人いる」

もし日本の絹をボイコットしても、日本の年間損失は生糸の価格の九千万ドルでしかない。ところが、これをアメリカで製品にして販売するとその六倍以上になる。この差額は主にアメリカ人労働者の手に入るのである。ボイコットになれば日本は苦しくなるだろうが、絹業界だけでもアメリカは日本の六倍以上苦境に立たされるだろう。

アメリカで二十五万人もの失業者が出ている。これは中国を援助することが無益であると同時に、アメリカ国民に対しても正しいことではないのであって、直ちに止めるべきである。

ボイコットにより絹業界で職を失ったら綿業界に転職すればよいとアジテーターは言っている。しかし、綿業界にもすでに失業者が出ているのである。

ＩＰＲ「太平洋問題調査会」のオーエン・ラティモア等は、関連クラブや討論会を駆け回り、「ボイコットにより解雇された者にはアメリカ政府が補償すべきである」としている。何をかいわんや、である。

しかし、大打撃を受けるのは日本からの輸入に頼る絹業界ではない。輸出業界であることは明らかである。アメリカが輸入しなければ、日本も輸入できないのである。

今まで買っていたアメリカ女性が絹製品を買わなくなると、アメリカの労働者は日本が被る損害の6倍の損害を被ることになる。

綿作州が受ける災難

日本はアメリカの綿糸を年間約百八十万梱（四億八百六十万キロ）も購入している。これは全米の生産高のおよそ一割に相当するものである。しかし、これでぎりぎり価格を維持しているのである。もし日本に売らないとなれば綿作州は大打撃を受ける。

なぜ、自国民の苦境を顧みず中国を援助するなどという夢物語をするのだろうか？

日本は一九二九年の世界恐慌を他のどの国よりも見事に脱した国である。一九三三年以来、アメリカからの輸入は八九％も増加している。近年、アメリカ南部諸州を救うには日本の購買力はなくてはならないものとなっている。

こうして、改善されている状況を不買・禁輸で潰せば、数年前に逆戻りである。あの時の南部諸州は税金のため農場を売り払い、失業者が数百万も出たのである。そうなれば、大々的な救済措置を講じなければならなくなる。となると増税である。すると、全ての業種にブレーキがかかる。失業者が増える。なぜか？　誰のためか？

部分的ボイコットでも原則は同じである。どの業種でも正常な金の流通が滞れば全国的に失業者が出る。ちゃんとしたアメリカ人がしっかり作って売ろうとしたものを買うという購買力を落とすことになるのである。

アメリカ労働者の真の敵は誰か。日本人ではない。アメリカを苦しめているのは日本人ではない。それは外国に心を置いたアジテーターたちであり、彼らに騙された者たちである。多くのアメリカ人の生計を取り上げげんとしているのはこうした者たちなのである。

西海岸が狙われる

日本はアメリカの第三の顧客である。全南米諸国より、全アジア諸国より、日本はアメリカから買っている。一九三四年はソビエトの一五倍も買っている。

一九三七年は中国のおよそ六倍である。日本を敵にまわし中国に味方しては、全くの貧乏客を「上客」と誤解し本当の上客を切り捨てることになるのである。

上客はもちろん貧乏客でも切り捨てることはない。客が友好的に勘定をしっかり払ってくれさえすれば、上客だろうと貧乏客だろうと仲良く商売できるのである。

これが健全な商売というものだが、それだけにとどまるものではない。健全な政策でもある。平和的関係を増進することにもなる。局地戦を世界大戦へと進展させないことにもなる。アメリカの労働者にとっても正しい道なのである。

カリフォルニア、オレゴン、ワシントン各州にとって対日貿易は非常に重要な意味を持つものである。サンフランシスコだけを見ても輸出の二七%が日本向けである。海運会社、船荷の積み下ろし業、トラック運転手、セールスマン等など、対日貿易に直接かかわり生活しているものが数千人いるのである。

貿易が落ち込むと、保険、ホテル、レストラン、汽船に必要物資を卸す業者、小売店等などという具合にほとんどの人が困ることになる。ベーカーズフィールドとロサンゼルスの油田は日本向けであり、サンウォーキンバレーの綿工場も日本が相手である。

アメリカ人の暮らしを守る義務がある。世界と平和関係を保つ義務もある。これは、外国と通じたアジテーターたちが煽る一時的な悪意よりはるかに大事なことである。ボイコットをしても中国の助けにならない。ただ悪意でしかないのである。

明らかな政治的企み

「反日アジ」は、中国の領土を保全しようとして起きたものではないことは明らかである。一八九五年から一九一〇年までずっと、日本が広大な領土を獲得していた頃、アメリカの新聞は大の親日であった。西海岸の一部の新聞を除いて、一九一八年まで心から日本を支持していた。世論が親日だから、クーン・ロウブ社のニューヨーク銀行のジェイコブ・シフは一九〇四、五年の日露戦争時、かなりの額の融資をしているほどである。

新聞が方向転換をしたのは一九一八、九年のことだが、この時期には重要な意味がある。これは、ボルシェヴィキがロシアの支配権を握った時期だったのである。日本が帝政ロシアと敵対していた時はいくら領土を取ろうと新聞は概して親日的であった。ところが、新生ロシアの脅威になる可能性が出るや、豹変したのである。反共で鳴らした新聞までもが、こうした奇妙な豹変をした。なぜか？

反日感情は日本の戦争の仕方云々というものではない。中国の人口密集地での戦闘にもかかわらず、日本軍の戦いは他の国に比べ誠に人道的である。これまで日本は毒ガスを使用したことのない唯一の国である。日本軍の爆撃による民間中国人に対する損傷は、頻発する中国人同士の内乱中の空爆による被害より少ないのである。

中国の領土保全との見地から反日運動が生じたものではないという更なる証拠を挙げよう。新聞は反日感情を煽ってはいるが、ソビエトによる満洲より広大な外モンゴルの併合については、何も言わないではないか。

日本は満洲を一九三一年になるまで占領しようとしなかったということにも注目すべきである。ところが、新聞の反日キャンペーンはそれ以前、日本が取ろうと思えば容易に取れた山東省をイギリスが日本にやると申し出たのを断った、ということが分った時、すでに進行していたのである。

アジテーターが人を味方につける方法

真摯に物事を考察するなら、人を欺いて味方につけようという運動を信じてはならない。日本と揉め事を起こそうという運動はこうした類のものである。

民主主義中国という主張

アジテーターたちは、日中戦争を民主主義に対する戦争と呼んでいる。中国に民主主義が存在した例《ためし》はない。国民の投票で政権を取った者は誰一人いない。一九二七年以来蔣介石が政権を取っているが独裁者である。政権を取るために抗争相手と戦い、殺した苦力や、敵と目されただけで殺された民間人の数は並大抵のものではない。アメリカの新聞はかつて、蔣介石を独裁者と呼んでいた。ところが、ある勢力が台頭し中国を「民主主義国家」とでっち上げたほうが何かと都合が良いと判断してから、独裁者呼ばわりを止め、大元帥と呼び出したのである。

中国は一九一一年以来、軍事独裁政権で混沌としている。新聞発表などは海外向けの宣伝であり、全く効力はない。一九三四年から三六年にかけてやや改善されたのではあるが、ソビエト社会主義共和国に次ぐ世界第二の血塗られた独裁国家である。

奴隷制度が社会に根付いているのも中国である。「奴隷登録を怠った者には十ドルの罰金を科す」という法を一九三六年に蔣介石政権が出したが、奴隷廃止の動きは全く見られなかった。中国の奴隷制度は文字通りの奴隷制度であり、男女の区別なく売買され肉体労働に使われるのである。他国の奴隷制度と混同してはならない。

私が中国に住んでいた時、阿片の栽培を減らして、食べ物になる物を作らせて欲しいと土地の代官に請願に行く百姓が、行く道で撃ち殺されていた。この阿片は匪賊を養うために使われていたのである。一九三八年二月二十八日付の『タイム』の二〇頁によれば、阿片栽培は今でも中国人知事が奨励しているようである。

確かに同情に値する。しかしこうした状況が蔓延した政府を民主主義とは言えないのである。

平和愛好国家中国という主張

アジテーターたちは、中国を「世界に名だたる平和愛好国家」と呼んでいる。それは、アメリカで同情を引き出すためのものである。しかし、苦境に喘ぐ者に同情することと外国の政策に共鳴することとは別物である。

外国との接触が始まる以前から、中国はほとんど抗争の血の池にどっぷりはまっていたのである。現代になっても事態に変化はない。十九世紀のある暴動一つで二千万人が死んでいる。ある記録によれば、アメリカの一八六一年から六五年の南北戦争の死者が百万人足らずと聞いた中国人が、「本当に内乱があったのか、信じられない」と言ったそうである。中国人は「一九二八年から三四年の中国の内乱の犠牲者は数百万人」としている。一九一一年以来戦火が絶えず、ある地方などでは暴動や革命が四百を超えたという報告もあるくらいである。これで平和愛好国家なのであろうか。

記録を見れば、「中国人は日本軍がいなくとも中国人同士で戦うはずだ」ということが分かろうというものだ。アメリカの新聞が苦悩が慢性化し、戦いが絶えない国の苦悩の一面を取り上げ「憂慮する」のは奇妙である。

中国の平和はアメリカが支えなければならないらしいが、そのような中国の平和などというものは中国の民主主義と同じく現実離れしたものである。この中国の民主主義もアメリカが守ってやらねばならないとされているのである。

宣戦布告なき戦争という主張

日中双方とも、宣戦布告して開戦しようと思えばいつでもできた。双方とも、しない方が都合が良かったのである。

前例を作ったのはアメリカである。一九〇〇年、カルト集団の義和団の圧力に屈し、中国政府は全外国人殺害の命を下した。救助軍を派遣した時アメリカは、「我々は中国人と戦争をしているのではない。中国政府の一部の不埒《ふらち》な分子と戦っているのである」との声明を発した。また一九二七年、蔣介石軍に対し上海の租界を防衛した時も、米英は宣戦布告をしなかったのである。ソビエトは一九二九年、中国領土を侵した時も、一九二三年、これを併合した時も、宣戦布告をしなかった。中国は一九二七年の南京事件のように突然外国人を襲い虐殺する事が数え切れないほどあるが、この宣戦布告をした例がない。

軍国主義日本という主張

狂犬病的日本軍国主義の恐怖にされているという。如何なる証拠があっての言い分か？

最大限入手可能な中立国の資料を総合して弾いた兵力を紹介しよう。日中戦争前の常備軍の兵力である。

中国　二二五万人
ソ連　一三〇万人
日本　二五万人

ここ十年以上、中国は世界最大の陸軍を有し、これは世界史上最大でもある。二番手はソ連で、時期により百五十万人とも言われる数である。

同時期の日本の常備軍は列強中最小であり、これは国際連盟の如き反日団体の資料にさえ見られる数字である。

いつでも中国とソ連は合体し四百万の兵員と圧倒的優位な資源で日本に対する恐れがあった。年々ソ連は、東京から千キロ余りのウラジオストックに兵力を増員し、親ソ派が「ウラジオストック軍は日本の常備軍全軍を凌駕した」と述べるようになった。同時に、同地の港も整備され、強力な空軍基地、潜水艦基地となったのである。

こうして、堂々と敵意をむき出しにする中国、ソ連、それにアメリカの脅威がありながら日本は中国・ソ連軍の一四分の一の陸軍、中規模の空軍、三流の海軍しかなかったのである。

これでは「世界征服を企てる」ようには見えない。

日本は拡張しているが、それはアジアに対してであって、アメリカに向かっているわけではない。アメリカを脅かしたことは一度もないのである。日本はどこの国よりもアメリカにたいして丁重であり、借金をきっちり返済する唯一の国である。

アメリカは、西海岸から九千六百キロ、東部諸州の軍事工業基地からは一万四千四百キロも離れた日本から我々を守るため、超強力な海軍を整備しようとしている。アメリカを脅かす国などは一国もなく、むしろ友好関係を築きたいという国ばかりだというのに、これは必要だと政府は言っているのである。

日本は長年、隣に敵意をむき出しにした国を二つも抱え、また即座に攻撃できる距離にあるソビエトの空軍、潜水艦基地を抱えながらも、アメリカのような戦争準備を全くせず、無数の事件、例えばパネー号事件の如き大々的に問題になった事件を平和的手段により解決しているのである。こうした日本が軍国主義と酷評されているのである。

中国人は外国との戦争に負けるが、その原因の一つは一致協力しないからである。またそれ以上に、国を売る将軍共がいるからである。軍国主義を採らないから戦争に負けるのではない。中国人は世界に冠たる軍国主義者である。蔣介石の常備軍はおよそ二百二十五万人、優秀な外国人指導者が付き、高価な輸入武器があり、巨大な軍事工場が全国にある。どう見ても、中国は日本よりはるかに多くを軍事費に注いだとしか言えない。

日本は軍国主義と言われるが、国境に二つも脅威を抱えるにしては、日本の軍隊は巨大どころか、むしろ弱小であったのである。

日本は最大の海軍増強国という主張

「アメリカは日本に攻撃される可能性がある、したがって今、中国を援助すべきである」とアメリカの新聞は書きたてている。日本は「海軍競争の先頭に切っている」と言われている。

アメリカ海軍省の資料によれば、日本海軍はアメリカの三割方、遅れている。例えば競馬で、三割力が落ち、馬場で三位の馬を「先頭を切って」と言うであろうか？

「アメリカの膨大な海軍増強は日本が海軍増強計画の査察を拒んだ結果である」と言われている。が、その日付を調べると、日本に査察団を送る「四週間も前に」アメリカは海軍増強計画を要求しているのである。

アメリカに強固な海軍力が必要なことは当然ではあるが、事実を誤って伝えることはないし、友好的であろうとする国に戦争になりかねない侮辱を与える必要もないのである。

日本の海軍はアメリカのおよそ七割でしかなく、列強に海軍の縮小と平等を呼びかけている。こうした平等の精神に基づいた削減を実行し、アメリカにその艦船数、トン数を平等に削減を迫る一九三五年の提案を更新するよう提案している。海軍力が同じになれば、各々の国が攻撃力を増強することなく防衛に努めることができると言うのである。

狂犬的軍国主義を云々する前に、日本のこうした提案が世界征服の野望と言えるものなのか、それとも正当なものなのか、考えた方が良い。

「対等な海軍力を求めるのは当然」と日本が考えるひとつの原因は、「アメリカが日本から受ける脅威より、日本がアメリカから受ける脅威のほうが大きい」と考えているからである。日本がアメリカに干渉したことは一度たりともないが、アメリカが日本に干渉し脅威を与えたことは何度もあり、しかもそれは屈辱的な仕打ちだったのである。

精神的なものは別にして、攻める側は守る側より数段強力な兵力がないと攻めることはできないということは軍人の常識である。日本の海軍がアメリカより強大になろうとしたことは一度たりともない。なのに日本脅威論を振りかざすのは、明らかに世論を煽っているとしか言えないのである。

「日本にサモア等、アメリカから遠くにある所を取られる恐れがある」というのも子供じみた論である。メキシコには、奇襲され国境の町エル・パソを掠め取られる可能性がある。初めから戦争を想定する国はないが、戦争になったらどう解決するかは考えなくてはならない。

日本は取るに足らない理由で戦争を仕掛ける国であるという非難があるが、これについてはリットン調査団報告をご覧になると良い。これは反日団体である国際連盟のお墨付きの文書であるが、これには一九三一年、戦う前に日本が耐えに耐えた挑発行為が挙げられている。これは一八九八年のスペインとの米西戦争、一九一七年の第一次大戦でのドイツとの戦争に突入する前、アメリカが耐えたものよりはるかに多いのである。

独裁国家日本という主張

独裁国家とはいかなるものか一般国民が知らないことをいいことに、アジテーターは日本は独裁国家であるとしている。

本稿執筆中の一九三八年三月、日本の国会では、内閣がアメリカの「平時」と同程度の「戦時中」特別権力を持つことに議員が反対している。

アメリカ大統領に匹敵するような強力な権力を持つ者は日本にはただの一人もいないのである。アメリカ財務長官モーゲンソーのような財政的に絶対的権力を握った者もなければ、第一次大戦時のバーナード・バルークの如く一国の産業を牛耳る者も日本にはいないのである。

課税と予算は、国会において国民の選挙により選ばれた代表が直接決めており、これはアメリカの国会と同様である。陸海軍の指導者が毎年予算案を提出するのも同じである。予算案に不服なら受け取りを拒否することによってこれを削減もしくは廃止できるのである。予算案以外にも、ある面ではアメリカ以上の権力が国民にあるのである。

アメリカの独裁的農業政策等を読んだ日本人は、「アメリカは日本では考えられないほど政府の規制が強い」と見ているのである。

一九〇五年、アメリカの新聞は日本政府を「寛大、自由」と褒めたものであるが、日本政府

Japan Diet Riots Over War Control

Tokyo Parliament Forced to Take Recess

TOKYO, Feb. 25 (Friday) (AP)—A riotous debate over a war control measure forced Parliament into recess today after Japan had spent four terrified hours waiting for a "phantom" Chinese air armada that never appeared.

The uproar in the Lower House, one of the most turbulent scenes in Japanese parliamentary history, broke up debate last night on the government's national mobilization bill, which would impose war time regulation of Japanese business, finance, property and private lives.

(記事抄訳)「日本の国会、戦時統制で激論」「国会は休会に」

2月25日(金)(AP)中国大飛行軍団の「亡霊」に脅え、戦時統制法を4時間も戦々恐々と激論した挙句、政府は今日休会を余儀なくされた。

衆議院で国家総動員法をめぐり日本の国会史上最大の激論となり、昨夜議論は打ち切りとなった。同法が成立すると商業、金融、財産のみならず個人の生活まで戦時規制が敷かれることになる。

▼(タウンゼントの解説) このカリフォルニアーの反日新聞は、日本は「独裁制」という、げにも恐ろしい非難を八ヶ月も続けた後、日本の舵取りは未だに法律制定者の代表により行われているとしている。さらに、「国民が政府の規制法案に反対」と言うが、日本は戦時体制である。アメリカなら国民が政府案に反対するのは戦時はもちろん平時でも当たり前のことである。

の姿勢は当時も今も変わらない。当時は日本が帝政ロシアと戦っていた時分である。ところが今は、何らかの強い力が働いて「新生ロシアの敵」と目されているから、見方が違っているのである。

日本を「独裁国家」と書きたてる新聞が、具体的に誰が独裁者なのか名前を挙げたことがないのはなぜか？　独裁者がいたとしたらいつのことか？　どうしてなったのか。この辺のことをなぜ隠すのか？

未開の国日本という主張

文明とはなにか。秩序、礼節、能力に応じた機会均等、教育、衛生、裁判を受ける権利、不当に訴追されない、誠実な役人、犯罪の少なさ、少ない資源を最大限に活用する国民を援助する政府等が文明というものであるならば、日本は全世界に対し何ら赤面することはない。日本ほどこうしたものが備わっている国はないのだから。

日本はアメリカより貧しい国でありながら、アメリカより識字率が高い。奴隷制度はアメリカより一六六年も早く廃止した。日本にあるアメリカ企業が不誠実な日本人から受ける損害は、アメリカ国内より少ない。申し上げた通り、日本は列強中、借金を一ドルたりとも踏み倒さない唯一の国である。ちなみに、新聞は英仏を筆頭に「名誉ある国家」というリストを作っているが、その選定基準が何だったか疑問である。

侵略国家日本という主張

日本にも領土拡張が好きな人がいる。戦争に勝つたびに日本は多少領土を獲得した。それはどの国だろうとほぼ同じことである。「日本は他の国よりこうした傾向が強い」という証拠はない。それどころか、「同じくらい強い」という証拠さえまずないのである。現在の日中戦争で、日本が提案する和平条件では中国領土を一片たりとも要求していない。ただ、頻発する日本人に対する暴力事件に関わる者の取り締まりを要求しているのみである。

あのイギリスは、今でこそ「いかにも中国の領土が日本に取られるのではないか」と心配しているが、第一次大戦で日本が加勢する見返りに中国領土（これはイギリスには何の権利もない領土である）を日本にやると約束した国である。ここは中国一の豊かな土地であったが、日本はこれを取らなかったのである。

日本人は「いざ戦《いくさ》」となったら獅子奮迅の戦いをする民族である。これまで負けたことはない。しかし勝ったからといって、完全に日本に「開戦の責任」があるとするのは如何なものか。

一九二九年、ソビエト軍が満洲を侵略した時、国際連盟は証拠収集に一人も派遣しなかった。一九三一年同じ地域で日本が戦うと、連盟は大騒ぎしてリットン調査団を派遣した。

連盟は同じ過ちを繰り返さなかった。リットン報告書は概して「反日」であったが、都合の悪いことに、膨大な中国の戦争挑発行為が記されていたのである。したがって、今回は証拠収集をしないことにしたのである。

The military council now in session in Nanking will make its ultimate decision,—a decision which, if it is to be acceptable to the people of China, must be for war.

（記事訳）「現在南京で開催中の軍会議で最終結論が出る模様である。もし中国人民の同意が得られれば〈開戦〉となる運びである」

▼（タウンゼントの解説）緊張が高まる一九三七年、戦争勃発直前、上海で発行された『ボイス・オブ・チャイナ』の記事である。

RK'S 100 NEEDIEST CASES, SECTION 11

York Times.

THE WEATHER
Partly cloudy today, with moderate temperatures; diminishing northeast winds.

Section 1

36, by The New York Times Company.

DAY, DECEMBER 13, 1936.

Including Rotogravure Picture, Magazine and Book Review.

TEN CENTS | TWELVE CENTS Beyond 200 Miles Except in 7th and 8th Postal Zones.

merican Peace by Parley Chiefs

Sure After Quick Action by on Two Measures—Hull First Major Step.

HAROLD B. HINTON
Cable to The New York Times.

States and extending them in some respects was introduced with the same unanimous backing and will go through the standing Committee on Neutrality with equal ease, probably Monday.

The more important of the two conventions whose adoption was assured today may be described as a collective security pact. While obligations would be limited to consultation and peaceful cooperation in the event that the "peace of American republics should be threatened," the intent of the instrument is understood by Latin-American delegates at least as a demonstration of American solidarity in a world where war threats are only too abundant.

The instrument would provide for mutual consultation in case of war between American States, and equally in the case of international war outside that might menace the peace of American republics.

While this draft convention carries out ideas of the original United States neutrality proposal which was junked in favor of the concerted proposal approved today, the proposed extension of the United States domestic neutrality legislation as a Pan American policy was thrown out of the neutrality plan

Continued on Page Forty-two

CHIANG KAI-SHEK IS PRISONER OF MUTINOUS SHENSI TROOPS, DEMANDING WAR ON JAPAN

Tokyo Sees Danger in Chinese Rebellion; Officials Anxiously Await Next Move by Foe

By The Associated Press.

TOKYO, Sunday, Dec. 13.—The seizing of Generalissimo Chiang Kai-shek by anti-Japanese rebels in China is considered here to have thrown the whole Far Eastern situation into confusion, the outcome of which it is impossible to foresee. Official quarters said the Japanese Government was most gravely concerned about immediate developments and possible future consequences of General Chang Hsueh-liang's rebellion. Official comment, however, was withheld until the situation becomes clearer

Coming so soon after the recent conflict on the borders of Suiyuan and Chahar Provinces, in which Chinese troops loyal to General Chiang repulsed Mongol and Manchukuoan irregulars aided by Japanese military, the virtual kidnapping of the Chinese generalissimo by his subordinates shocked Tokyo.

Recently General Chiang has been trying—hitherto successfully—to re-establish Nanking's authority in the Northwest. An important point in this campaign was the elimination of Marshal Chang, whose loyalty to General Chiang and the Nanking government has been gravely questioned, especially since his troops were reported fraternizing with the Chinese Communists they were supposed to fight

The generalissimo had intended, it was believed, to surround Marshal Chang's forces with troops loyal to himself. The necessity of reinforcing the loyal Suiyuan provincial levies fighting the Mongol-Manchuquoan invaders caused postponement of this plan. The growing insubordination of Marshal Chang and his followers was known to the generalissimo, who arrived at Sian earlier this week by air to take drastic action to suppress the incipient rebellion,

The uprising followed yesterday. Along with the generalissimo the rebels captured several of his highest aides, including General Cheng Chen, his chief of staff and right-hand man; General Yu Sauch-Chung, the Governor of Kansu Province; General Chiang Tso-pin, former Ambassador to Japan and high in the Nanking government, and others

News of the uprising reached the Chinese Government late yesterday, and Mrs. Chiang Kai-shek, alarmed about the fate of her husband, caught the 11 P. M. express at Shanghai. She was accompanied by Dr. H. H. Kung, Minister of Finance and her

MANCHURIAN IN REVOLT

Chang Hsueh-liang for Return of Communists to Nanking Regime.

LOST TERRITORY SOUGHT

Generalissimo Seized in Midst of Preparations to Discipline Those Friendly With Reds.

STUDENTS PLEAD FOR WAR

Peiping Anti-Japanese Rallies Arouse Angry Embassy Call for Their Suppression.

By HALLETT ABEND
Wireless to The New York Times.

SHANGHAI, Sunday, Dec 13—Generalissimo Chiang Kai-shek has been seized by General Chang Hsueh-liang, according to reports received by high Chinese officials, in an effort to force the Nanking Government to declare war against Japan

General Chang, former Manchurian commander, guaranteed the life of the generalissimo in a tele-

NRA

ERRY

CTION

LEFTIST SUBMARINE SUNK OFF MALAGA; 47 OF CREW LOST

▼(タウンゼントの解説)
国外勢力と通じた中国共産主義者は、抗日戦を要求し蒋介石を監禁し、抗日戦に同意するなら釈放すると発表した。

（記事抄訳）1936年12月13日付『ニューヨーク・タイムズ』
「蔣介石、抗日戦を迫る陝西反乱軍に監禁される」
「日本はこれを危険視　敵の動向を見守る」

指揮を執ったのはソ連のリトヴィノフと目される。連盟の各国代表は、それぞれの国の国際関係によって投票をする。したがって、連盟の判断は参加各国の代表の票であるからきわめて政治的なものである。だから連盟は機能しないのである。

特にこの二年は、かつてない親ソ派の「票買い」が横行している。公明正大な投票が全く行われないでいる。ブリュッセル会議に参加した国で唯一中立と目されたスカンジナビア諸国は「反日評決」に加わることを拒否した。外交の世界でもしっかりした調査なしの投票がまかり通っているのである。調査結果が自分に有利になりそうだという時、これをむざむざ見逃す政治団体はいなかったのであるから、今次の日中戦争を徹底的に調査しないとは、意味深長である。

一方の側に戦争の原因がすべてあるのではないと言うためには、いくつか例を挙げるとはっきりする。

一九三六年の六月、中国南部の一味が、蔣介石に抗日戦を迫るためだと称し、反蔣介石の旗を上げた。これが本物であったのか、はたまた蔣介石を「愛国的でない」とその顔をつぶすだけのものであったのか、外国人にはまず分らない。その叛乱は鎮圧された。

一九三六年十二月、中国共産主義者等が蔣介石を監禁し、抗日戦に同意するまで釈放しないという事件を起こした。しばらくして蔣介石は釈放された。直後、蔣介石は国中から過激な反日政治家を集めてトップに任命した。こうした過去を持つ国の「平和のために」などというものには再考の価値がある。

党派、派閥の活動が盛んであった。「抗日戦こそ中国統一の最良の道である」と言う者がいた。またある者は「満洲を奪還できる」と言った。また中国極左勢力は、蔣介石政権に侵入す

▼(タウンゼントの解説) まず報じられないこと
反日感情の増幅に全力を挙げる新聞は、一九二三年、ソ連がモンゴルを取ったことをめったに報じない。全く無視するものもある。ここは元中国領土であったが今は赤旗の下にある。

る手段として戦争を煽った。「戦争となれば蔣介石がこちらと協力せざるを得ない」と踏んでのことである。

こうした中国の抗日戦開戦運動は全て一九三七年初めの中国紙に載っていることである。仮に戦争の原因が公明正大な調査を受けていたら、中国側にとって誠に具合のよろしくないものとなっていたであろう。

一九三七年初めの中国の極左刊行物には抗日戦の決意がしっかり書いてある。今、証拠を突きつけられると、「日本の侵略に抵抗したかったのである」と言っている。ところが、その日本の行動は数ヶ月前に終わっていた。あの頃、「日本を叩き、アメリカとソビエトの援助を得て、満洲を奪還するぞ」と言っていた同じ中国人が、今は「なんら挑発行為を取らなかったのに襲われた」と言っているのである。

それにしても、なぜ中国人はソ連に併合されたモンゴルではなく、日本に占領された満洲の奪還を始めたのであろうか？　米英における親ソプロパガンダによって日本が孤立してしまったということが影響したのであろうか？

日中戦争が勃発する何週間か前の一九三七年の六月のこと、日本はアメリカの公人を上海に招いた。中国軍が非武装地帯に侵入し、隣接する日本人居住区に脅威を与えるところまで来ていることを実際に見てもらうためである。ところが、これを報じた新聞がない。

種々の条約により、中国軍は上海、天津等の外国人居住区には一定の距離を置くべきで、それ以上近づいてはならないことになっていた。上海、天津で大規模な戦いが始まった。いずれも日本人居住区の境界近くである。これは中立的立場の者が目撃している。日本は、「どちらが最初の一発を撃ったかに関係なく、中国軍があいうところで一体何をしていたのか」と疑問を呈している。

中国側に都合の悪いことがまだある。一九三七年七月七日、北京郊外での小競り合いがあった後、中国の新聞と学生の集団は、「前線の中国将校による和平調停を拒否し、戦争のため軍を動員せよ」と要望した。

また事変に至る数ヶ月、日本人に対する暴力事件が頻発していた。緊張は極限に達していたが、中国軍人が日本人多数を殺害する通州事件が起き、日本人の怒りは爆発した。その数二百と日本は挙げている。これは戦争となるのに十分な事件だが、アメリカの新聞は全くと良いほどこれを報じなかったのである。

「紛争の原因は全て日本側にあり」と言うことができない根拠は十分知られているのである。どこが戦場になっているのかというのも的外れである。アメリカ軍だって明らかに防衛のために中国で二度も戦っているではないか。一八〇一年、アメリカの船が攻撃され始まったトリポリとの戦争は完全な防衛戦であった。これは六千四百キロも離れた地中海での戦いであったのである。

孤立するアメリカという主張

アジテーターたちは、「アメリカは孤立を続けることはできない」と言っている。しかし、アメリカが孤立したことは一度もない。昔から、アメリカ船は七つの海を股に掛けている。世界中に使節を送っている。赤十字等の世界各地の救援要請に協力してきた。断ったことは一度もないのである。

この四十年で二度ほど、外国人のために戦争をした。まるでサンタクロースのような篤志家なのだが、一八九八年の米西戦争後にはキューバ人に軽蔑され、一九一八年第一次大戦後にはフランス人に蔑まれたのである。中国に金を貸してやったと思ったら、借りた中国人から「中国人を支配しようとする証拠である」と言われた。以後のプロパガンダで、中国兵や群集が中国にいるアメリカ人を殺すという事態に発展した。

この四十年、アメリカ外交は、融資の焦げ付き、貸借の不均衡、途上国への無条件の寄付や膨大な慈善事業等で停滞し、その額三百八十億ドルにもなる。これはアメリカ人労働者一人頭千ドルに相当する額である。三百八十億ドルも海外にばら撒きながら感謝されないのである。これが己の役目を果たさない孤立と呼ばれるものである。

アメリカの慈善事業は世界各国の合計より多いのである。これが己の役目を果たさない孤立、利己的と呼ばれているものである。

アメリカが孤立に追い込まれたことは一度たりともない。これからもありそうにない。援助に値する赤十字や、困窮に喘ぐところの要望には即座に応え続ける所存である。しかし、こうした援助は政治介入とは別物である。政治介入すると、後々苦労ばかりさせられたのがアメリ力である。もう御免を被りたい。

普通のアメリカ人が孤立を望んだことは一度もない。孤立主義者とは、要するに「世界貿易からアメリカを孤立させせんとアメリカで盛んにボイコットを提唱している者」なのである。貿易は多くのアメリカ人の家族の命綱なのである。

アメリカの進むべき道は明白

もし日本に対する不満が正当な不満なら、アジテーターがこうもおびただしい誤報、虚報を流す必要はないはずである。外国の政治的狙いが底にあるのは明らかである。

自国の過去を見れば他国と同じであって、日本を敵視することはできない。日中戦争を長引かせることは、中国人にとってありがた迷惑であり、平和どころか混乱の道を転げ落ちるだけである。今現在、日本は領土を求めていない。万が一日本が撤退しても、中国は良くならない。中国の共産主義者に中国が支配される危険性がある。となれば、ソビエトの統治が強まり内乱は収まらず、結果として日本が現在維持している平和どころではなくなる。

ソ連は、アメリカの援助がなければ公然と日中戦争に参戦しないであろう。アメリカの援助は絶対に中立とはいえないものである。よりによって、なぜソビエトを援助するのか？　一八九八年も一九一七年も、介入したら戦争となった。なぜ同じ事を繰り返すのか？　今のところ日中戦争は局地戦である。なぜこれを拡大するのか？

日中戦争をアメリカが止めることはできない相談である以上、ボイコット等で一方に加担することは単なる悪意にすぎない。どんな立派な大義でも、悪意があっては良い結果が生じたことがない。「物質的利益」を軽蔑することが流行っている。我々には労働者に対して果たすべき義務があるが、それは物質的利益を与えることだけではない。それは、人としての義務である。雇用を確保することは国民の権利である。外国の政治に絡んだアジテーターたちが日中戦争への介入を叫んでいるが、こんなものよりこっちの方がよほど大事である。

ここは我々の国であり、あなた方の国である。もし外国の揉め事が入ってきたら、それは他人事ではなくあなたのものになるのである。一国に偏った政策をとらないという確固たる政策がなければ、これを防ぐことはできない。こういう目的があれば、だれでも国の政策に影響を与えることができる。ただし平和への道を進むなら、介入はしない、ボイコットをしない、戦債は断るといった断固たる姿勢を示さねばならない。

中途半端な中立などというものはありえないのである。

《ラジオ講演》
日本はアジアでアメリカに対して門戸閉鎖をしたか？

原題　Does Japan slam the door against American trade in areas of Japanese influence in Asia?
サンフランシスコ日本商工会議所発行
１９３８年６月21日のラジオ講演「日本は脅威か？」の抜粋

サンフランシスコ日本商工会議所様
謹啓
先般お問い合わせの件、日本の勢力下にあるアジア地域でのアメリカの貿易に関して、小生が先般放送したラジオ演説を出版の件、どうぞご自由にお使いください。
ラジオで強調したとおり、紹介した数字は単なる個人的意見でも感想でもありません。世界中の経済学専門家も認める正確なものでございます。
このような明確な数字を、より多くの方々に知ってもらえれば幸いです。仕入れ、船積みから全ての貿易書類をチェックした我がアメリカ政府の商務省のデータを「プロパガンダ」と呼ぶものがいたら、それこそ全くの愚か者と言わざるを得ません。

現今の出版界がただただ根拠のない感情論に走る今だからこそ、また、かつては正確な報道を自負していたものが、臆面もなくマスコミに煽られた大衆に迎合する「偽情報」を垂れ流している今だからこそ、正確な情報が望まれるのです。

貴方が政府の本物の情報をまとめて出版下されば、カリフォルニアの住民は大助かりです。大げさな間違った情報の反作用で痛手を被るのは、日本よりアメリカの方であるというのが私の考えです。

なぜかと申しますと、アメリカが日本に一ドル相当の物を売る時、日本は一ドルよりはるか多くに相当する物を買っているのであり、つまり、アメリカが儲かっているのです。カリフォルニアの輸出は一週間当たり五百万ドルほどで、ほとんどが対日輸出です。この中には軍需品はほとんど含まれていないと言っていいでしょう。

敬具

一九三八年七月十八日

ラルフ・タウンゼント

一九三八年六月二十一日のラルフ・タウンゼント氏のラジオ講演から

現今、日本脅威論が盛んに叫ばれています。なかには、アメリカ貿易に対する脅威というものもあります。そこで今回、こうした漠然とした感情論を吟味することは時宜に適うものと考えられます。こうした感情論は何の根拠もないものですので、具体的な事実に基づき検証することが必要と考える次策です。

幸いなことに、多くの件に関して具体的なことが手に入ります。例えば、商務省の輸出入の数値です。これの編纂に当たる人物は、ある種の目的を持っているわけでもなく、また特定の派閥のために働くものでももちろんありません。

こうした信頼できる情報を元に、対日貿易を見てみましょう。日本がアメリカ経済に脅威であるか否かを見てみましょう。

日本の支配力が強い地域ではアメリカ貿易が締め出されている、との記事がある有力な週刊誌に載りました。日本政府がアメリカ製品に対して門戸閉鎖を強行、というものです。

こうした類の記事を書く場合、具体的数値を載せるものです。「日本に押さえ込まれるアメリカ製品」とするのであれば、どの程度押さえ込まれたか、具体的数値をいくらかでも紹介してくれれば納得がいくものですが、数値がないのです。完全無欠、正確無比という週刊誌がこうした数値を示さないのは異常であり、何かを隠しているとさえ思えるのです。

もし具体的数値を示してくれたらどうなると思いますか？　こうなるのです。まず、ここ数年、日本はアメリカ製品を買ってくれる「上得意様」、それも上から数えて三番目の上得意様であった、ということが分かるのです。全アジア諸国が束《たば》になってかかっても敵わないほど日本は多く買っているのです。全南米諸国が束になってかかっても敵わないのです。この数値はワシントンにある商務省のものです。具体的に言いますと、一九三四年は、ソ連の十四倍も買っているのです。去年はほぼ三億ドル。これは中国の六倍です。繰り返しますが、これはプロパガンダではありません。商務省が集計した統計なのです。図書館へ行けば誰でも見られますし、ワシントンに問い合わせればすぐ手に入るものです。

つまりこういうことです。カール・クロー氏が五月七日の『サタデー・イヴニング・ポスト』に書かれているように、もし日本が門戸閉鎖をしているのなら、日本が第三の上得意であるという政府の数値は何なのでしょうか？

政府が間違っているのでしょうか、それとも『サタデー・イヴニング・ポスト』が間違っているのでしょうか？

不思議なことに、ある数字がクロー氏の記事にはないのですが、その数字を見てみましょう。後ほど申し上げますが、日本が満洲国を実質的に支配したのは一九三二年のことです。その一年後、アメリカの満洲国での売上はほぼ二千九百万円でした。ところが、翌年になると三千五百万円以上と増えているのです。

どうでしょうか。実におかしいではありませんか？　クロー氏が「アメリカ追い出しに躍起となる日本」としているまさにその時、ほぼ二五％も増加していたのです。

翌年の三五年、満洲国、中国を含む対アジア輸出は全体的に減少に転じました。しかし減少したとは言え、中国に比べ、日本が支配する満洲国の減少率は低かったのです。

三四年から三五年、満洲貿易は三千五百万円から二千五百万円へと降下しました。ほぼ二九％の落ち込みです。ところが、同じ時期の日本が支配しない中国をみると、六千八百万ドルから三千八百万ドルへと降下しているのです。これはほぼ四四％の落ち込みとなります。

もっと新しい数値はどうでしょう？　三六年から三七年の対中貿易は（中国でのアメリカ製品の売上は）四千七百万ドルから五千万ドルと増加はしていますが、ほとんど変化が見られません。これは六％の伸びです。ところが、日本が支配する満洲国ではどうでしょう。何と三五三％も伸びているのです。一年で三五三％の伸びです。三・五倍も伸びているのです。これが

「門戸閉鎖」なのでしょうか？

もしそうなら、どんどん門戸閉鎖してもらいたいものです。繰り返しますが、これらの数値は米国商務省の数値であります。

商務省の官報第八三九号の三六頁にある数字です※。商務省が日本に有利になるように数字を操作したことは一度たりともありません。

※原注／タウンゼント氏が指摘する数値は「関東州」の項目にある。アメリカ製品のほとんどがこの関東州を通過して満洲国へ入っている。アメリカ政府は満洲国の存在を公式には認めない立場であるからこうなっているのである。同じ頁に面白いことが載っている。満洲国が満洲国になる前、中国の軍閥が跋扈していた一九二六年から三〇年のアメリカ製品の年間平均売上はわずか七百五十三万千ドルでしかなかったが、三七年、千六百六万千ドルに跳ね上がった。実に二倍以上になったのである。日本が彼の地に秩序をもたらし、取引の効率がよくなったからである。

その気になれば誰にでも分かる数字をなぜ私がわざわざ持ち出すのでしょうか。「日本の満洲国占領がアメリカ経済に有利に働いた」と言うためではありません。他国の紛争を損得勘定で眺めるアメリカ人は多くはないと思います。また対満洲国貿易は昔も今もそれほど重要でもありません。なぜこういう数字を持ち出したか、それは、ある種の人たちが曖昧《あいまい》な情報で騒ぎを起こしている、その手口を明らかにするためなのです。また誰にでも分かる具体的な事実を隠し、ある国に対して憎悪キャンペーンを煽る手口を明らかにするためなのであります。もしこういう事実が知られたら、そういう解釈は全く出来ないのです。

「日本が門戸閉鎖」という見出しは憎悪を煽るにはもってこいの見出しなのです。

しかし数字を調べれば、門戸閉鎖と言われる、その時、その場所で、実は増加しているのです。『サタデー・イヴニング・ポスト』の記者は「もはやアメリカ製タバコは満洲国に輸出不能」というような記事を書いていましたが、去年の八月、満洲国津々浦々、ホテルのロビーで、汽車で、アメリカ国内と同じ値段で、所によってはそれより安く売られているのを私はこの目で見ています。

缶詰等も同じです。満洲国の片田舎でもあのカリフォルニア産のフルーツの缶詰等を見かけました。また道のある所ならどこでも、アメリカ産の自動車トラックがいくらでも走っていました。数字よりはるかに多く売れていると思います。というのは、アメリカ政府の統計上、対日輸出として日本へ入り、その後、満洲国へ改めて送られている物が多いからです。

もし満洲国で、日本が本気で「アメリカ製品に門戸閉鎖」したのであれば、なぜ日本国内でそうしないのか、実に不思議ではありませんか。日本国内では遠慮なくそうできるのです。逆に、日本は上から数えて第三番目の上得意なのです。

朝鮮はどうでしょう。朝鮮が日本領になったのは一九一〇年のことですが、それ以前はアメリカの売上げは微々たるものでしたが、今ではどこにもアメリカ製があります。ただしほとんどの製品がアメリカから直接、朝鮮には入らないのです。一旦日本に入り、改めて日本の卸売業者によって朝鮮で捌かれているのです。とはいえ、アメリカ製に変わりはありませんし、作ったアメリカの労働者がそれなりの手間賃を貰っているのにも変わりはありません。

どこであっても、門戸閉鎖をしたら、これは日本の国益に反します。日本はアメリカに物を売りたいのです。そのためには、それ相応の物をアメリカから買わねばなりません。

それに、アメリカが大量に輸出している品目、特に綿と石油を日本は産出することができません。

誤解を避けるために申しますが、満洲国で、ある種の分野、例えば銀行や生命保険においては、ある種の制約を受けるかも知れません。それはやむをえないことで、アメリカの支配下にあるフィリピンで、アメリカ人はどうしてもアメリカ人を贔屓《ひいき》するように、日本人も官民共に日本人を贔屓するのは自然なことです。ですから、以前はアメリカ人がやっていた卸業の中には、日本人や満洲生れの中国人がやるようになる者も出るでしょう。そうなっても、それは、日本人が日本人の代理人を通じて買うというだけのことです。

しかし全体的に見ると、卸しや小売業者が誰であろうと全く関係ありません。商品を供給し市場を確保すれば主要品目の輸出の安定度は微動だにしないのです。

日中戦争がどう収束を迎えるか、誰にも予測できません。日本はこの一月、中国側が賠償金を支払い、戦争の原因となった種々の抗争を引き起こした赤化分子を一掃するという条件で、「領土の損失無き和平案」を中国側に申し入れました。戦争が長引き、膨大な戦費に苦しんでいますから、日本がさらなる条件を加えるかどうかは今のところ不明です。しかし今晩のテーマは、日本が言われる如く、アメリカの貿易に脅威となっているかどうか、ですから、「日本が門戸閉鎖」という主張には「全く根拠がない」ということで十分ではないでしょうか。

アメリカの貿易は日本本土で伸び、二十八年間日本が支配する朝鮮でも着実に伸び、近年の満洲国でも伸びています。こうした事実がものの見事に実情を物語っているではありませんか。

世界が望む物がアメリカにはあります。ですから、日本であろうとなかろうと、欲する物を求めるのに門戸閉鎖するはずがありません。

実情はこうですから、開いているドアをこちらから閉めることはしない方が賢明でしょう。

ところが、閉めようとする一味がアメリカ国内にいるのです。庶民が思いもよらぬある種の政治的目的のため、憎悪を煽り、不買運動を煽っているのです。

さまざまな仕事に従事する二十五万のカリフォルニア住民の暮らしの糧となる輸出産業を脅かすのは、海外の動きよりこの種の運動なのです。

以下は、別の番組でアメリカの貿易についてタウンゼント氏が述べたもので、氏の了解を得てここに紹介する。

今年、一九三八年のカリフォルニア州の輸出は月間平均二千二百八十万ドルです。週単位に換算するとおよそ五百万ドルとなります。金融論の基礎が分かる人なら、また、ある業種の人が金を使えばそれが他の業種の人のためになるということが分かる人なら誰でも分かることですが、こうして海外から月々入る五百万ドルの金で全ての人が潤っているのです。お店を経営されていらっしゃる方は、お客様がお払いになるお金は、輸出で入るお金なのです。また、お医者さんのような専門職の方でしたら、患者さんはこうした貿易で手にしたお金で治療費を払っているのです。ですから、お医者様もお仕事が出来るというわけです。また労働者でしたら、貿易関連のお仕事、トラックの運転手をして、石油や綿、木材等を運搬しているのです。農家や牧場も似たように潤っているのです。

レーズンの二七%が輸出されています。

アプリコット（アンズ）の五六%が輸出されています。

プルーンの四二%が輸出されています。等など。

事ほど左様に、私たち一人ひとりに安定した収入をもたらす貿易を促進する義務が私たちにはあるのです。こうした輸出品を作ること、これ即ち雇用の安定につながっているのです。働いて物を買う人、こうした方々は国の宝です。また働いていない人、年金暮らしの人、こうした方々は誰かに支えられているのです。

輸出のお陰でこのカリフォルニアに二十五万もの人の働き口があるのです。驚くべきことではありませんか。重ねて申し上げますが、輸出品を生産することで、このカリフォルニアだけでも、男女およそ二十五万人が平均的賃金をもらえる職場が確保されているのです。お隣の方もそうじゃありませんか。お店の方、貴方のお客さんはどうですか。お医者さん、患者さんに貿易関連の方はいらっしゃいませんか。カリフォルニアにとって貿易とはこんなにも大切なものなのです。

アメリカが深刻な不況である今こそ、貿易が大切なのです。国内は停滞していても海外貿易は好調なのです。

世界中がアメリカとの交易を望んでいるのです。世界中どこでも門戸は開放されているのです。世界中がドアを開けて「買いましょう」と言っているのに、私たちは自分のドアを開いて売りに出る努力をしていると言えるでしょうか？　貴方の、いやカリフォルニア全体の繁栄がかかっています。外国のお客さんは買いたくて門戸開放している。アメリカはドアをちゃんと開けて売りに出ているでしょうか？

新聞を広げてもラジオを聴いても、毎日のようにある国に対する激しい怒りの声ばかりではありませんか。しかしその国はアメリカの障害とは全くなっていないのです。しかも面白いことに、あのような憎悪の全てが「寛容の精神」と言われているのです。しかし寛容とは言いなから、九九％、ある国に対し怒りを煽りたて、国民を戦争へと導こうとしているのです。その国が私たちのアメリカに何かやったからではありません。その国の政策が御気に召さないからであります。同様に「平和を」と言う時も気をつけなければいけません。口先では「平和を」と唱えながら、これまた九九％、同じ理由で、戦争を構えようとしているのです。

こういう活動は「独裁制に抵抗している」といわれています。しかし外国はどう見ているのでしょうか。全く違った見方をしています。ある一味が国民を焚きつけ、何らアメリカの障害になっていない国を攻撃している、と見ているのです。

私はドイツ、日本、イタリアの新聞をよく読みます。こうした新聞の論調はアメリカとは全く違います。アメリカの新聞は「平和と寛容」をのべつ幕なし、吼える一方、憎悪を駆り立て、戦争を煽る記事を垂れ流しています。ドイツ、日本、イタリアの新聞にはこういう記事は一つも見当たりません。こうした平和主義を唱えながら、物騒な記事を書くアメリカの新聞は、好戦的な国はもちろん、中立国でさえも一様に「アメリカ国民をして戦争へと駆り立てるため、全精力を尽くしている」と見られているのです。

ドイツもイタリアも不買運動に苦しめられましたが、崩壊はしませんでした。日本も同じです。この三国はアメリカより友好的な国と交易を始めました。しかし、日本だけはアメリカから輸入を続けています。天然資源を求めているからです。しかしこのまま反日運動、日本叩き、対日戦争論を続けると、日本もドイツと同じくよその国に資源を求めることになりかねません。またドイツ、イタリアと同じく、自給自足の体制を取りかねません。反日運動の結果は今すぐ現れるというものではありません。日本はアメリカよりも親日的な国と取引を始めていますが、徐々にその結果が現れるものと思われます。そうなれば、アメリカにとって損失となるのです。

三番目のお得意様である日本に物を売りたかったら、やるべきことは何でしょう。今すぐ憎悪キャンペーン、日本叩きを止めることです。こうした反日運動には何も良いことはないのです、反日運動や日本叩きをしても日本は変わりません。他の国と同様、叩かれれば叩かれるほど強くなるだけです。そして「世界は冷たい。アメリカは敵対行動を画策している」と思うようになるのです。

戦争を煽る憎悪キャンペーンは「独裁国家打倒」のためだと言われていますが、単なる口実にしか過ぎないのです。ソビエトロシアには不買話は全くありません。ロシアは世界最悪の独裁国家です。同じく中国にもありません。ここはソビエトに次ぐ世界第二の独裁国家です。選挙によって指導者を決めたことが、その歴史上一度もない国です。内乱を起こし権力の座につく国です。蔣介石とて同じです。これらの例からお分かりのように、独裁制反対のために不買運動をしているのではありません。何と皆さん、反共国家に対してやっているのです。つまり、この憎悪キャンペーンは政治的運動であり、ソビエトと親ソ国家援護のためのものであるのです。

こうした外国の政治に共鳴する一味のため、カリフォルニアの労働者の皆さんがツケを払わされるのは見るに忍びないものです。失業者が増えるのは見るに忍びないものです。

アジアにアメリカの敵はいない！

原題　America has no enemies in Asia!
１９３８年９月刊

現在、海外の紛争に関してアメリカはどちら側に付くべきか論ずる作家、講演者は多いが、「どちら側にも付くべきではない」と常識論を述べる者が実に少ないのは残念なことである。

こうした戦争論者の中でも最悪なのは、ある種の「平和」組織を装う人間である。毎日のように、こうした平和論者は、自分の支持する方に味方しようとはするが、紛争に加わらないようにしようとしないのである。

また、普通のアメリカ人が知らなければならないのに知らされていないという事実もある。

本書は、いずれかの組織と提携して発行しているわけでもない。

商業的意味合いのものでもない。本書を世に問う動機はこうである。

第一は、東洋の現地に赴任してみると驚くことばかりであったということである。次に、現実を知らないアメリカ人を欺く現地の役人の慢性的不正に気づいたことである。私は、世を惑わす過剰な宣伝活動ではなく、明白な事実に基づき、アジアの出来事を判断することにあらん限りの時間をかけてきており、何らの報酬を期待するものではない。

前書〔訳注／『中立に中途半端はありえない！』〕で中立を呼びかけたところ、好評を頂いたので本書の発行となった次第である。全米から個人的に、また組織としてご注文を頂いたり、郵送先のお名前と手数料をお送り頂いた。多くの方々に私が個人的にお送りしたところ、全米の愛国の情あふれる方々から「友人にも差し上げたいので」とご注文が舞い込んできた。ということは、あらゆる職業、階層の人が、一方に偏るより中立を、また、悪意のための不毛な排斥より貿易の継続を、また、呆れるほどの攻撃的政策よりまともな防衛体制を支持しているということであり、憎悪を装うより歪曲のない事実を望んでいるということだと思われるのである。

一九三八年九月　サンフランシスコにて　　　ラルフ・タウンゼント

一九二九年には……

一九二九年、ソビエト軍が満洲に入った。

中国軍とソビエト軍に宣戦布告なき戦争が起きた。アメリカ国務長官のスティムソンは「平和的解決を」と穏やかに提案した。これに対して、ソ連の同志リトヴィノフ〔訳注／一八七六～一九五一〕は、表現こそ外交辞令ではあるが、「この戦争はアメリカとは何の関係のないものであるから口出し御無用、介入なされるな」と怒りの反論を叩き付けた。アメリカ国内のソビエト・シンパから奇妙な圧力がかかった。そこでスティムソンは慌てて「いかなる国をも侵略国家と呼ぶつもりはない」と後退した。

米英仏における共産主義宣伝外交組織は強力で、常にモスクワの言いなりになって「侵略者」を判定している。連盟の決定がどのようにお膳立てされるか、この良い例である（93頁新聞記事参照）。

中国はソビエトと戦った時、連盟とアメリカの後ろ盾を得られなかったが、日本と戦った時は強力な支持を得た。日本が「反共」だからである。

逆転する評価

蔣介石が中国の人口のおよそ八分の一を支配する中国共産党と戦っていた時、アメリカの極左作家は「残忍な殺し屋」と蔣介石を罵倒していた。ところが、蔣介石が共産勢力と手を結んだ途端、「日本の爆撃に怯える民衆を父の如く守る心優しき指導者」と宣伝し始めたのである。

ソビエトの狙い

ソ連は昔から中国支配を企んでおり、中国内の共産勢力を後援し続けている。日本は中国が共産化するのには反対している。したがって日本はソ連の敵となっているのである。

日本と対抗するソ連はアメリカの援助が欲しい。これも「極左」が日中の抗争を期待した理由の一つである。日中戦争となれば、アメリカとモスクワは同盟することになるだろう。という証拠は、ボルシェヴィキ指導者の記録を見れば分かるが、膨大となるのでここでは紹介でき

N.Y. TIMES, DEC. 4, 1929

SOVIET CANNOT SEE STIMSON NOTE AS A FRIENDLY ACT

Litvinoff's Answer Charges "Unjustifiable Pressure" and Expresses "Amazement."

RESENTS "INTERFERENCE"

Washington Astonished by the Sharp Reply—Stimson at First Gratified by Responses.

While Russo-Chinese negotiators reach an agreement in the Chinese Eastern Railway dispute, Moscow characterizes Stimson peace move as not a friendly act.

Stimson expresses gratification at response of powers, but is silent on Soviet criticism.

（記事抄訳）同12月4日付。ソビエトはスティムソンの手紙を「好意」とせず。リトヴィノフ、「不当な圧力」と反論し「驚き」を表明。「干渉」に憤慨。スティムソンは当初、返信に感謝するも驚愕。

HOOVER AND STIMSON SEEK CHINESE PEACE

Secretary Confers All Day With Diplomats, but Admits We Will Not Intervene.

(N.Y. Times, Dec. 1, 1929)

RELIES ON KELLOGG PACT

To Mobilize World Opinion in Ending Sino-Soviet Crisis Is Only Course, He Asserts.

Special to The New York Times.

WASHINGTON, Nov. 30.—The Russo-Chinese crisis in Manchuria occupied the intensive attention of President Hoover and Secretary Stimson today under circumstances which made it evident that the situa-

（記事抄訳）1929年12月1日付『ニューヨーク・タイムズ』
「フーバー大統領とスティムソン国務長官、中国の平和を模索」
国務長官終日外交官と協議するも不介入を容認。ケロッグ条約を遵守。
「世界的世論喚起が中ソ危機を終結させる唯一の道」と断言。

S.F. Chronicle, Mar. 2, 1938

SAN FRAN

COMMUNISM'S VOICE

She Sees Victory for China

Dr. Anna Louise Strong

"Russian Workers Are Undisturbed"

Famous Author-Lecturer Convinced Chiang Kai-Shek Will Win

Dr. Anna Louise Strong, who fights for the "democracy" of communism with pontifical words, lectured on current events for the benefit of a half-dozen news reporters clustered in a small sitting room at the Sir Francis Drake Hotel yesterday.

With easy nonchalance she waved aside questions about the Soviet's new purge of 21 asserted traitors, preferring to dwell exclusively on China's frenzied battle for life.

Famed for more than a decade as the Soviet's most potent propagandist, Dr. Strong paused long enough in her peroration to decline a "discussion of philosophy and murder."

UPHEAVAL DISCOUNTED

"It is ridiculous to assume that the new arrests indicate a tremendous upheaval against Stalin and the government," she said.

"Plenty of people all over the world, for whom prestige and power have meant degeneration, should be eliminated.

"The workers of Russia are undisturbed by the present situation. They are not rebelling. Nor are their representatives. The new arrests simply indicate a further fine-tooth combing of public officials, instituted in order to tighten the organization against the inevitable pressure of war.

"All persons are under investigation and must prove their loyalty to the U. S. S. R. The ranks must be purged of grafters, corrupt politicians, spies.

"ALL NATIONS TROUBLED"

"And speaking of spies, all nations are having espionage difficulties these days. Even here in the United States——" Her words significantly slowed, then came to a dramatic halt.

After two months in the Orient, Dr. Strong foresees ultimate victory for China.

"CHIANG WINNING OUT"

"A number of factions continue to favor capitulation to Japan or compromise peace," she said, "but these fade in the face of Chiang Kai-shek's growing personal popularity, even in provinces previously hostile to him."

Russia, she said, is assisting China but that assistance must be passive for the present.

northern frontiers keep at least part of Japan's army occupied," she said. "Russian pressure brought on the League of Nations defining Japan the aggressor nation has likewise assisted to a certain extent."

land Auditorium this evening on "The Soviets in a Warring World—Russia Fights for Peace," under auspices of the American Russian Institute.

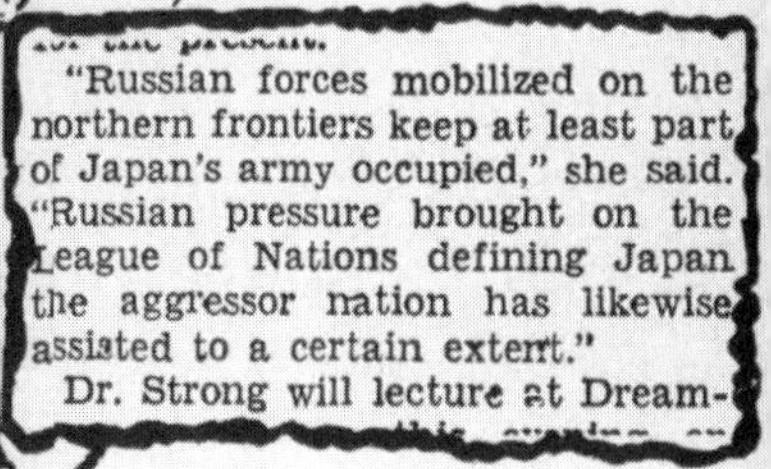

"Russian forces mobilized on the northern frontiers keep at least part of Japan's army occupied," she said. "Russian pressure brought on the League of Nations defining Japan the aggressor nation has likewise assisted to a certain extent."

Dr. Strong will lecture at Dream-

『サンフランシスコ・クロニクル』
1938年3月2日付

（記事抄訳）共産主義者の意見／アンナ・ルイス・ストロング博士は蔣介石の勝利を確信する。「北部国境に展開されたロシア軍兵士は、日本の占領拡大をとにかく引き留めている」と彼女は言う。「ロシアの圧力があったから国際連盟は日本を侵略国と定義した。このことにもある程度役だった」。

▼（タウンゼントの解説）ソビエトが満洲に侵入し中国と戦った一九二九年、アメリカの新聞は沈黙を保った。ところが二年後、日本が同じ地域で戦った時は、凄まじいほどの過剰な記事が踊ったことと比較して頂きたい。ソビエトが満洲で戦った時、国際連盟は調査団を派遣せず、証拠も収集せず、どちらも侵略者としなかった。ところが一九三一、二年、日本が戦った時はいち早く派遣し日本を侵略国と裁いたのである。一九二九年、アメリカに対し「口出し御無用」と噛みついたリトヴィノフ（またの名をフィンケルシュタイン）は一九三七年、日本非難を連盟とアメリカに呼びかけた。連盟もアメリカも即座にこれに従った。

▼（タウンゼントの解説）上は一九三三年出版の有力な極左（共産主義）作家の本『中国の運命』。民衆が蒋介石一派に殺害されたと書いている。下は一九三八年出版の、極左作家としては知られていない作家の著作ではあるが、日本軍に殺害された中国民衆とある。現在日本が非難されているが、中国政府が「容共」となる以前は、中国政府が非難されていたという事実を忘れさせる狙いである。

ない。

蒋介石を監禁し、抗日戦を迫ったのは中国人の共産勢力であったことをお忘れなく。モスクワの良いように、アメリカを日本と戦わせるのが「ボルシェヴィキ作戦」である。次の「共産化作戦」を御覧になるとよく分かるはずである。

「帝国主義勢力同士（この場合、日米を指す）に戦争させないと、我々は救われない。我々に向かって刃を研ぐこの資本主義の盗賊に対処するには、盗賊同士戦わせることが早急の務めである」（『レーニン全集』第十五巻。一九二〇年一一月二六日、ロシアにおけるモスクワ共産党指導者組織へのレーニンの演説から）

York Times.

Partly cloudy today, with moderate temperatures; diminishing northeast winds.

DAY, DECEMBER 13, 1936.

TEN CENTS | TWELVE CENTS Beyond 200 Miles Except in 7th and 8th Postal Zones.

merican Peace by Parley Chiefs

Sure After Quick Action by on Two Measures—Hull First Major Step.

HAROLD B. HINTON

States and extending them in some respects was introduced with the same unanimous backing and will go through the standing Committee on Neutrality with equal ease, probably Monday.

The more important of the two conventions whose adoption was assured today may be described as a collective security pact. While obligations would be limited to consultation and peaceful cooperation in the event that the "peace of American republics should be

CHIANG KAI-SHEK IS PRISONER OF MUTINOUS SHENSI TROOPS, DEMANDING WAR ON JAPAN

Tokyo Sees Danger in Chinese Rebellion; Officials Anxiously Await Next Move by Foe

By The Associated Press.

TOKYO, Sunday, Dec. 13.—The seizing of Generalissimo Chiang Kai-shek by anti-Japanese rebels in China is considered here to have thrown the whole Far Eastern situation into confusion, the outcome of which it is impossible to foresee. Official quarters said the Japanese Government was most gravely concerned about immediate developments and possible future consequences of General Chang Hsueh-liang's rebellion. Official comment, however, was withheld until the situation becomes clearer.

MANCHURIAN IN REVOLT

Chang Hsueh-liang for Return of Communists to Nanking Regime.

LOST TERRITORY SOUGHT

『ニューヨーク・タイムズ』1936年12月13日付

中国のようにモスクワと同盟を結む国だ「侵略の被害国」と大々的に宣伝されるが、それはなぜなのかは、次の共産主義論文に説明されている。

「ソビエト同盟が行う戦争は、誰が始めようと、それは正当な防衛戦争である」（ソビエト作家、L・S・デティヤレフの『赤軍の政治的務め』一九三〇年一五頁より）

また、ソ連の敵を攻撃するために資本主義国家を取り込む狙いは次のように記されている。

「まだまだブルジョワジー（資本主義国家）と軍事同盟を組むことができる。そうすれば第三のブルジョワジーを潰すことができる。国家防衛体制を整えんとする時、即ちブルジョワ国家と同盟を組まんとする時において、勝利のためにこうした同盟の結成に尽くすことが、こうした国にいる同志の義務である」（一九二八年、ペテル・ゴーリーの『共産軍国主義』から、一九二二年、第四回コミンテルン世界大会のブハーリンの演説より引用）

ソビエト的論法がいかに紳士的であるか、また、日本の爆撃に対し嫌悪感を表明する、アメリカにおける極左の宣伝がいかに誠実であるかは、次の発言で明らかになる。
「革命というものは脅迫によって成り立つものである。数人を殺せば、数千人を脅迫することになる。敵将を数名倒せば、他は皆、恐れおののくのである。こうして少数派が多数派へ一挙に変身するのである」（前ソビエト軍司令官レオン・トロツキーの言葉。H・F・マクネアの『革命中の中国』一九一頁より引用。現役のソビエト有力官僚によれば、これは今でもソビエトの綱領の一部となっているようである）

これは明々白々の事実なのだが、極左は、こうした人命の損失に全く異議を唱えないのである。ただ、敵に対する憎しみを掻き立てるのに役立ちそうなと、「民主主義の戦い」を口実に、反共国家に対抗するため、アメリカを同盟に引き込むのに役立ちそうなことを宣伝しているだけなのである。

極左が考える「民主主義」とはもちろん、ソビエトの一形態に過ぎないものである。

開戦七ヶ月前

日中戦争が始まる前の数年間、中国共産党は、事ある毎に独裁者蒋介石に「日本と戦え」と迫っていた。モスクワも同様の発言をしていた。

アメリカの新聞は、「蒋介石を監禁し、抗日戦争か死か」と迫ったのは、別の党派と組んだ中国共産党であったことをまず書かない。右下に紹介するのは、上海で発行された英字紙『ヴ

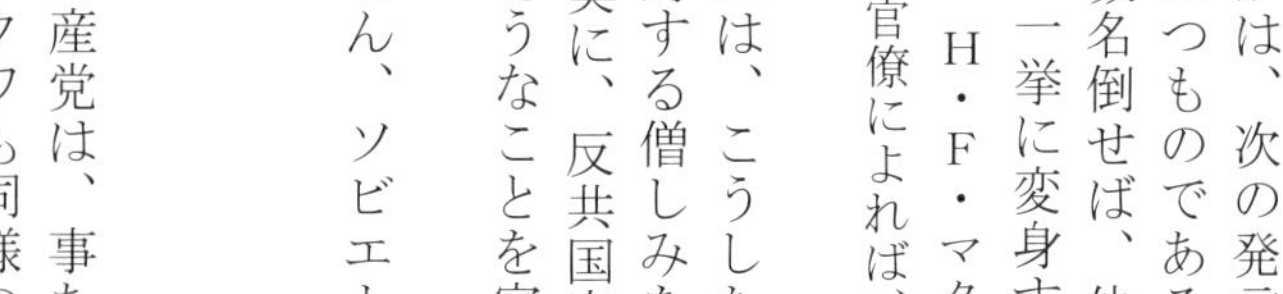
The military council now in session in Nanking will make its ultimate decision,—a decision which, if it is to be acceptable to the people of China, must be for war.

▼（新聞記事）現在南京で開催中の軍事委員会は最終的決断を下す模様である。もし国民の支持が得られたら「開戦すべし」と。

オイス・オブ・チャイナ』のコピーであるが、これは参戦派の声を取り上げている。日付に一九三七年七月七日（盧溝橋事件）の後であるが、本格的戦闘が始まる前のことであり、まだ平和的解決が可能な頃のことである。反日感情を煽るため、アメリカの新聞は、こうした中国側の参戦論には言及せず、ただただ「中国は和平へのあらゆる手を尽くした」と報じたのである。

貿易実績

何ら根拠もなく憎悪を煽り、アメリカを海外の紛争に巻き込まんとする宣伝活動の中で、無知なのか故意なのか、日本が支配する地域で、アメリカに対し「門戸を閉鎖した」と日本を非難する物書きがいるが、これほど真っ赤なウソはない。

代表的なものが、一九三八年五月七日付の『サタデー・イヴニング・ポスト』のカール・クローの記事である。「満洲国において日本はアメリカ製品に対し門戸閉鎖した」と断言し、いかに減少しているか、ぞっとするような記事を書いた。

ところが不思議なことに、実に不思議なことに、具体的な数値がなかったのである。実は、クロー等が「減少」としていた頃の米国商務省の統計を見ると「増加」である。そして我が米国政府が親日のため、「数値を操作した」と訴えられたことは一度もない。

日本が満洲国を占領した直後の一九三三年から三四年、同国におけるアメリカの売上はおよそ二割五分方増加しているのである。一九三五年になると、あの地域の貿易は全体的に不振になった。日本の統制が効かない中国本土ではものの見事に四四％も減少した。ところが、日本が支配する満洲国での減少はわずか二九％に留まったのである。

HOW JAPAN SLAMS THE DOOR

By CARL CROW

1938年5月7日の『サタデー・イヴニング・ポスト』

一九三六年から三七年にかけて、中国では六％増加したのであるが、満洲国では実に三五三％も増加している。これは中国の五十八倍である。一九三七年の満洲国における売上は、彼の地が中国の軍閥支配下にあり、アメリカの輸出が最盛期であった一九二六年から三〇年までの平均と比較しても四倍以上の増加である。

そもそも日本がアメリカ製品に対し「門戸閉鎖」一辺倒だとしたら、国権が犯されたことのない日本本土で久しくそうしたことがなかった、というのはおかしな話ではないか。門戸閉鎖どころか、日本は中国のおよそ六倍も輸入する国で、第三位に位置する顧客なのである。

報道時には疑われない

一九〇四、五年のアメリカの新聞は、圧倒的「親日」であった。ところが、当時のこうした親日論が起こる原因の一つには、「アメリ

- FROM PAGE 2, NEW YORK TIMES, MAR. 24, 1917.

"I cannot forget," continued the Rabbi, "that I am a member and a teacher of a race of which half has lived in the domain of the Czar and as a Jew, I believe that of all the achievements of my people, none has been nobler than that part the sons and daughters of Isreal have taken in the great movement which has culminated in the free Russia."

It was after a review of the struggle of the Russian revolutionists, of whom he has been the leading American writer, that Mr. Kennan told of the work of the Friends of Russian Freedom in the revolution.

He said that during the Japanese-Russian war he was in Tokio, and that he was permitted to make visits among the 12,000 Russian prisoners in Japanese hands at the end of the first year of the war. He told how they had asked him to give them something to read, and he had conceived the idea of putting revolutionary propaganda into the Russian Army.

The Japanese authorities favored it and gave him permission. After which he sent to America for all the Russian revolutionary literature to be had. He said that one day Dr. Nicholas Russell came to him in Tokio, unannounced, and said that he had been sent to help the work.

"The movement was financed by a New York banker you all know and love," he said, referring to Mr. Schiff, "and soon we received a ton and a half of Russian revolutionary propaganda. At the end of the war 50,000 Russian officers and men went back to their country ardent revolutionists. The Friends of Russian Freedom had sowed 50,000 seeds of liberty in 100 Russian regiments. I do not know how many of those officers and men were in the Petrograd fortress last week, but we do know what part the army took in the revolution."

Mr. Parsons then arose and said:

"I will now read a message from White Sulphur Springs sent by the gentleman to whom Mr. Kennen referred." This was the message:

"Will you say for me to those present at tonight's meeting how deeply I regret my inability to celebrate with the Friends of Russian Freedom the actual reward of what we had hoped and striven for these long years! I do not for a moment feel that if the Russian people have under their present leaders shown such commendable moderation in this moment of crisis they will fail to give Russia a proper government and a constitution which shall permanently assure to the Russian people the happiness and prosperity of which a financial autocracy has so long deprived them.

JACOB H. SCHIFF."

（下線部訳）1917年3月24日付『ニューヨーク・タイムズ』
「我々が願いそのために長年努力してきた本当のご褒美、ロシアの自由を友達とともに祝う今宵の集まりに出席することができないと言わねばならないのを誠に残念に思います。私はこの危機的状況においても、ロシアの人々が現在の立派で穏健として知られる指導者の下にあれば、ロシアにふさわしい政府と体制を作りあげ、そして独占資本によって拒まれていた幸福や繁栄を人々に永久に保証することに失敗するなどとは一瞬も思わないのです」ジェイコブ・シフ

▼（タウンゼントの解説）ニューヨークにおける一九一七年三月一四日のロシア革命を祝する記事。クーン・ロウブ社のジェイコブ・シフは一九〇四、五年の日露戦争時、日本を支援する公債を募集した。当時のロシアは帝政だったのである。

カ国内でロシア革命を支援する勢力が揃って、親日論を守り立てていた」ことがあるということを多くの人は知らなかったのである。前頁の記事は日露戦争から十二年後の一九一七年に現れたものである。

ロシアの国外から、帝政ロシアと戦う日本を援助することは即ち、内からの革命を支援することとなったのである。こうしたことから分かることは、なぜ新聞が「親日」なのか、また「反日」に転じるのか、報道時には分からない、ということである。日本が帝政ロシアと敵対している時は、アメリカの新聞は概して「親日」であったが、ロシア革命に敵対する勢力になる可能性が生じると一転して「反日」となった。

アメリカの法的立場

現代の重大事件を扱う場合、学術的研究に止めるべきであり、現在の日中戦争は法的にも理論的にもアメリカが立ち入るべき性格のものではない。

日中のいずれが攻撃を仕掛けたにしろ、我々アメリカに対して仕掛けたわけではない。これは重要な点である。

開戦の責任が日中のいずれにあるにしろ、国際法に照らして、アメリカは厳正に中立を保つべきである。

大衆煽動者のウソ

アメリカを日中戦争に巻き込まんとする一味は、揃いもそろってこうした点を混乱させてきた。

彼らは正確な条文を引用することなく、九ヶ国条約とケロッグ条約をぺらぺらとまくし立てている。こうすることによって、この二つの条約が、さも「侵略国家に対し、アメリカは介入しなければならない」と規定してあるかのような世論を醸成しているのである。

どういう国家が「侵略国家」であるかを規定するには、どこにも同意が得られていないのである。たとえ規定できたとしても、加盟国による敵対行動については一言も言及していない。

それどころか、ケロッグ条約締結の目的は、万が一戦争が発生した場合、他国を巻き込んで戦争を拡大しないため、戦争を制限するものである、

また、中国に関する九ヶ国条約も、中国が戦争となった場合、「中国を助けよ」とは一言も書いていないのである。これは軍事同盟ではないのである。

アメリカの条約は平和条約のみ

アメリカが締結している条約で、「海外で紛争が起きた場合、アメリカはある国に味方する」というものは全くない。

「アメリカ合衆国が、またアメリカ大陸にある国家が攻撃を受けない限り、アメリカは厳密に中立を守る」というのが、明確なアメリカの外交姿勢である。

ケロッグ条約

一九二八年のケロッグ条約の重要な部分を二つ、アメリカ国務省の文書から正確に引用しよ

う。

第一条

締約国は国際紛争解決の為戦争に訴えることを非とし、かつその相互関係に於いて国家の政策の手段としての戦争を放棄することをその各自の人民の名に於いて厳粛に宣言す。

第二条

締約国は相互間に起こることあるべき一切の紛争又は紛議はその性格又は起因の如何を問わず、平和的手段によるの外、これが処理又は解決を求めざることを約す。

さて、この二つの条文はプロパガンダであろうか。

戦争を煽る人達は、「アメリカは中立を守るのは常識論である」とか、「中立を守る法的義務がある」と指摘するものを全て、「アメリカ外交に対するプロパガンダである」と切って捨ててきた。

もし、ここに引用した条文がプロパガンダだと言うのであれば、これはアメリカ政府の国務省の文章であり、政府が署名したものであり、代々の大統領により承認されてきたものであることを思い出してもらいたい。

以上がケロッグ条約の骨子であり、ここに引用できなかった残りの部分は、批准の方法、条文や批准書等の写しの保管場所を規定するのみである。一九二八年八月二十七日、アメリカを含む数ヶ国が同条約に調印した。以後、文明国やこれに準ずる国のほぼ全てが調印している。中国もソ連も調印しているのである。

ケロッグ条約の四つの要点

一　東洋について規定するものではない。
二　アメリカを中国等の遅れた国の保護者とするものではない。
三　他国の争議にアメリカを巻き込むものではない。他国の戦争に介入を約束したわけではない。他国が取らんとする、または中止せんとする行動を保証したわけではない。
四　アメリカはアメリカのためのみに調印したのである。アメリカが戦場にならなければ参戦しない、と明言したのである。以上である。

アメリカをケロッグ条約違反国家にしたてる

アメリカはこれまでケロッグ条約を守り通してきた。以後は守らないという理由はない。アメリカを脅かす国はないのであるから。

攻撃を受けないまま開戦したり、圧力をかけ介入する国を侵略国家という。

戦争を煽る人達は、アメリカを巻き込み、己の好みの国を支援せんがため、局地戦を世界大戦へと広げようと画策しているのである。

これこそ、ケロッグ条約が阻止せんとするものである。

彼らは「ケロッグ条約に違反する国あり」と叫んで、条約の意義を曲解し、アメリカを違反国家に仕立てようとしているのである。

一方に与する危険

援助するにせよ、敵対するにせよ、どちらかに与することは道義的にも法的にも、中立を謳ったアメリカの威信を直接傷つけることになる。

同時に、圧倒的多数の国民の平和への祈りを間接的に踏みにじることにもなる。

　防衛措置ともいえないものである。海外派兵をしてわざわざ波風を立てるようなものである。

煽っているのは誰だ

　海外の揉め事にアメリカを引き込もうという情宣活動は、モスクワと同盟を組む国のため、アメリカの援助を引き出すための運動であることにご注意願いたい。中国はソ連と同盟を組んでいる。マドリッド・バルセロナの一味も同様である。

　海外の揉め事にアメリカを介入させようという、あるいはどちらか一方に与させようという、名のある組織は全てがすべて、言わずと知れたモスクワシンパ（賛同者）に握られている。首謀者の経歴を調べたら一目瞭然となる。

　平和論と宣伝されるものは全て、アメリカの介入を謀るものとなり、言葉の誤用が大手を振って通るようになってしまった。「寛容の精神をお願いする」とは、極左が制御できない国、アメリカの手を借り潰したい国に、戦争を仕掛けるための憎悪に他ならない用語である。

　今度ラジオを聴かれるときは、この「平和への願い」やら「寛容の精神を」というものをぜひ注意して聞かれたい。

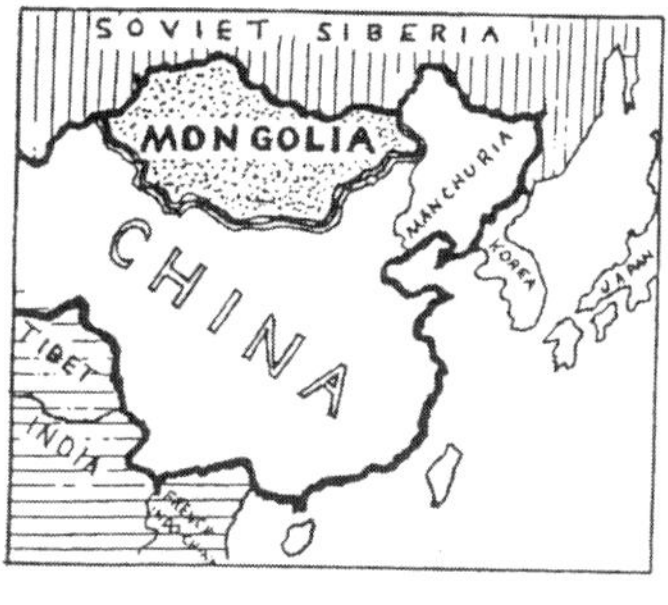

▼(タウンゼントの解説)まず報じられない事実　領土侵略を論じて日本と揉め事を起こそうとする新聞は巧妙にも、1923年ソ連が広大な中国領モンゴルを奪取したことを報じないでいる。ソビエトは今も占領し続けている。

九ヶ国条約

アメリカをアジアに介入させるため、ケロッグ条約を歪曲し国民を欺いているのは明らかなのだが、さらに九ヶ国条約までも歪曲している。
九ヶ国条約は一九二二年の二月五日、アメリカ、ベルギー、イギリス、中国、フランス、イタリア、日本、オランダ、ポルトガルが調印している。中国に関する条約であるが、宣伝工作員の言い分とは異なる内容である。重要な箇所を国務省の文書から正確に引用しよう。

第一条

支那国以外の締約国は左の通り約定す

(一) 支那の主権、独立並びにその領土的及び行政的保全を尊重すること

(二) 支那が自ら有力且つ安固なる政府を確立維持する為、最完全にして且つ最障壁なき機会を之に供与すること

(三) 支那の領土を通して一切の国民の商業及び工業に対する機会均等主義を有効に樹立維持する為、各々尽力すること

(四) 友好国の臣民又は人民の権利を減殺すべき特別の権利又は特権を求むる為、支那に於ける情勢を利用すること、及び右友好国の安寧に害ある行動を是認することを差し控えること

重要な点

署名に際し、アメリカは中国で中国の領土を保証する等というようなことは何も約束はして

いない。「我々アメリカ」がどうするかを述べただけであり、それは即ち、中国の領土を「尊重《リスペクト》する」ことであったのである。ただそれだけのことであり、「他国がどうするか」は与り知らぬことであった。

ところが、『アトランティック・マンスリー』等、「信頼できる」と評価の高い雑誌の記者でさえ、この大事な点を、わざと不正確な書き方をしているのである。中国の領土をアメリカが「保証《ギャランティ》する」という風に書いているのである。保証という文言は九ヶ国条約にない文言であるばかりでなく、それを「臭わす」表現も皆無なのである。

話し合いを約したのみである

万が一の事態が生じた場合の対処法は唯一つである。「締約国が話し合う」。これだけである。正確な条文は次の通りである。

　　第七条

　締約国はその何れかの一国が、本条約の規定の適用問題を包含し且つ右適用問題の討議を為すを望ましいと認むる事態発生したるときは、何時にても関係締約国間の十分にして且つ隔意なき交渉を為すべきことを約定す

御覧のように「隔意なき交渉を為す」というのである。軍事介入や好戦的排斥とは雲泥の差である。

アメリカは約束を守ってきた

「九ヶ国条約に違反した国があるとの提訴があれば、アメリカは「話し合う」と約束しただけで

ある。この約束を破ったことはない。話し合いには持ったが、それ以上のことにはますやっていたいのである。

九ヶ国条約に対するアメリカの義務にまつわる過剰な記事はあふれているが、この条約の正確な文言を引用するものが皆無に近いのは残念である。

それもそのはず、もし正確に引用されては、アメリカをアジアの紛争に巻き込まんとする情宣活動の邪魔になる。

日中戦争を望んだのは誰か？

日中戦争に関しては、日中のいずれが戦争を始めたにしろ、アメリカの法的立場は、前述した通りで変わらない。もしアメリカが参戦したら、ボリビアとパラグアイの戦争に介入したほどの正当性もないこととなる。

「戦争を始めたのはどちらか」は重要な問題ではあるが、傍観者である我々アメリカ人に対して、あまりにも誇張されすぎている。アメリカにとって、法的には、何等重要性を持たない問題である。我々は判事でも陪審員でも審判員でもないのである。

しかし、マスコミがあまりにも開戦問題を強調している昨今においては、証拠を調べて整理する必要がある。とはいえ、これは、日中のいずれに戦争責任があるかを論じるためのものではなく、むしろ噂と現実がいかにかけ離れたものであるかを示すためのものであり、そうすることによって、アメリカを日中戦争に巻き込まんとするアジテーターたちのバカバカしさに注意を喚起するためのものである。

あふれる意見に真実は少なし

人気のある物書きが日中戦争を解説しているが、そのほとんどは、証明することの全くできないものであり、信頼できる人の証言を元にしたものでもない。

毎日耳にする有名人のありきたりの解説の中にさえ、真面目な研究者なら誰でも、「これは事実に反する」というのも、間々あるほどである。

謙虚な研究者なら、さまざまな意見を求められた時、「分かりません」と答えるのを恥とはしないものである。第一次世界大戦の時と同じように、しっかりした情報はかなり後になっても手に入らないこともあるのである。現段階で断定的な物言いは、確固たる知識に基づいたものとも誠実さの表れとも言えるものではなく、無知ゆえのなせる業、もしくは、人を欺くプロパガンダである。

大衆におもねる記事が望まれる

現代の戦争は、複雑な要素がさまざま入り混じって生じるものである。海外の陰謀、秘密協定、援助の見返りとしての密約、派閥の権力抗争等など、あらゆる要素が働くようである。

一般大衆には複雑な要因を整理して判断を下すことはできない相談である。「善玉と悪玉に分けて、文章にしたらできるだけ短くまとめて欲しい」と思っているものである。新聞・雑誌の発行部数を増やすため、近年は大衆におもねった、不正確な記事が増えている。卑しくも学者ならこうはならないはずである。

権威の意見は求められず

ペイソン・トリート、ハーバート・ゴウエン、J・O・P・ブランド、W・E・スーシル、A・E・ヒンドマーシュ、E・T・ウィリアムス、H・F・マクネア、サー・レジナルド・ジョンストン〔訳注／『紫禁城の黄昏』の著者〕、H・G・W・ウッドヘッド、K・S・ラトゥーレット、ポール・クライド等など、数えれば極東問題の権威は十指に余るが、彼らが意見を求められることはめったにない。

彼らは正確性を重んじ、大衆受けを狙って派手な発言をするような人間ではないのである。事実を述べ、意見は控えるのである。個人的には「中国寄り」かも知れないし、「日本寄り」かも知れない。しかし、賛否両論あるところである、どちらか一方に「憎しみの集中砲火」を浴びせることはできないことを承知しているのである。

彼らにとって、この日中戦争はまさに「日中両国の悲劇」以外の何物でもないのである。野次馬根性で見るものでも、たまたま火の粉の降りかからないアメリカにいるという幸運に恵まれた連中が繰り広げる、反日運動の場でもない。

中国も日本も好きで戦争をしているわけではない。双方とも数十万の人間が、「専門家の分析」として称されるあの古びた大義のために、苦しみ悶え泥に塗《まみ》れて死んでいるのである。南北戦争等の騒乱を短い文章で片付けることができないように、日中戦争も簡単に解説できるはずがない。

今、分かることは

あの日中戦争の原因を、偏見のない目で日中双方の苦悩を精査し、簡潔にまとめ上げ、信頼の置ける労作といえるものは、未だ現れない。主だった証拠の概略しか挙げられない。事実と感情論、噂、個人的意見は厳格に分けることが肝要である。

蔣介石は戦争を望んだか？

蔣介石を非難する側は次の罪状を挙げている。

（一）一九三一、二年の満洲事変の数年前、蔣介石の独裁政権の下、中国は二百万から二百五十万を数える地上最大の常備軍を抱えていた。

（二）軍閥を支配する戦略として「抗日」を利用した。

（三）一九三七年、綏遠からの撤兵等の日本の友好的行動を和解精神を持って受け入れず、逆にこれを日本軍の弱体化と見て、抗日作戦を強化した。

（四）日本が如何に和平を提案しようと、これを無視し、如何なる困難に面しても「抗日」を誓った中国人役人が組織する秘密結社「藍衣社」等の抗日団体を育成した。

（五）汪兆銘のような親日派が中国人グループに殺傷されたが、このグループを蔣介石は抑えなかった。それどころか、このグループは蔣介石の認可を得ていたようである。

（六）去年の夏の紛争の直前、中国軍が上海の日本人地区に隣接する地帯に入り、そこを要塞化した。ここは一九三二年の協定により、非武装地帯とされたところである。

（七）去年の夏、協定により中国軍がいてはならない所で、つまり、上海の北側と天津で、苛烈な戦闘が起こった。

（八）七月七日の盧溝橋事変を平和裏に解決しようとした現地中国軍の努力を却下した。

（九）日本が何ら脅威とはならず、平和的解決を模索していた時に、大軍を動員した。（この

件についても後述する）

日本は戦争を望んだか？

日本を非難する側は次の罪状を挙げている。

（一）日本人は世界征服を目指す「戦争狂」で、その第一歩を中国に踏み入れたのである。

（二）その証拠に、一九一〇年韓国を併合し、三一、二年には満洲国政府を樹立した。

（三）数年前、天皇陛下へ奏上したと言われる、世界征服への道を示した、いわゆる「田中メモランダム」に日本政府は動かされている。

（四）「このまま手をこまねいていると中国が日本より強くなるのでは」との恐れから、また、「今なら、イギリスとソ連は中国に援軍を送れないはず」と睨み、一九三七年の夏、挑発されることなく、攻撃を開始した。

（五）過激な宗教の如く武勇を尊び、戦地において「お国のために命を捧げる」軍国主義的国民の情は世界一である。

（六）庶民が抗えない軍閥がいて、国民を戦争へと追いやっている。

（七）「奴隷同様の労働力」や、物資の供給源、市場開拓のための新しい領土を獲得するため、財閥は軍閥と結託している。（この件についても後述する予定である）

蔣介石は戦争を望んだか？

以下は筆者の解説である。

中国軍の規模

はっきり言って、日中戦争の数年前の中国軍は世界最大であった。長らく『ニューヨーク・タイムズ』紙の特派員を務め、きわめて正確な記事を書くハレット・アベンド氏によれば、一九三〇年の中国軍は二百五十万という。彼の『苦悩する中国』の六五頁にある数字である。『チャイナ・イヤーブック』の編集者、H・G・W・ウッドヘッド氏も同じく正確な記述を心がける方である。一九三五年出版のその著書『極東報道探検』の二四二頁には、「中国軍の総数二百二十五万」と書いている。両氏の数字に違いがあるが、その原因の一つは、中国軍は脱走して盗賊を働き、また復帰する、ということを繰り返すからである。

おそらく、古い資料では、日本が支配する前、中国から事実上独立し満洲を支配していた張学良の「私兵」も中国軍として数えていたと思われる。ハーバード大学のA・E・ヒンドマーシュ教授は一九二八年、満洲の「独立軍」は三十五万、と述べている。

中国の軍備

『サンフランシスコ・クロニクル』等の記者は、中国には軍需工場はないと書いている。ところが、五年前の一九三三年版『チャイナ・イヤーブック』は五四四〜五四六頁まで二頁も費やして軍需工場の一覧表を掲載しているのである。一九〇九年の『大英百科事典』には、大砲を製造できる大工場が六つ紹介されている。

隠蔽することなく真実を伝えようと願う記者、解説者なら、権威のある資料から、似たような情報を得ることができるのである。

一九三一年、日本が奉天を占領する前に、中国の軍需工場は世界最大級で、外国人の技術者を含め、従業員二万人と言われたものである。これは、極東問題の研究者の誰もが認める事実である。ところが、新聞はこうした事実を避けて報じない。「棒切れや太古の剣のようなもので戦う中国人」と報じるのが流行である。

現在の日中の争いが始まる直前、米中双方の極左系の情報紙は「圧倒的優位な中国軍」と触れ回っていた。「抗日戦の準備万端整い、勝利間違いなし。すぐにでも始めたい」と。ところが、始まった途端、「中国はきわめて平和を愛する国で、丸腰のまま、何の警告もなく圧倒的優位な敵に襲われた」と宣伝したのである。

明白な証拠に照らしてみると、一九二七年から三七年まで、中国は日本よりはるかに多くの軍事費を使っていたのは明らかである。日本よりはるかに多い軍事費を使わなければ、中国全土に展開する二百万の兵士に武器弾薬を供給することは不可能だったはずである。日本の常備軍は中国の九分の一でしかなかったのである。

的外れな蔣介石非難

兵士の数においても、税金の配分においても、中国は世界に冠たる軍国主義国家であることは議論の余地がない。

しかし、いくら度を越した軍事態勢を敷いたからといって、それが即ち、「独裁者蔣介石が日本攻撃を計画していた」ということにはならない。公平な判断を期すためには、単なる憶測と確固とした証拠とは厳密に区別しなければならない。

中国を強大な軍事態勢にしたのは蔣介石ではない。蔣介石はそれを、ただ「引き継いだ」だけである。一九二七年、実権を握り独裁者となった時は、各地に軍閥が跳梁跋扈《ちょうりょうばっこ》する時代であった。各々が強力な軍を率いていたのである。蔣介石も己の軍を鍛え、中国最強軍に鍛え上げた。やがて行き詰った。抗争相手を前にしては、どうしても己の軍を解散することはできなくなった。強硬に他の軍の解散を迫れば、また新たな内乱となること必定であった。誰も他人を信じることができない。それというのも、ここ数年、誰もが裏切る、裏切りの歴史だったからである。

蔣介石の統一

この数百万の軍を解散しようにも解散できなくなった蔣介石は、これを己の政権下におく「統一」を始めた。

この統一の仕方が非難されている。蔣介石一派は初めから「排外主義」を旗印にしていた。権力闘争中、蔣介石の「排外主義」とは、主として「反米」、「反英」であった。一九二七年三月、南京を占領した時、中国人上官の下、領事館や外国人の家を次から次へと襲い、これを殺害、拷問、略奪した。英国領事は自宅で直射され死んだ。アメリカ領事のJ・K・デイビス氏は危うく難を逃れた。

反米主義

当時、中国に住むアメリカ人の中で、この中国政府の公式政策による殺害により、父母を、また、兄弟姉妹を亡くした者は数え切れない。

【原注】『ニューヨーク・タイムズ』の中国特派員ハレット・アベンドの『苦悩する中国』(一九三

ラルフ・タウンゼントの『暗黒大陸中国の真実』（一九三三年）をご覧ください。

抗日戦争に向けアメリカの援助を得るため「友好」を叫んでいるのは、この反米主義によるアメリカ人殺害、資産破壊を強行、続行した、あの同じ蔣介石一派である。

この一九二七年のアメリカを追い出した軍事行動は、如何なる理由があろうと弁解できるものではない。中国にいるアメリカ人は合法的商行為を行っていた。多くは、裕福な中国人がまず見向きもしない、学校、病院の維持に当たる慈善団体であった。アメリカ人はこうした学校、病院に米ドルにして既に八千万ドル以上もの寄付をしており、年間五百万から一千万ドル寄付していたのである。

アメリカに暮らす中国人に比べたら、中国に暮らすアメリカ人は約八分の一に過ぎなかった。アメリカは中国に対し、一貫して「お世話」をしてきた。一握りの領土も奪ったことはなかった。私の知る限り、鉱山採掘権や鉄道敷設権もなかった。十九世紀以降、ヨーロッパの強国に分割されずに済んだのはアメリカの影響力のお陰である。全外国人の殺害を中国政府が命じた一九〇〇年の義和団事件後、中国に課された賠償金を返したのはアメリカである。

中国の政策

この数十年、中国では、人口過剰や内乱、情け容赦ない役人による苦悩を外国人のせいにすることが流行っている。アメリカの大学を出た者が多いにもかかわらず、字が読めるものは、おそらく人口の五％に満たない。こうして大衆は無知だから、腐敗した政治家が排外政策を採るのも当然である。

蔣介石一派は、米英が在留邦人救出のため、南京を爆撃し、上海の租界防衛の堅い決意を示すと、「反米、反英が割に合わない」ことに気づいた。そこでこの方針を緩和し、アメリカから援助をもぎ取ることに方針変更した。権力抗争相手を倒す軍資金が欲しかったのである。アメリカ人の資産を焼き討ちし、多くのアメリカ人が殺された反米運動を止めた直後にもかかわらず、理由はさまざまで、ここでは述べないが、蔣介石はあっという間に、アメリカの援助を手に入れた。

英米の援助が確実となると、蔣介石は排外の刃を日本に向けた。日英同盟は既に破棄されていた〔訳注／一九二二年〕。アメリカでは共産勢の反日宣伝が結果を出していた。イタリアやドイツとの同盟の構想もなく孤立した日本は、排外を伝統とする中国の、米英よりも狙いやすい餌食になったのである。

中国の反日運動

中国が新たに反日政策を採ったのには、何ら正当性がないと思われる。何千人もの中国人実業家が日本で優遇されていた。当時、日本は「満洲」と呼ばれていた満洲国を占領していなかった。

一九二二年、日本は第一次大戦でドイツから奪った山東省の鉄道の利権等を中国に自主的に返還した。これは誠に寛大な措置で、国際的に見ても史上稀なことであった。比較的貧しく、海外に資源を求める必要のある日本にとっては、誠に重大な意味を持つ措置であったのである。

なぜ返還したのか、私には分からない。当時の日本の新聞には、「山東省に執着するより、日支親善を優先し、交易することが重要である」とする記事があふれた。こうした論が主流であったと思われる。というのも、しばらく経過した一九二九年、日本政府は「親善」客として中国人学生が日本で学ぶための奨学金として七千二百万円を配分したのであるから。また、日本で資金を調達し、貧しい中国人のため、中国に親善病院も開院したのである。

したがって、中国の反日運動は満洲占領に端を発するものでないことは確実である。おそらく事変の数年前から進行していたものと思われる。

満洲事変

一九三一年から三三年の満洲事変中、蔣介石は日本と戦ったことは一度もない。日本と主に戦ったのは、中国本土《チャイナプロパー》の政権からは独立し、満洲を我が物顔で支配していた軍閥の張学良であった。

日本が南満洲鉄道を主とする満洲投資を始めたのは今世紀初頭のことであった。当時の中国人で賢明な者は、国家開発のため、海外からの資本の導入と技術者の招聘を訴えていた。これには違法なものは一つもなかった。アメリカの資本はカナダ等に投資されていた。当時、投資家は、まさか中国の内乱が長引き、国家が疲弊し、政治家による排外政策に民衆が乗せられようとは、予測できなかったのである。

日本は山東省を返還するなど善意を示したのであるから、中国側の怒りは鎮まってもよさそうなものであったが、「排外」は止まらなかった。「排外」は、政治家やヤクザが政治的に利用する「隠れ蓑」なのである。多大な犠牲を払った日本の善意にもかかわらず、暴力事件にまで発展した反日運動を中国官僚が止めなかったことで、日本でも中国に対し激しい敵意を持つようになった。中国の反日煽動家は日本の資産を「対価を払って買い上げるのではなく、単に没収せよ」と要求していた。

あのリットン調査団は、日本に好意的ではなかったが、それでも、一九三一年に端を発する満洲事変で日本が被り、耐えに耐えた挑発行為を数々紹介している。それは、アメリカが一八九八年スペインと戦った時、また一九一七年、第一次大戦に参戦してドイツと戦った時、アメリカが被り、耐えた挑発行為より、多かったのである。

一九三一年九月十八日の柳条湖事件はありふれた事件だったのである。リットン調査団の報告書、特に補足を精査すれば、事変に至るまでの「苛立ち」が理解できるのである。

比較

一九〇〇年、中国が、アメリカ人等の外国人殺害を政策として展開した時、我々アメリカは軍を派遣してこれを撃退した。中国が和平に応じ、二度と同様の不法行為を繰り返さないことに同意するまで反撃を加えたのである。

ところが、蔣介石が初めて権力をつかんだ一九二七年、またしても、同じことが生じたので、アメリカは軍を派遣し反撃を加えた。中国が、在留アメリカ人に対する不法行為を停止するための手段を講じるまで反撃したのである。これは歴代のアメリカ大統領が「文明の原理を尊重することを要求する責務」と定義したことに沿った行動であったのである。

したがって、今日本が戦っていることを強く非難しては筋が通らないのではないか。アメリカは日本と同じ理由でこの三十八年で二度も中国で戦ったのであるから。

アメリカが戦った時と比べたら、現在の日中戦争の規模ははるかに大きい。しかし、これに至る過程での挑発行為の素因は、アメリカが戦った一九〇〇年の義和団事件、一九二七年の南京事件と同じものなのである。

反日暴力

情報のないアメリカ人は大体、「日中戦争前の数年間、反日運動があったそうだが、ボイコットと新聞等による日本批判ぐらいなものだったろう」と考えている。しかし、実際はそういうものではなかったのである。著者がじかに見聞きした例を紹介しよう。

中国の南にある福建省の省都「福州」に数百人の日本人がいた。日本で商売をする中国人が何かあれば法的な保護を受けることができるのと同じ権利を有する、合法的な職業を営む茶の買い付け人、卸商人等であった。さて、この福州のある家に日本人教師夫妻が暮らしていた。

「命を貰う」と、この教師を脅迫する秘密結社がいく

▼(タウンゼントの解説) 日本が新しく開院した病院（福州博愛医院）の開院祝賀会の模様。当時、アメリカ領事館員だった筆者も出席した。一九二九年から三六年、日本は、中国人の民心をつかむため、病院を多数寄贈するとともに、貧しい者のため診療所を開設した。総じて、日本の対中政策は、各国に比べ遜色のないものであるといえるであろう。

つかあった。この教師が何らかの罪を犯したわけではなさそうであった。ただ、中国人が「愛国心」を表現するために、殺そうと計画したのである。そこで日本領事は中国当局に、この教師宅の保護を依頼した。中国人警備員が派遣された。

ところが不思議なことに、数日経ったある晩、予告も何もなく警備員が姿を消した。途端、「中国人愛国者」が集団で押し込み、この教師夫妻を射殺した。日本側は抗議した。ただし、中国人役人が殺害を命じた、と抗議したわけではない。賊が教師殺害を計画している時に、何の前触れもなく警備員を引き上げたということは、犯罪を黙認したか、それとも許可したことになる、と抗議したのである。

蔣介石の苦境

一九二八年から三七年の反日活動は、中国人分子、特に、蔣介石を嫌う中国共産党員によるものであった。もし蔣介石が負けるようなことになれば、極左は、戦乱に乗じ、国土の広大な地域を掌握できると踏んだからである。

蔣介石が野放しの反日運動の鎮圧に当たると、「親日」の烙印を押された。反日分子に妥協し、その暴力行動を是認すると、日本と戦争になる。蔣介石は苦境に落ち、最終的に、開戦派に付くことになったのである。

一九三六年六月、南部の一派が蔣介石に「日本を攻めよ」と宣言して反乱を起こした。同年の十二月、ある一派と組む中国共産党員が蔣介石を監禁し、「抗日戦に同意しなければ殺す」と宣言した。この西安事件の七ヶ月後、戦争となったのである。

蔣介石自身が日中戦争を起こしたのでは決してないのである。とはいえ、数々の挑発行為を行ったのは中国側であることは明々白々である。

西安事件

蔣介石夫人の宋美齢の本その他の証拠から推察すると、蔣介石は「内乱で独裁者としての己の地位を危うくするか、抗日派に加わるか」の、二者択一を迫られたことは明らかである。抗日派に付かなければ、中国軍内の反日組織の藍衣社も敵にまわすことになる。

中国人実業家や教育を受けたしっかりした者達は戦争には反対であったようである。苦力や農民階層は戦争を恐れていた。しかし、こうした反戦派の声は急進派に押さえ込まれたのである。

そうこうしている間に、赤色宣伝員が、「開戦になれば、アメリカからの援助が見込める」という噂を撒いた。

一九三六年十二月、蔣介石が監禁され、事が一段と複雑になると、中国過激派は、「中国には九倍の兵力があるから、抗日戦は勝利できる」と触れ回った。

戦いが始まると

一九三七年七月七日の夜、盧溝橋事件の一発は誰が撃ったか、部外者にはおそらく誰にも分からない。

これ自体重大なことではなかった。重大になったのは、好戦派に迫られた蔣介石の中央政府が、前線の中国人将校が日本軍と交渉することを拒否した時からである。現地の将校は、事を平和的に解決する用意があったのである。ところが、南京と上海にいる過激派は、「前線の将校は裏切り者であるから、蔣介石は裏切り者による「事態収拾を認めてはならない」と盛んに叫んだ。これでは事実上の「開戦」である。

条約条項

熾烈な戦闘が二箇所で始まった。そこは、中国軍が当時有効だった各種条約に違反し、駐留する権利のない所、天津と上海北部であった。

天津近くの、ある特定の地域に中国は軍を入れることはできないとする条約は、中国と日本だけでなく、アメリカを含む数ヶ国間で交わされたものである。これは一九〇〇年の義和団虐殺事件に遡るものである。列強は、危機が迫った時、いつでも北京から海に逃げ出せる避難路の確保を主張したのであった。

暴行を証明するもの

日本が支配する上海の一角から、ある一定の距離に軍を入れない、とする協定は、中国と日本だけのものであった。これは日本が、「上海戦終結後、日本人居住者の脅威となりそうな上海のすぐ北にある地区に兵を入れないことに、中国側が同意したら、日本は撤兵することに同意する」とした一九三二年〔訳注／第一次上海事変〕に遡る。

無知な中国人兵士が暴徒と化し、外国人が虐殺される事件は過去に多発している。それで日本はあの協定を主張したのである。この協定の署名の立会人を務めたのは米英の役人である。

初期の天津戦と上海戦の模様を報じたアメリカの新聞の写真は、強烈な反日解説が付いてはいるものの、「中国が軍を入れない」と同意した地域で戦闘が始まったことを示していた。

通州事件

一九三七年七月七日の盧溝橋事件勃発以来、日本人が最も怒りを覚えたのは、七月二十九日、北京郊外の町「通州」で女子どもを含む日本人約二百名が虐殺されたニュースであった。これは戦争になる大事件であったが、アメリカの新聞は、全く報じなかったり、報じた新聞も全く読者の目を引かないような記事であった。

この通州の虐殺は、日本が総崩れになり中国から撤退するという報告に狂喜した中国兵士が起こしたことは明白であった。通州は戦場にはなっておらず、日本人家族は何の警告もなく虐殺されたのである。日本本土で怒りが爆発し、それ以後、中国との全面戦争は避けられないものとなったのである。

法的問題

国際法から見て、戦争の原因に関して、中国は決して褒められたものではない。激戦が始まったとき、日本軍は種々の協定による正当な権利を有する地域に駐屯していた。ところが同じ時、中国兵はこのような協定に違反となる地域にいたのである。

筆者の知る限り、アメリカの新聞・雑誌は日中戦争に百万言を費やしながら、この重大な事実について書いてあるものは、これまで一冊としてないのである。

戦争犯罪に関わる重大な点に言及しないとは、誠実と言われるアメリカのジャーナリズムも地に落ちたものである。

侵略者の定義

日本を侵略国家と決議した国際連盟は、ソビエトの外務人民委員マキシム・リトヴィノフ、またの名をフィンケルステインに牛耳られていた。ブリュッセル会議も同様である。

紛争の原因に関する証拠を収集する役割を持つ代表団を派遣した団体はどこにもなかったのは注目すべきことである。もしそうしたら、日本に対抗するモスクワ一派が新聞から消したがる証拠が、新聞に載ったはずである。

連盟は、一九三一年の満洲事変ではリットン調査団を派遣するという失態を演じた。調査の結果、中国に不利になる「挑発行為」が続々明るみに出たからである。

そこで、一九三七年の日中戦争では「同じ轍」は踏まなかった。リトヴィノフの指揮下、一切の尋問もない、通常の裁判なら、根拠なき判決となるような横暴な手順で、モスクワの盟友である「中国寄り」の行動を取ったのである。

連盟が下す決定となれば、宣伝価値は十分である。各国は自国の国益のために代表団を送っているとは知らず、連盟は公明正大な組織だと考えている人は騙される。各国の国益に基づくものであるからには、公平無私な評決などはありえないのである。

中国を侵略の犠牲者とする連盟の判定を、中国人を特に「平和を愛する人」と描くアメリカの新聞・雑誌が支持した。しかしこれは、証拠を基にしたものとは言い難い。中国人は、同じ中国人同士で数十年も戦っている人間である。

一国家として、諸外国と、いや、同じ中国人同士でさえも、友好関係を結ぶことが一度たりともない国である。内乱発生数と犠牲者数の番付でも作れば、有史以来中国の歴史は有数の血塗られた歴史である。過去でも現在でも厳密に比較すれば、中国の方が日本よりはるかに抗争に明け暮れた国なのである。

奇観

これは奇観とでもいうべきものである。

ある国で、政府に戦争を強要する反乱が半年の間に二件も起きた。その国の独裁者は監禁され、戦争に賛成せよと迫られた。戦争が始まったとき、非武装地帯に兵士がいた。過激派学生が、開戦を求める旗を振ってパレードを繰り返した。平和を提唱する政治家は、あるいは暴行を受け、あるいは射殺された。ところがこの国、中国が過激派のお望み通り戦争となると、アメリカの「極左贔屓」団体から、「中国は、何ら挑発行動を取らなかったのに突然襲撃された」とされたのである。

日本は戦争を望んだか？

日本軍

アメリカの権威のある資料には、日中戦争前の日本軍は二十五万七千人とある。したがって、常備軍の数は中国のおよそ九分の一であったのである。『ニューヨーク・タイムズ』のモスクワ特派員ウォルター・デュランティー〔訳注／一八八四〜一九五七。その報道に対してピューリッツァー賞を受賞〕によると、一九三六年、ソ連は日本領朝鮮に面するウラジオストックに四十万の軍を配置したようである。ソ連自体が示す数字や、その他の中立国の推計によれば、ソ連はこれ以外に約百万の常備兵を有していたようである。

ということは、日本は中国との国境におよそ九倍、ソ連との国境におよそ五倍の武装兵員と向き合っていたことになるのである。中国とソ連は軍事同盟を組む可能性があった。つまり十四倍の敵兵力と向き合っていたのである。

一方、アメリカとイギリスは日本に対して友好的でなく、外交的には「ソビエト寄り」であった。ところがこの一九三三年から三七年の危機的な期間に、日本軍は二万七千の増員をしただけである。兵員の数で世界最大の軍国主義国家である、この二つの隣国が、毎月毎月、国家を挙げて兵力を増強していた時、日本軍は列強中、最小の部類に止まっていたのである。

事実とぼかし

これまで述べてきたことは、その全てが事実に基づいたことである。事実であるから、日本の政策はアメリカをはじめとする全世界に牙を剥く「軍国主義の狂犬」であるとした、米ソ同盟を熱望するアメリカの新聞に見られるような過剰な非難を浴びせることはない。国境上で、強国が同盟を組み、脅威となる可能性がありながら、あれほど軍事力を低く抑えたままにして、危機的状況が何年も続いている国は、歴史上、ないのである。

「日本は強力な軍事組織を作り上げた」と盛んに書く新聞が、巧妙にも、その強力な軍事組織の正確な規模を報じないということは由々しき事である。その同じ新聞が、「完全武装した敵に襲われる、無力な中国」という過剰な表現をし、戦闘前の日本軍の規模を中国軍と比較することを、巧妙にも避けているのである。

重大な事実を隠蔽するしかない憎悪キャンペーンは、明確な証拠に基づいているかどうかという点になると、根拠薄弱なものとならざるを得ないのである。無用な反日感情を湧き起こす動きには一九一七年アメリカが第一次大戦に参戦した当時の政治的宣伝の手法がよく現れているのである。

心あるアメリカ人は、次のような疑問を抱くものである。

「今度アメリカが戦争となったら、それは正真正銘の防衛戦争であろうか。それとも国内に巣食う政治的宣伝効果を狙う嘘つきどもを喜ばすために仕組まれたものだろうか？」

戦争屋は、日本を敵とする確たる根拠があるなら、それを示せば良いものを、未だにそれを示せないでいる。逆に何をしているかというと、周知の事実をしばしば隠蔽し、でたらめと分かりきったことを過剰に書き、そして、この反日運動の首謀者は有名なソビエト・シンパである。こうしたことから、この反日運動は、結局は、アジアの共産勢力のためにアメリカを戦わせる、という願いから生まれた運動である、ということが分かるのである。

田中メモランダム

アメリカで、いわゆる「田中メモランダム」なるものが、盛んに取り沙汰されている。中国を手始めに、アメリカと戦うという、日本の野望をまとめた作戦計画とされるものである。田中という名の役人が日本の天皇に上奏した計画書という解説付きで、中国経由でアメリカに回ってきたものである。

ところが、中国人が断定するような、日本人が「田中メモランダム」にある概略どおりの征服行動を盛んにやっているとは、相容れない明白な事実が相当数あるのである。

日本は第一次大戦でドイツから手に入れた山東省の資産を一九二二年、自主的に中国に返還した。日中戦争前、中国軍の九分の一の兵力では、アメリカや世界はおろか、中国一国と戦う

▼（タウンゼントの解説）めったに報じられないこと
日本は、一九二二年、第一次大戦でドイツから獲得した山東省の租借地を自主的に中国に返還したが、これはめったに報じられない。反日運動では、「目に入るものは何でもつかみ取る、世界征服に狂った日本」という図式を壊すようなものは避けねばならないのである。

にしろ、その準備を整えることはまず不可能であろう。

一九三八年一月、現在の日中戦争を終結せんと、中国に提案した日本の和平案は、中国領土を猫の額ほども要求するものではなかった。要求の主たるものは、反日暴動を鎮圧することと、通州事件を引き起こしたような大衆煽動を抑えることであった。

もし、日本が、「田中メモ」が言う如く、中国との抗争を自ら求めるものであれば、「田中メモ」が作成されたと中国が言っている一九二七年から、日中戦争が始まった一九三七年の間には、挑発行為が山のようにあった。例えば、現在は日本と対抗しモスクワと同盟しているあのイギリスは日本に対し、一九二七年、蒋介石の反英運動からイギリス人の生命を守る行動を援助するため、軍を派遣するよう要請しているのである。もし日本が中国を攻めるつもりなら、またとない好機であった。何しろ、イギリスの承認を得ているのであるから。また、一九三七年まで蒋介石は外国製の武器を十分装備していなかったので、日本は蒋介石を叩こうと思えばいつでもできたのである。また、一九三七年の数年前は、群雄割拠する軍閥が抗争相手を倒し、中国全土を抑えるため、日本の援助を得るため、「勝利の暁には、見返りに、御望み通りの租借地をどうぞ」と、盛んに画策していたのである。日本はこれをことごとく断ったのである。

結局、史実を見ると「田中メモ」説は支持できないのである。アメリカや世界各国と比べたら、比較にならないような挑発行為を受けただけで、日本人は戦争をするとする論法には何ら証拠はないのである。そして戦争になった時、日本が獲得した領土は、米英仏等の列強より少ないのである。また、アメリカを攻撃する疑いのある国は世界中どこにもないのと同じく、「日本はアメリカ攻撃を企んでいる」と仮定するには、明白な証拠が示す通り、何ら根拠がないことである。

こうした明白な証拠がある上、この「田中メモ」の内容自体に信憑性に欠ける矛盾点が種々ある。まず第一頁に、一九二二年の九ヶ国条約会議後の、元老山県有朋のインタビューがある。しかし山県はこの時には死んでおり、九ヶ国条約の調印には、既にこの世にいないのである。これは『大英百科事典』等の権威ある資料で確認できることである。〔訳注／ワシントン会議は一九二一年十一月十二日から二二年二月六日。山県は二月一日に没。条約調印は二月六日〕

こうした不合理な点がある「メモ」でも、アメリカを海外紛争に巻き込むための宣伝に一役買っているようであるが、ちゃんとした人はまず信用しない代物である。

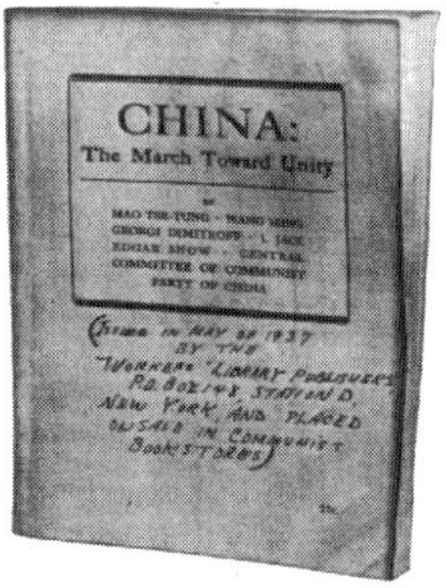

▼書籍『中国統一への行進』（毛沢東著）のタウンゼントの解説
この冊子において、中国共産党は「統一」のため、及び満洲国奪還のため、抗日戦を開始すると書いている。四一頁で主席毛沢東はこう述べている。「失った全領土を奪還することは中国の急務である」と。英語版は日中戦争勃発二ヶ月前にアメリカで出版された。中国共産党は、一九二三年ソビエトに取られたモンゴル奪還戦については述べていない。反共国家の日本に対する戦争を叫べば、アメリカの新聞が好意的に書いてくれる。アメリカではさまざまな共産主義宣伝は協力ができており、本冊子の如く、たとえ事前に戦争計画を公表しようが、モスクワとの同盟でありさえすれば「侵略の被害者」とされるのである。

The New York Times.

THE WEATHER

Section 1

NEW YORK, SUNDAY, MARCH 27, 1927. FIVE CENTS

FOREIGNERS FLEE FROM ALL YANGTSE POINTS; MORE BLOODSHED FEARED AS RED FLAME SPREADS; 1,500 MORE MARINES TO GO AT ADMIRAL'S CALL

CONFERENCE AT WASHINGTON

Cabinet Calls Army and Navy Chiefs in Consultation.

GENERAL OUTBREAK FEARED

But Army Is Not to Go Yet and Avoidance of Intervention Is Sought.

BORAH A SOURCE OF WORRY

Administration Believes He Seeks to Include China in Senate Committee Inquiry.

By RICHARD V. OULAHAN.

Special to The New York Times.

WASHINGTON, March 26.—Although receiving with expressions of thankfulness the good news that all those Americans at Nanking whose fate was uncertain for several days had been safely removed from that hotbed of terror, President Coolidge and his advisers found today that the Chinese situation was still full of anxiety for them.

A conference participated in by three Cabinet members and high ranking officers of the army and navy, in which the situation was considered in all its aspects, including possible eventualities of political or military portent, brought no decision as to a change of policy and nothing developed to show that this Government is considering any joint intervention in China in collaboration with the British and Japanese.

At the same time the conference reached conclusions which resulted in orders for the assembling of 1,500 additional marines for service in China. These marines, now scattered at stations on the Atlantic Coast, will be sent to China as a precautionary measure, it was explained. The conference also discussed the advisability of sending troops of the regular army to China, but for various reasons, chief among them that such troops suggest permanent occupation or a state of war, which the Government is anxious to avoid, it was determined that no steps should be taken, even of a preparatory nature, along that line.

Dr. Williams Smiled In Face of His Slayers

LONDON, March 26 (AP).—A Shanghai dispatch to The Sunday Express, describing the murder of the Rev. Dr. J. E. Williams of Shawnee, Ohio, Vice President of Nanking University, says that a soldier, failing to wrest a ring from the doctor's finger, chopped the finger off to secure the jewel.

Many such stories citing the action of soldiers in chopping off fingers to obtain rings have been received, the dispatch says.

In describing Dr. Williams's death the dispatch says that instead of resisting the looters he smiled at them benevolently and in his actions figuratively "turned the other cheek."

NOTED 6TH MARINES REVIVED FOR CHINA

Navy Reconstitutes World War Regiment With Infantry, Artillery and Planes.

NOW BEING CONCENTRATED

Men From Many Stations Hurry to New Unit—Col. Snyder, a Veteran Fighter, to Command.

Special to The New York Times.

WASHINGTON, March 26.—The famous Sixth Regiment of marines, which passed out of existence at the end of the World War, is to be reconstructed as an active organization, with infantry, artillery and aviation units, as a result of orders issued today to send 1,500 marines to reinforce the American forces in China.

In the World War the Sixth Marines served in the trenches covering Verdun, took part in the Chateau Thierry smash-through, fought at Soissons and Belleau Woods and participated in the Champagne attack and the Meuse-Argonne offensive, fighting to the last hour of the war, 11 A. M., Nov. 11, 1918.

Orders were transmitted to marine stations along the Atlantic coast for

JAPANESE A NANKING HERO

Unarmed Navy Officer Rescued 190 of His Countrymen.

OTHERS SAVED 4 BRITISH

Tokio Views Situation Calmly, but Is Sending More Warships to Relieve Anxiety.

REFUGEES TELL OF ESCAPE

Attack on Socony Hill and the Rescue by Naval Barrage Is Related by Consul's Wife.

Copyright, 1927, by The New York Times Company. By Wireless to THE NEW YORK TIMES.

TOKIO, March 26.—According to information reaching the Navy Department direct from Nanking, the commander of a Japanese destroyer went ashore there yesterday, purposely going unarmed, so as to avoid the appearance of provocation, and successfully conducted the evacuation of about 190 Japanese. The party reached the river without serious molestation and safely embarked aboard the Japanese craft. The incident illustrates the care the Japanese are taking to avoid a quarrel with the Southerners, and this attitude is evidently entirely mutual.

Subsequently a Japanese party rescued four members of the British Consulate staff.

Apparently no Japanese subjects were killed at Nanking, excepting one seaman. This fact and Japan's general sympathy with Chinese Nationalism explain the calmness with which the Japanese press is watching the situation. Today's Tokio papers carry more news about the Diet than about China, and a majority of this morning's editorials are devoted to domestic topics. The Diet closed today without further reference to the situation in China.

The American and British Ambassadors at Tokio are in constant touch with the Japanese Government. British, American and Japanese forces

Chinese in Naval Battle At Mouth of Yangtse

SHANGHAI, Sunday, March 27 (AP).—The mouth of the Yangtse River was the scene early this morning of a Chinese naval engagement.

A number of vessels of the Shantung fleet arrived from Tsingtao and opened a bombardment upon the Woosung forts, later engaging in a spirited fire with ships of the former Northern fleet which recently went over to the Southern cause.

The firing was clearly audible in Shanghai, but the outcome of the battle was not learned.

MISSION BOARDS GET RESCUE LISTS

All Americans at Nanking Are Reported Accounted For in Cables From Shanghai.

RELATIVES AWAIT DETAILS

Advices About Dr. Pickens Are Conflicting, but His Safety Seems Assured.

Advices received yesterday at the offices here of the Presbyterian, Methodist, Protestant Episcopal and Baptist Foreign Mission Boards indicated that all missionaries and other Americans who were at Nanking have been accounted for.

The slaying of the Rev. Dr. John E. Williams, Vice President of Nanking University, and the wounding of Miss Anne E. Moffet, reported on Friday, were the only casualties listed at the offices here.

An Associated Press dispatch from Shanghai, however, added three more to the list of injured, namely, Private Plumley of the Marine Corps, an unidentified American bluejacket and Earl T. Hobart, manager of the Standard Oil plant at Nanking, whose ankle was broken.

Among those unaccounted for in messages received Friday and who are now reported safe in Shanghai are

SHANGHAI ATTACK PLANNED

Labor Army, Well Armed, Prepares Drive at the Foreign Settlement.

AMERICANS IN DEFENSE LINE

Butler Posts Marines With Machine Guns—Chang Kai-shek Reaches Shanghai.

NANKING CASUALTIES TOLD

One American, One Britisher and One Japanese Killed, 4 Americans and Others Wounded.

By FREDERICK MOORE.

Copyright, 1927, by The New York Times Company. Special Cable to THE NEW YORK TIMES.

SHANGHAI, March 26.—While American refugees from Nanking began arriving in Shanghai today, after the carnage of the past few days there, American naval, military and consular authorities here agree that the situation throughout nearly all China is very grave, and they expect further bloodshed.

The casualties at Nanking, so far as known, include one American and one Englishman, both doctors, and one Japanese sailor killed; four Americans and several other foreigners wounded and injured by bullets or beatings.

The success of the anti-foreign agitation has made the Chinese menacing as never before since the Boxer days. Their success in driving foreigners from Nanking without serious bloodshed to the Chinese, and without foreign retaliation, is believed to have emboldened the Communist elements here, who are the dominating factor.

It is doubted that Chang Kai-shek could retain command if he endeavored to dissuade the army from its declared policy of driving out the foreigners. The intention of termi-

(記事抄訳）1927年3月27日(日)付『ニューヨーク・タイムズ』
外国人、揚子江沿いの全居留地から避難　共産党の炎が広がるにつれ、さらなる流血の恐れ　司令長官の命により1500の海兵隊を増派する予定

めったに報じられないこと

反日感情を盛り上げたい新聞は、一九二七年、蔣介石が米英人追放作戦で権力を握ったことを巧妙に避け、報じない。当時、蔣介石は極左と組んでいた。情報宣伝担当の中心人物はモスクワから派遣されたロシア名ボロディンこと、グーゼンベルグ〔訳注／一八八四～一九五一〕であった。今現在、アメリカの援助を得ようと「友好」を叫んでいるあの同じ中国人将校によって、アメリカ人が、女子供まで虫けらのように殺されたのである。

阿　片

第一次大戦後、中国で内乱が収まらず、慢性化した頃、阿片栽培が軍閥の資金源として、中国全土に大々的に復活した。阿片禁止令が何度か出されたが、相変わらず阿片が、ほぼ全土にわたって正規の歳入の一つであることは変わらなかったのである。

写真は、一九三二年、福州にあった筆者の家から十キロほどの所で撮ったものである。（筆者タウンゼントの『暗黒大陸中国の真実』第八章を御覧下さい）。当地の役人の頭であった方声濤〔訳注／一八八五～一九三四〕が公式に下した命令により栽培されたものである。日本と事を構えたいアメリカの新聞は「日本が阿片を持ち込んだ」と叫ぶばかりで、こうした事実を報じない。日本が支配する地域では、阿片販売店は免許制となっている。イギリスも、シンガポールと中国にある領地では同様であるが、アメリカの反日

運動家はこれには触れないのである。イギリスも日本も、禁止しても効果がないので免許制を採用したのである。

憎悪を煽るウソ

「間違いだ」と良心的な人が注意を喚起しても、毎日毎日、憎悪を煽るウソを繰り返す新聞が多いのは、実に奇妙なことである。

全くでたらめなのが次頁の記事の第二段落である。一九〇一年の北京議定書第九章には、向後、日本を含む列強は定められた地域に軍を駐留する権利を有す旨、明記されている。原文は用意に入手できる。このように故意に誤った解釈をするのはなぜであろうか？

一九二七年には……

蔣介石一派は、初めて共産党と提携し、中国にいるイギリス人と激しく対抗した。イギリス人の生命財産の保護に当たるイギリスは日本に、軍を派遣し協力するよう要請した。その後、イギリスはソ連と外交上の同盟者となった。アメリカでは現在、アメリカをソ連が牛耳る英・仏・ソ同盟に引き込まんとする共産主義宣伝が計画されている。

イギリスは豹変する。イギリスが標的にされた一九二七年のイギリスの極左に対する公式な態度と、日本が標的にされた一九三七、八年のイギリスの態度を比較してもらいたい。

一九三七年、日本は毅然とした態度を取ったが、アメリカも一九二七年、同様の状況に直面し、日本と同じく毅然とした姿勢を示したのであった。

FROM SCRIPPS-HOWARD NEWSPAPER CHAIN, JULY 13, 1938

Night Maneuvers by Tokio Soldiers, in Area Forbidden by Treaty, Started Fighting Which Has Lasted a Year

The Sino-Japanese war is in its second year, with Chinese resistance more stubborn than it has ever been. In this series of articles Jack Foster, who has traveled in the Far East, will tell in detail the little known incidents which started the war, and will attempt to count the gains and losses in the first year of fighting. Information for the series was gathered from private sources in the Far East and in Washington, as well as from press disptaches.—The Editor.

BY JACK FOSTER
Scripps-Howard Staff Writer

On the night of July 7, 1937, a body of Japanese troops was holding manuevers on the sandy stretches near Marco Polo Bridge, whose white stone lions look indifferently down at the murky Yungting River, 10 miles southwest of Peiping.

There was no honest reason why they should be there, on Chinese soil. The maneuvers had been going on for over a week. They should have ended days before. Furthermore, the Boxer Treaty strictly forbade foreign troop movements in this area.

Nevertheless, marching around in

1938年7月13日付の『サンフランシスコ・ニュース』スクリップス・ホワード専属記者ジヤック・フォスター

1937年7月7日の夜、日本軍の一隊が北京南西16キロ、永定河の盧溝橋(マルコ・ポーロ橋)の近く、橋に並ぶ石のライオンがただ見下ろす、暗い砂地で演習を行っていた。日本軍が中国に駐屯する正当な理由はなかった。演習は一週間以上も続いていた。数日前に切り上げるべきであった。さらに言えば、義和団条約により、この地区の外国軍の行動は厳に禁じられていたのである。にもかかわらず……

▼(タウンゼントの解説)アメリカに無用の混乱を招く典型的なウソである。こういうニセ情報を流さなければ、憎悪運動は陰を失うはずである。アメリカ人の反日感情を無くすには事実を伝えるしかない。

The New York Times.

AMERICANS AND BRITISH KILLED IN ATTACKS AT NANKING;
WARSHIPS THEN SHELL CITY AND RESCUE SOME FOREIGNERS;
ALLIED COMMANDERS SERVE ULTIMATUM; ALL CHINA AFLAME

POISONED WHISKY IN SNYDER HOME

WASHINGTON ACTS QUICKLY

FORCES ARE LANDED

Parties From Ships Fight Way to Socony Hill to Reach Nationals.

The New York Times.

GRAY TO SEEK TRIAL OUTSIDE OF QUEENS; GAS PLOT REVEALED

THREAT TO SHELL NANKING FREES FOREIGNERS;
20 AMERICANS STILL MISSING, ONE KNOWN DEATH;
HOMES AND MISSIONS BURNED, WOMEN ATTACKED

WASHINGTON BACKS NAVY

Government Upholds Any Action Needed to Save Nationals in China.

Text of the Message by Admiral Hough at Nanking Which Resulted in the Decision to Shell the City

THIRD ULTIMATUM IS SENT

It Follows an Evasive and Insolent Reply by the Cantonese Leader.

The New York Times.

AMERICAN COUNTESS SHOOTS ENGLISHMAN AND SELF IN PARIS

FOREIGNERS FLEE FROM ALL YANGTSE POINTS;
MORE BLOODSHED FEARED AS RED FLAME SPREADS;
1,500 MORE MARINES TO GO AT ADMIRAL'S CALL

CONFERENCE AT WASHINGTON

JAPANESE A NANKING HERO

Unarmed Navy Officer Rescued 190 of His Countrymen.

SHANGHAI ATTACK PLANNED

Labor Army, Well Armed, Prepares Drive at the Foreign Settlement.

FOILED GRAY SUICIDE BY POISON ON TRAIN

NOTED 6TH MARINES

MISSION BOARDS GET RESCUE LISTS

〔訳注／記事内容については本書43頁を参照〕

BLAMES THE SOVIET FOR EVENTS IN CHINA

British Envoy Here Declares Reds Incite "Ignorant Coolies" to "Violence and Pillage."

SEES PLAN TO CONTROL ASIA

(N.Y. TIMES. MAR. 26, 1927)

He Hints in Worcester Speech That Cantonese, Like Turks, Are Using Bolshevism as a Tool.

Special to The New York Times.

WORCESTER, Mass., March 25.—Charging that the Chinese attacks on the British, Americans and other foreigners in Shanghai, Nanking and other parts of China are directly inspired by the Russian Soviet Government, Sir Esme Howard, British Ambassador to the United States, in an address before the Metal Trades and Employers' Association tonight, said that the present trouble in China was the first step in a Bolshevist plan to drive the British and all foreigners from China and ultimately effect a Bolshevist revolution throughout the world.

Sir Esme said that at all costs the British Government would defend the lives, property and treaty rights of British nationals in China and that

Shanghai Says 30 Americans Are Missing at Nanking

SHANGHAI, Saturday, March 26 (AP).—A check-up from all accounts which had reached Shanghai up to 10 o'clock this morning indicated that thirty Americans were still unaccounted for at Nanking. It was impossible to tell their fate.

Hopes of ultimate rescue of those alive, however, were brighter as the Cantonese leader had changed his attitude under the threat of another Anglo-American bombardment.

Special to The New York Times.

WASHINGTON, March 25.—The State Department received a cable tonight from Clarence E. Gauss, Consul General at Shanghai, stating that two shiploads of refugees from Nanking will arrive at Shanghai tomorrow.

According to the Consul at Nanking, many of the refugees are destitute and will require assistance.

REFUGEES SPEEDING FROM DANGER ZONE

N.Y. TIMES, MAR. 26, '27

Group That Left Nanking Before Latest Outbreak Arrives Safely at Shanghai.

Special to The New York Times.

WASHINGTON, March 25.—The safe arrival at Shanghai of forty-nine

（記事抄訳）1927年3月26日付『ニューヨーク・タイムズ』
「中国の事件に対してソビエトを非難。英国公使はここに、極左が″無法な苦力″を″暴力と略奪″に煽動したことを言明する」

N.Y. TIMES, MAR. 26, 1927, PAGE 1

Text of the Message by Admiral Hough at Nanking Which Resulted in the Decision to Shell the City

By FREDERICK MOORE.

Special Cable to THE NEW YORK TIMES.

SHANGHAI, March 25.—The message from Rear Admiral H. H. Hough, at Nanking, to Admiral C. S. Williams, Commander-in-Chief at Shanghai, which resulted in the third ultimatum and the liberation of the foreigners follows:

I do not believe that the details of the situation are completely understood by the Commander-in-Chief.

I agree with the British senior officer present that unless our nationals are promptly released, and delivered at the Bund, drastic action must be taken in order to save the lives of those remaining in the city. There are wounded ashore who cannot receive attention and should not be neglected further, including the British Consul General.

I believe that radical action would preserve lives and further delay would defeat this possibility.

I believe that the shelling of military points, avoiding injury to the civil populace as much as possible, would at this time have excellent effect upon the port and along the river.

I have just received an evasive and insolent reply from the local army commander.

I consider that if concrete action is not taken firmly and immediately here the lives of the remaining British and Americans may be lost and all British and Americans must promptly evacuate the Yangtze Valley in order to save their lives.

Unless otherwise instructed and unless the situation radically changes I will jointly with the British late this afternoon shell the salient military points and military yamen.

I am sending a final warning by a Chinese military orderly.

Chang Kai-shek's arrival is problematical and we do not consider that under these conditions he is strong enough to control the situation even if he so desires or should arrive in time to save the remaining lives.

HOUGH.

Special to The New York Times.

WASHINGTON, March 25.—Admiral C. S. Williams's reply to Rear Admiral Hough's message asking permission to shell Nanking follows:

Use your own judgment in handling the situation.

WILLIAMS.

The British Commander-in-Chief sent a similar message to the commanding officer of the cruiser Emerald at Nanking.

1927年3月26日付『ニューヨーク・タイムズ』
南京砲撃を決定した、南京派遣海軍少将H・H・ハフの電文

共産党の宣伝力

これから紹介する事例が何を物語るか、海外事情を偏りのない目で見ることができる方はお分かりであろう。

一九二八年から三五年、ボリビアとパラグァイが戦争〔訳注／チャコ戦争〕をしたが、「どちらが侵略者か」判定しようという新聞は一紙たりともなかった。集会活動や抗議運動も皆無であった。なぜか。両国ともモスクワの同盟国ではなかったからである。これまで黙っていたアメリカの新聞が突如として、「侵略者」のレッテル貼りに躍起になるのは、現在の中国やスペインの動向のように、容共と反共の抗争の場合のみである。「侵略者」は常に反共側である。あのボリビア・パラグァイ戦争の場合、極左にとって政治的重要性も、宣伝効果も何もなかったのである。したがって、アメリカ国内では騒がれなかったのである。

次はメキシコの場合である。容共のメキシコが数年にわたって、教会を閉鎖し、聖職者を追放した時、アメリカの新聞は沈黙を通したが、反共国が実施した、メキシコに比べるとはるかに緩やかな規制には、それこそ号泣したのである。

数億ドルに相当するアメリカの石油その他の資産が容共メキシコに没収されても、ほとんどの新聞は異議を唱えなかった。ところが、中国の人里離れた、せいぜい数百ドルもしないアメリカ人の伝道施設を、一時的に日本が占領すると、烈火の如く怒りを浴びせた。日本は反共国だからである。

さて、メキシコに取り上げられた石油を、メキシコは、よりによって、反共国家である日本やドイツに売っている、というニュースにワシントンは激怒した。メキシコに取り上げられた時よりも激怒したのである。石油没収の非難は、その石油がその後誰の手に入るかが分かってからひどくなったのである。

次はフランスを見よう。二年前の一九三六年、レオン・ブルム首相の下、フランスが大規模に共産化し始めた途端、アメリカの新聞はフランスを手放しで絶賛し出した。フランスは褒められるようなことは何一つしてなかったのにもかかわらず、である。逆に、長期の債務を返済する素振りも見せなかった国である。一方、反共国家日本は耳を揃えて、遅滞なく返済する唯一の国であるが、アメリカの新聞・ラジオは巧妙にもこれを報じない。フランスはモスクワの同盟国なのである。

また中国に戻れば、南京攻略の時、日本軍がパネー号を爆撃するという事件があったが、これはあらゆる戦争に付き物の噂話を交えて大々的に報道された。ところが、同じような、中国軍によるアメリカの汽船フーバー号の爆撃事件と、アメリカ人の死傷者を出した上海の国際租界の爆撃事件は、きっちりと「口止め」された。中国はモスクワの同盟国である。

次はオーストリアの債務返済について。債務がオーストリアの債務である限り、アメリカでとやかく言われなかった。ところがオーストリアが反共国家ドイツに併合され、ドイツに返済を要求できることになった途端、新聞は一斉に大騒ぎを始めた。債務額の返済条件も同じだったのだが。

アメリカをアジア問題に引きずり込みたい連中は、「事は民主主義の問題である」と主張している。しかし、日本も中国も民主主義国家ではない。中国四千年の歴史で、国民投票は一度たりともてない。現在の独裁者蔣介石は、権力闘争の結果、その地位を得たのである。日本は、選挙によって選ばれた国会が税金と予算を決める制度であり、イギリスに良く似た立憲君主国であって、正確な意味では民主主義国家とは言えない。また独裁者は存在せず、選挙で選ばれた代議士によって、財政とほとんどの政府機関は掌握されているのであるから、如何なる意味でも、ファシズムとは言えないのである。

アメリカをアジアに巻き込まんとする新聞は、敢えて蔣介石を独裁者と呼ばず、「元帥」と呼んでいる。そうして、中国は世界で二番目に苛烈な独裁国家である、という事実を隠しているのである。

まだまだ、普通の新聞が正面切ってソ連を褒めるまでの機はアメリカで熟してはいない。その代わり、事あるごとにソ連の軍事的・外交的同盟を褒めている。もしモスクワ同盟にアメリカの後ろ盾が得られたら、それは直接モスクワを支持することに匹敵する。それ故に、モスクワ同盟国を「極左」とは呼ばず、アメリカ人には「民主主義国家」という感じのいい呼び方をしたのである。

新聞がこうした茶番を本気でやっているのか、それとも一九一七年アメリカを第一次大戦に引き込んだ時と同じような宣伝マシンとして単に利用されているだけなのか、ご自分でご判断願いたい。

新聞は「領土侵害」はどうでもよいのである。その証拠に、この件で日本を非難した新聞が、一九二三年のソ連によるモンゴル獲得については書かないではないか。日本が帝政ロシアの敵であった頃は、いくら領土を獲得しても非難しなかった。ところが、一九一七年から、日本が「新生ロシア」の強敵と目された途端、反日に転じたのである。

反共国家に関することは全て「極悪非道」と非難されるが、モスクワの同盟国のこととなると、隠蔽、もしくは軽く扱われる。最近、イギリス軍がインドの民間人の村を爆撃したり、フランス軍が北アフリカの村を爆撃したりしても、普通の新聞はこれを論じない。英・仏は共にモスクワの同盟国である。蔣介石は自ら起こした内乱で数千の中国人民間人を殺している。もちろん意図して爆撃したわけではなかった。しかし、日本の場合と同様に、人口密集地にある軍事目標を攻撃したら、民間人の多大な犠牲者が出るものである。つまり、同じ事件でも、反共国家が犯したとなると、新聞は大問題にするが、モスクワの同盟国家が絡んでくると、押し黙ってしまう、ということなのである。

こうした例を見ると、最近の大げさな傾向がよく分かる。政治的に海外と繫がっていることは明白である。アメリカを海外の抗争に巻き込まんとする連中が、騙しと真っ赤なウソにまみれながら、「文明」やら「名誉」やらと、言い募るとは、偽善もよいところである。

アメリカの立場

アメリカ人が「反日」になるのには何の根拠もないが、だからと言って「親日」になるべきだとは言うつもりは全くない。

どこかの国に味方するのは、とかく「揉め事の種」になるものである。アメリカがどちらかに味方するのは正しいことではない。日米関係に於いて、日本がアメリカに嫌われる理由は微塵もないのである。また、米中関係において、アメリカの援助に値するものは中国に何一つないのである。

中国の役人が政治的目的のため反米運動を繰り返したことで分かるように、過去に何度も中国に好意を寄せたが何ら感謝しなかった国である。今また、援助欲しさに、これ見よがしに

「諤諤」と言っている。しかし、彼らは一九二七年、流行に乗って反米を掲げ、権力を握っ
た連中である。

「民主主義を支える」とか「独裁者に抵抗を」といった話は、昔と同じ目的のため、アメリカを巻き込まんとする策士が撒いた「エサ」である、ということは証明済みである。また同じエサに食いついては、あの時の「二の舞」である。どうか忘れないでもらいたい。一八九八年でも一九一七年でも、戦いが終わると、助けたはずの連中に我々は笑われたのである。また、中国の「民主主義を支える」というのは愚の骨頂である。中国には民主主義なるものが存在したことはただの一度もなかったのである。

現在のアメリカは、敵対する国がないという、実に恵まれた立場にある。どうしてこの幸運を壊す必要があろうか。一部の者による政治的反日運動とは違う事実を基にしたら、日本と喧嘩する理由は何一つないのである。彼らは我々の善意を求めているのである。日中のどちらにも与しなければ、両国と相応の友好関係を保つことができるのである。これはとりもなおさず、アメリカの国益に叶うことであり、同時に世界の安寧にもつながることなのである。さあ、心を開くべきなのは我々なのである。

アジアに敵はいないのである！

憎悪の高い代償

原題　High cosf of hate
１９３９年１月刊

一九一五、六年の新聞は戦争を煽る虚報が多かったが、現在はそれを上回る虚報を流している。この虚報が虚報であることを証明しよう。

ご存知ですか？

一　なぜ三ヶ国との戦争を煽るのかを
二　仮想敵国より同盟国の方に独裁者が多いのを
三　一九二二年以来、日本よりソビエトの方が中国領土を広く占領していることを
四　日独がアメリカの対南米諸国貿易を切り崩しているから戦争の危機が生じていると警告を発しているが、日本の輸出は南米諸国の輸入総額の二・七％に過ぎないことを、日独併せても十六・八％に過ぎないことを
五　戦争以外にもこの憎悪キャンペーンによって一般国民がどれほど損害を蒙ったかを

詳細は本文をお読みください

憎悪キャンペーンの裏には何があるか

アメリカ合衆国に攻撃を仕掛ける国は世界中どこにもない。星条旗のはためく領土を脅かそうとする国はどこにもない。世界の主要国はアメリカと友好関係を望んでいる。全世界がアメリカとの交易を望んでいる。なのになぜ、新聞は諸外国を憎むのか？

幸い、アメリカには近くに強国がいない。国境問題も解決済みである。独立、もしくは合併を望む少数部族もいない。鉱山資源、木材に乏しく国土が狭いと国民は貧困を極め、国際紛争の火種になるが、アメリカほど恵まれている国はない。アメリカほど平和な暮らしを約束する天然資源が豊かな国はない。なのになぜ、新聞は諸外国を憎むのか？

新聞の読み方

人を憎むということを、普通のアメリカ人はしない。他国を嫌うように仕向ける運動があるが、それはごく少数の人間が仕組んでいるのである。アメリカ人でありながらアメリカ人になりきれない人がいる。旧世界に忠誠を捧げている人である。アメリカは誰にも分け隔てなくチャンスを与えてくれる国である。そういう面には目もくれず、なお旧世界と手を切れず、アメリカをその抗争に巻き込もうとしているのである。

数は少ないが、こういう人たちは国民の支持を得るため、アメリカを戦わせたい国を選んで、国民がその国を嫌いになるような「憎悪キャンペーン」を大々的に繰り広げているのである。

新聞の大口の広告主に、こうした海外に心の拠り所を置いた人たちが多い。新聞、雑誌は広告収入頼りである。よって、広告主のお気に召さない国に対して、憎悪が増すようなキャンペーンを組んでご機嫌伺いをするのである。多くの真面目な愛国者を騙しているのである。現在のアメリカの憎悪、好戦キャンペーンの背後には、こういう大きな力が潜んでいるのである。

報道規制

「報道規制のない国はない」。これは海外事情研究のイロハである。規制の動機は国によりさまざまである。が、規制はある。アメリカも例外ではない。一八九八年、米西戦争が起こり、一九一七年にアメリカは世界大戦に参戦した。あの時、新聞は一斉に戦争気分を煽ったが、あれは単なる偶然だっただろうか？

規制は政府が堂々とすることもあるし、秘密裏に行われることもある。財政上の理由であったり、広告主からの強烈なプレッシャーがかかることもある。いずれにしろ、規制はあるのである。少なくとも世論を一定の方向へ持っていけるだけの紙面は握っているのである。

確かに、法的にはアメリカには表現の自由というものがある。世界には官憲による検閲が行われている国もある。そのような国では好ましくないニュースはカットされ、都合の良いように捏造《ねつぞう》されている。アメリカにも似たり寄ったりの陰の力があり、一般読者に気づかれないようにさまざまなカット、捏造が行われているのである。

読者を騙し、戦争へと駆り立てる新聞の手口

アメリカを日本、ドイツ、イタリアと戦わせたい連中がいる。彼らは少数ではあるが結束し、

潤沢な資金がある。理由は後ほど述べるが、新聞の多くが、平和主義を標榜しながら、特定の国の誹謗中傷を繰り返し、国民に嫌悪感を抱かせ「戦争も已む無し」の世論を醸成していることに気づいて欲しい。世論が形成されれば、後は容易である。事実を知ればこういうことにはならない。一九一五年から十七年、偽記事があふれていたが、同じ状況が今日起こっているのである。

詐欺的手口を使いながら「規制はない」と言う新聞がある。完全に意図的で常習者と言わざるを得ない。

独裁国家とは

「ドイツ、イタリア、日本と戦争を」という新聞は、「この三国が独裁国家だからだ」としている。その主張が正しいか検証しよう。

新聞が憎悪を煽る三ヶ国の中で、独裁国家はドイツとイタリアだけである。

日本は君主の下に議員がいて、実質的にイギリスと同様の立憲君主国である。一九一七、一八年頃のアメリカは、職業は監視され、庶民の暮らしも厳しく規制されていたが、日本は日中戦争勃発後でも、あの頃のアメリカほどひどくはない。当時のアメリカは食糧不足で、肉も小麦もない暮らしが続き、少しでも政府を批判すると投獄されかねなかった。事実、投獄された者もいる。

今のアメリカはどこの国とも戦争をしていないのにもかかわらず、政府内の一部の勢力は、あたかも戦時中であるかのような規制法を成立させようとしている。日本は中国と交戦中で、まさに戦時体制下であるが、アメリカよりはましである。財務長官モーゲンソーは平時においても絶大な権力を振るったが、日本には戦時でもこれに匹敵する人物はただの一人もいない。つまり、日本の政治体制は、アメリカの新聞が「民主主義を守る戦い」と呼んだ第一次大戦以来、変わっていないのである。「独裁国家」などという戯言は「反日」のために編み出されたものなのである。

「独裁反対」が本気なら、新聞は真っ先に中国にその矛先を向けていたはずである。蔣介石が率いる中国は現代世界第二の独裁国家である。蔣介石は権力維持のため自国民を数十万も殺害した。この事実を新聞各社は巧妙に隠している。誰かに規制されているからである。そもそも、中国四千年の歴史上、国民の投票によって要職に付いた者は唯一の一人もいない。国民投票が行われたという記録自体ないのである。

対日戦争の機運を盛り上げるためのウソの典型が、日中の報道姿勢である。国民投票というものが存在しないのにもかかわらず、中国を「民主主義国家」とし、日本を「独裁国家」としている。近年の日本は、普通選挙によって選ばれた議員によって、アメリカ以上に国会の力が強い国である。

そういう親中派にチェスター・ロウェルという人物がいる。氏は西海岸の対日戦争待望論のリーダーで、中国を民主主義国家などとおっしゃっている。「失礼ですが、中国で、この間の選挙はいつでしたか？　蔣介石は何票差で勝ったんですか？」とお聞きしたいものだ。

「全ての独裁制度を嫌悪する」と『サンフランシスコ・クロニクル』は公言してはばからないが、本気かしら。この二十年で最悪の独裁者はトルコのケマル・アタテュルク〔訳注／一八八一～一九三八、トルコ初代大統領〕である。政敵を虐殺し、少数民族を情け容赦なく追放した手口は、ヒトラーやムッソリーニでさえも夢にも考えなかったものである。

ドイツ、イタリアが槍玉に上がっているが、ケマルの宗教弾圧はこの比ではない。命令好きで、部下の帽子の色形まで一人で決めている。ある時などは、行く先の相談も何もなく、数日のうちに数十万の少数民族を銃剣で追放している。そのケマルも昨秋死んだ。さてその時、独裁制反対派の『サンフランシスコ・クロニクル』はじめ大部分の新聞はどうしたか。ケマルを絶賛したのである。なぜか。

それはこういう訳である。ケマルが追放した少数民族というのが、実はギリシャ人やアルメニア人。ギリシャ系、アルメニア系には大口のスポンサーがいない。だからである。

新聞は独裁者がお好きのようである。確かに非難もしてはいるが、絶賛される者はその八倍にもなる。アメリカにそれなりのコネ、政治、カネのコネがある者である。こういうコネを持つ独裁者が民主主義者とされているのである。

新聞が戦争を仕掛けるように煽っている国がいくつかあるが、その中に独裁国家はただ二つしかない。ところが「独裁国家と戦う民主主義陣営の最前線」と持ち上げる国の中には、なんと独裁国家が十七もある。

面白いことに、新聞は「蔣介石、スターリンと手を組み、独裁国家ドイツ、イタリアと戦おう」としているが、この二人の凶暴さには、ドイツもイタリアもとてもじゃないが敵わない。にもかかわらず、この二人は民主主義陣営ということになっている。

あのチェスター・ロウェルとバーナード・バルーク〔訳注／一八七〇～一九六五、ユダヤ人、大富豪、政治家、「マンハッタン計画」推進者〕を元帥に戴き、以下、ロシアの独裁者スターリン、中国の独裁者蔣介石、ブラジルの独裁者ヴァルガス、キューバの独裁者バティスタ、ペルーの独裁者ベナビデス、ルーマニアの独裁者キャロル等などが打ち揃って進軍となれば、お見事、向かうところ敵なし。これだけ指揮官、同志が揃えば、民主主義を守る事ができるものと確信致します！」

「イエッス、サー！」

どっちが民主主義国家か

「選挙によって選ばれた者が政治を司る国」これが民主主義国家だが、今やこの考えは古い。アメリカの新聞の「民主主義認定基準」は二つ。最も手短かで確実なのは「ソ連との同盟」。こういう国なら全て「民主主義国家」とする新聞がほとんどである。

これがジャーナリズム界の「掟」である。例によって言を左右にして「そんな馬鹿な掟があるものか」と笑い飛ばすであろう。「じゃ、例を挙げよ」と言われれば、できない。掟はしっかり守っているのである。中でも「資本主義新聞」との評判を取りたい新聞ほど熱心である。

独裁者とは、血も凍るような手段で権力を奪い、絶対的権力を持つ間は、政敵を次から次へと処刑するものである。しかしこういう独裁者も、モスクワと同盟関係を結ぶと、ほとんどが「民主主義者」となる。

「それは違う」と否定するが、中国とトルコ関連の記事を読めば一目瞭然。両国は強烈な独裁国家であると同時にソ連の同盟国である。この両国を「民主主義国家」と呼んでいるではないか。

昔、蔣介石は独裁者と呼ばれていた。一九二七年、権力を手にしたが、依然、独裁者であることに変わりはない。しかし、アメリカで反日運動が盛んになると、新聞は独裁者呼ばわりを止め、最高司令官とやら呼び出した。

憎しみのあまり、止むに止まれず戦争、となる国。こういう国に対してだけ「独裁国家」という名を付けるもの。ところが、モスクワと同盟国でありさえすればどこでも「民主主義国家」である。

去年の夏が典型的な例。英仏伊独の四ヶ国がミュンヘン条約を結ぶ前、ルーマニアはどっちつかずで、「進退保留」と報じられた。もちろんルーマニアは強烈な独裁制国家であるが、「ロシア寄り」になると「民主主義国家」、ヒトラーとムッソリーニ寄りになると「独裁国家」としたのである。

民主主義国家になるもう一つの方法。それは海外に金をばら撒くことである。ラテンアメリカ諸国の独裁者が「民主主義者」と言われるのも金の力である。

ブラジル大統領ヴァルガスの場合

一九三七年の暮れ、ヴァルガスという男が権力を握り、独裁者となった。すぐに、新聞の一面は「ブラジル　独裁国家となる」と報じた。

しばらくして、政財界の「黒幕」がヴァルガスと数回会った。ヴァルガスの発言は明らかにされていない。しかし直後、アメリカの新聞はブラジルを「民主主義の砦」と報じ出した。すると『カレントヒストリー』等の雑誌もヴァルガスを「民主主義の戦士」と呼んだ。しかし独裁者であることに変わりはない。

なぜ日独伊の三ヶ国は嫌われるのか

どうも我が国の新聞は中国、ブラジル、トルコ等の独裁者には矛先を向けようとしない。ソビエトがラテンアメリカを赤化したことにも、フランスが一九二〇年代に北アフリカに領地を広げたことにも、ソビエトが一九二三年、中国からモンゴルを奪ったことにも、イギリスがアフガニスタンの村を空襲したことにも、トルコが少数民族を追放したことも、反対しないようである。なのになぜ、ドイツ、イタリア、日本の三ヶ国だけには「敵意むき出し」なのであろうか？

何かというとすぐ「戦争を」と言うが、その理由を調べれば、これがウソだと分かる。好意的に書いている国と、「戦争を」という国を比べると、好かれている国の「過去」の方がことごとく「宜しくない」。

新聞はなぜ「憎悪キャンペーン」をするのか。答は、新聞が書かないところにある。「毀誉《きよ》褒貶《ほうへん》」の境目は何なのか？

日独伊を目の敵にする理由はただ二つ。一に「反共」、二に「自存」。この三国が、国際的金融に頼らず、独自にカネ、モノを動かしているからである。

これで、ロンドン、ニューヨークの巨大金融機関の怒りも分かるというものだ。この三国のうちの二国は、彼等のお世話にならずに戦争までしている。「反共も許せないが、カネを借りずにどうにかする連中も許せない」という訳だ。

つまり、「共産主義の勢力が弱く、自分たちに借金しない独立独歩の国は、お嫌い」ということなのである。アメリカがお付き合いをする国が五十三あるが、例外なく、こうである。

レッテル貼り

なぜ西海岸の憎悪キャンペーン家・チェスター・ロウェル氏等は、あたかも「この世に独裁国家は三つしかない」ような物の書き様をするのか？　地方紙ならいざ知らず、全国放送のNBCのキャスターまでがドイツ、イタリアを名指しで独裁国家とし、ソビエトを民主主義陣営とするのか？　彼らの言う民主主義がどういうものか、極めて明確である。

「嫌悪キャンペーン」が使うウソほど明白なウソはない。このところ「南米に独裁国家（ドイツ、イタリア、日本）の脅威」との煽情的報道が盛んである。戦争キャンペーンには誠に「追い風」である。しかし、それらしく見せるためには事実をありのままに報じることはできない。何かを隠す必要があった。世界の独裁国家の半数以上はラテンアメリカであるという事実を。また、開催国のペルー自体がドイツ、イタリアと同じ強烈な独裁国家であるという事実を隠す必要があったのである。そして見事に隠した。例えば、一九三八年十二月二十五日付けの『サンフランシスコ・クロニクル』は次のように報じた。

「南北アメリカの二十一の共和国が独裁者に対し統一戦線を組織」

また、同年十二月九日付けの『サンフランシスコ・アルゴノート』はこうである。

「北は不毛のベーリングから南はアルゼンチンまで、アメリカ諸国の二億の民は民主主義政府の下、自由を謳歌している。自国の防衛と自由を守るには、一致団結し、防衛網を構築しなければならない」

しかし、リマ会議に集結した二十一の共和国のうちの十四ヶ国が独裁国家であることを承知の上で、またホスト役のベナビデス自身が軍事クーデターで前任者を暗殺し、政権を握ったことを承知の上で、こういう紙面作りをするとは、上記二紙のお手並みは見事なものである。

「ラテンアメリカへ不穏分子侵入」という類の記事をたびたび目にするが、これにはまともな根拠がない。ただし、根拠があるのが一つだけある。「不穏分子の侵入」に、拒否反応をしめすどころか、有り難く押し戴く国が一つある。それはメキシコである。あそこの国はモスクワのシンパで、ハンマーと鎌の赤旗を掲げ、教会を全面閉鎖し、アメリカ人財産を没収している。また、亡命したトロツキーまでロシアから迎え、いたくご満悦とのことである。

この二、三年のメキシコの赤化計画を援助しているのが、財務長官のモーゲンソーである。しかもアメリカ国民の税金を使っている。市場価格を無視し、とんでもない高値でメキシコの銀を購入するという手法で「援助」しているのである。こうしてアメリカ国民の血税数百万ドルが毎月メキシコへ流れている。その結果、苦境に喘《あえ》いでいたメキシコは、四億ドル相当のアメリカ人の個人資産を没収し、苦境を脱した。

こうしたモスクワ銘柄の外国勢力の侵入は新聞の最も好むところ。抗議する者はまずいない。たとえそれがアメリカ人の税金で支えられていても、である。「侵入」の噂に読者の目を引き付けるのが魂胆である。単なる噂で十分なのである。ドイツ、イタリア、日本に不利な噂なら、戦争に使える。

交易の侵入

「苦心のほど」が一番分かるのが、「南米における日独貿易」の類の見出しである。現実はドイツと日本の対南米貿易はアメリカに比べて、多くない。仮に多かったとしても犯罪でも何でもない。合法的交易なのである。ここで、これらの見出しのウソを見てみよう。

私が信頼する一人、『ニューヨーク・タイムズ』のターナー・キャットレッジ氏によれば、一九三七年のラテンアメリカ諸国の輸入に、日本が占める割合は二・七％に過ぎず・ドイツはわずか十四・一％である。

一方アメリカは三四・四％である。これは日独の合計の二倍以上である。数字にするとこうなる。これが「日独の貿易脅威論」の実態である。

新聞というものは面白いもので、メキシコが共産化し、四億ドルのアメリカ資産を没収しても知らん顔。それどころか、アメリカ人の税金をこのアメリカ資産没収の経費に使うことに賛成さえしている様子である。一方、ほんのわずかの額にしかならない日独「反共陣営」の「合法的貿易」に対しては巨大な見出しを掲げ、警告を発している。

これまた面白い話だが、国内では「経済的王党派」企業〔訳注／ルーズベルト大統領が一九三六年の再選運動中にニューディール政策に反対する資産家や企業人を非難してこう言った〕の打倒に熱心な新聞が、こと反共諸国に敵愾心を煽る段になると、打って変わって、国外の同種の企業の保護に全力を投入しているのである。

道徳的優位

戦争を煽る新聞ばかり見て、「やっぱり、あっちよりこっちの方が道徳的にも上だ」と思いたがる人がいる。そういう人は「事実」を知ったら、辛いことになる。

挙げればキリがないが、例えば「侵略」を例に取ろう。日本とソ連、どちらが中国を侵略しているか。これはもう圧倒的にソ連である。一九二三年から中国領に足を踏み入れたソ連は、日本より多くの中国領土を支配してきた。しかも、日本より挑発行為を受けるのが少なかったのに、である。一九二三年、ソ連は武力で外蒙古を全部併合した。満洲より大きい領土である。

以来、中国の西側ほぼ全域を支配している

新聞は規制があるから、この外蒙古支配はもちろん、その他ソ連が仕掛けた十一の侵略戦争をあまり報じない。何をしているかというと、こうしているのである。つまり、アメリカには少数ながらがっちり手を組んだ「一味」がいて、アメリカに戦争をさせようとしている。こうした国に世間の怒りが集中するようにしているのである。逆に、「助けるべき国」に都合の悪いことは全部カットである。

フランスは何をしたか。一九二〇年、フランスは、多額の賠償金の支払いで疲弊しているドイツに、「金がないなら土地を寄こせ」とばかりに、ルール地方に侵攻し、そこに住む十四万ものドイツ人を女子供まで家から追い出した。「警告」から「追い出し」までわずか数時間である。イギリスは植民地のインドで何をしたか。数千のインド人を政治的見せしめに投獄、射殺したのである。つまりこういうことだ。事件が多いのは「助けるべき国」の方である。これを報じたらそれこそ世界を揺るがす大事件である。ソビエトロシアでは数百万が虐殺された。

「戦争屋」がアメリカに味方になってもらいたい国の方がはるかに悪質であるのである。

あの国際主義者の英仏は、大騒ぎしたあの一九一五、一六年と同じ手で、またしてもアメリカ全土に講師として「スパイ」を送りこみ、「高邁な目的を実現せん」と熱弁を振るっている。忘れもしない、あの時、「今次（第一次）世界大戦は高邁な目的を実現せんとする戦いである。我々に領土的野心はない」とウィルソン大統領に誓ったその舌の根も乾かぬ数日後、英仏は密約を交わした。アメリカの参戦で勝利した後の、領土配分の密約である。そこでちゃんとアフリカ、小アジアの地図に線引きしている。仔細は二年後の講和会議に明らかになった。

一九一八年、食料が底をつき、飢えたドイツは「食糧封鎖の即時解除」という条件で降伏し

子供）が餓死した。が、英仏は翌年の一九一九年まで数ヶ月も食糧封鎖を続け、八十万ものドイツ人（大半が

二十年前、「高邁な理想を実現せん」という英仏に協力した結果がこれである。アメリカの援助で数々の「理想」を英仏は手にした。理想とはいえ、曲がった理想である。しかし英仏国民に罪はない。悪いのは英国首相ロイド・ジョージ一味である。彼らは今また、アメリカの策士、陰謀家と手を組み、またしてもアメリカを同じ「理想」の戦争に引き込まんと策を練っているのである。

保守党政治家アンソニー・イーデン氏が英国の国際主義者から送られ、「独裁者の恐怖」を説いて回っているが、本人はもちろん、新聞もひた隠しに隠している事実がある。実はこのイーデンなる人物、就任以来一貫して独裁者スターリン援助のために働いているのである。

一九三八年、イギリスはアメリカへの債務返済を履行しないまま、トルコのケマル大統領援助のため、四千万ドルとも言われる額を献上した。また同年の十二月、アメリカに「資金不足のため返済不能」と泣き付く裏で、蔣介石には二千五百万ドルも援助している。独裁者スターリンへの援助額は公表されていない。イギリス人の宣う「独裁者の恐怖」とはこういうことである。

疑問

チェスター・ロウェル等は、アメリカを同盟国として参戦させたい国を「民主主義陣営」と解説しているが、恐らく彼らの目論見は成功するだろう。しかしその中の半数以上は血も涙もない独裁国家であり、「元締め」はソビエトである。

疑問、報道されない理由

さて、日本が南京を攻めた時、近くの揚子江に浮かぶアメリカ船「パネー号」が日本軍に撃沈されるという事件があった。これをアメリカの軍事法廷が調査し、一九三七年十二月二十五日に公表した。その第二十九項にはこうある。攻撃する日本軍機に、川岸にいた日本軍の数隊は懸命に「パネー号はアメリカ船だ」と合図を送った。残念ながら、爆撃を食い止めることはできなかったが、川岸を走り「攻撃中止！」の旗を振り、負傷した者が数名いた、と。

「それっ」とばかり、反日派が飛びついたのは当然。「誤爆のはずがない。明確な計画的攻撃である」等と。

『サンフランシスコ・クロニクル』等の、例のキャンペーンを張る新聞の「海軍法廷発表」では、この第二十九項はじめ、攻撃中止の合図を送った日本軍の努力に関する項目は全てカットである。なぜか？

パネー号の写真

海軍法廷調査には、パネー号は、戦地での常識通り、国籍を示すアメリカ国旗を積んでいた、とある。しかし沈没寸前のパネー号の写真という写真には、どう見ても旗が写っていない。星条旗かどうかはっきりしないのである。これでは「巨大な星条旗を揚げたパネー号」という見出しに合わない。それで記事にする段になって写真に旗を描いて、修正しなければならなくなったのである。反日新聞・雑誌に載った写真を見ると、星条旗の白いスジが四本だったり、六本だったり、五本だったりとさまざまである。いずれの写真も、同じ事件の、同じパネー号の、同じ旗を、同じカメラマンが、同じ角度で撮ったものだそうである。

編集による「誤魔化し」には注意が必要。よくある「手」である。

さてアメリカ人よ、貴方は、人を騙して火に油を注ぐ策士、国際主義者に喜んでもらうために、太平洋を超え、大西洋を跨《また》いで、泥にまみれた塹壕で戦死したいのか？

新聞に叩かれる国と同等か、それ以上の汚い過去を持つ国を援助するために、不買運動をして貿易を破滅させたいのか？　人を騙すことしか考えない連中が喜ぶだけである。

同じように、「侵略国」と名付けるために、ニュースが隠されたり作られたりして、特定の国を毛嫌いさせるように仕向けている連中がいるのだ。おびただしい明白な事実を紹介できる。ここには書ききれない。つまりマスコミには載らないが現在知られている事実によれば、日中戦争は特殊な目的を持って送り込まれてきた部外者によって挑発されたものと言える。いつの日か詳細が明らかになったら、アメリカ人は目をむいて驚くだろう。

貿易摩擦という思い込みも数字を見ればなくなる

アジアとの交易は、アメリカ西海岸の人の最重要問題である。現実を見る前にまず、反日派のばら撒く「ウソ」を正しておく必要がある。

「門戸閉鎖」という主張

不正確な情報の一例として、一九三八年五月七日付け『サタデイ・イヴニングポスト』のカール・クロー氏の記事を見てみよう。氏は満洲国において「日本がアメリカ製品に門戸閉鎖ーと警告している。同趣旨の新聞が多いが、同年十一月二十二日付け『[illegible]ース』のUP電も、一九三二年の日本の満洲国支配以来、「アメリカの貿易が激減」と報じている。

数字を隠す怪

ところが具体的数値がない。いつ、どれほど「減少したか」を明確に示していないのである。なぜ正確な数値を落とすのか？ 「何時どれほど」減少したか、示すのが自然ではないか？

光を当てると

アメリカ商務省の広報を見ると納得する。この公式統計では、満洲国でのアメリカ製品の輸出は減少どころか「上昇」しているのである。

実は

日本の姉妹政府としての満洲国の存在自体を認めない、という外交態度を採るために、アメリカ商務省は、国別輸出欄の「満洲国へ」の輸出を「関東州へ」という項目に入れている。それでは関東州とはどこにあるか。満洲国の最南端にあり、そこには大連港がある。輸出品の大半がこの大連港を経由して満洲国へ運ばれている。「満洲国」という名称を使わず「関東州」という名称を使うことによって、満洲国へ輸出しているという事実が、ほとんどの人に分からなくなるという仕掛けである。満洲国という国はあってはならない存在なのである。

大連以外の港に入る物もあろう。関東州内で消費される物もあろう。が、関東州への輸出は事実上、満洲国への輸出なのである。これは、役人も認めていることである。

商務省の数値

商務省官報第八三九号、三六頁に、ちゃんと数値が出ている。

満洲が独裁制中国政権下にあった一九二六年から三〇年までの米国製品の満洲における平均輸出額……………七、五三一、〇〇〇ドル

支配権が日本に移った後の輸出額（一九三七年）……………一六、〇六一、〇〇〇ドル

つまり、満洲が独裁制中国の支配下にあった頃に比べ、一九三七年のアメリカ製品の輸出は二倍以上になったのである。

情報源を確かめよう

この数字は日本から貰ったものではない。いかがわしいプロパガンダからでも、得体の知れない作家からでもない。れっきとしたアメリカ商務省の官報第八三九号の三六頁から採ったものである。貿易の専門家が作成し、米国政府印刷局が印刷刊行したものである。したがって、「操作したのでは」と疑う者はいない。

さて読者の皆様

新聞は、「日本のせいで対満洲国輸出下降　戦争しかない」と騒いでいるが、実は「倍増」しているのである。こうしたウソの報道で「反日」を盛り上げているが、お宅の新聞はどうですか？どこの新聞、雑誌も情報をしっかり持っている。にもかかわらず、真実を報道しないと

いうことは、あの一八九八年の米西戦争と一九一七年の世界大戦参戦の時と同じように、人を騙して海外の揉め事に引きずり込もうという魂胆だと見るしかない。

新聞をチェックしよう

試しに、お手元の新聞をチェックされたい。「門戸閉鎖」関連の記事と、政府広報とを比較されたし。新聞社には正確な数値がある。それでもウソの「反日」記事を垂れ流していたら、どうです。全く信用ならないでしょう。

「どういうことだ。説明しろ」と抗議の電話を受けると「単純なミスでした」と木で鼻を括《くく》ったような返事をしている。しかし、次から次へと日米関係を害《そこな》う膨大な量の偽情報を毎月流し、日本と何か事を構えようとしているのであるから、全く言い訳にも何にもなっていない。正確なデータのある「年鑑」などの資料が手元にありながら、こうしたことをやっているのだからなおさらである。

万が一、「単純ミス」だったとしても、「承知のうえの狼藉《ろうぜき》」を働いているのである。ここにも国際主義者がからんでいる。

「中国は最大の貿易相手国」とは新聞が生んだ神話

購読者が疑わないのを良いことに、新聞は「好調な対中国輸出　もしこれを失えばアメリカは貧困に陥る」と大々的に報道している。軽く読み飛ばさないで、個々の値を見よう。

中国市場の価値

商務省官報第八三九号、表の十八にはこうある。

一九二六年から三〇年の四年間、アメリカの全輸出で、中国の占める割合はわずか二・二%。当時、アメリカの輸出は空前の好景気だったにもかかわらず、対中輸出は年平均一億九百二万一千ドルである。これがどれほどの価値があるか考えよう。この額を純利益だとしても戦艦二隻の価値もないのである。

軍部によれば、いざ日本と戦争になったら、戦費は驚くなかれ「五百億ドル」にもなるという。よって、もし戦争屋の口車に乗せられて、対中国貿易「保護」のため日本と戦争、ということになれば、中国貿易の四五八年分の戦費が要るのである。

計算すると

しかし、あの一九二六年から三〇年は絶頂期だから平年値とはいえない。しかも貿易額であって純益ではない、十%の利益が出れば上出来である。二六年から三〇年は例外的に好景気だったので、平均をとるなら、三五年から三六年の方が平均といえる。三五年と三六年の対中輸出額の平均は四千二百四十八万六千ドル。純益を大目に見積もって十%としよう。平均の純益は四百二十四万八千六百ドルほどである。

もう一度思い出してもらいたい。日本と戦争となると五百億ドルである。これは対中貿易の純益の「一万二千年分」にもなるのである。

過激な論調の新聞や戦争屋の狙いはこういうことなのであろうか。「対中輸出への大きな脅威」を論じるならなぜ具体的な数値を出さないのか。出したら「なんだ、そんなちっぽけな額だったのか」と笑われる数値である。これは簡単に手に入る「世界年報」にあり、新聞社ならどこの新聞社にもある。これで個々の数値を挙げない理由がはっきりしたのではないか。

情報元を見て判断を

以上は私の個人的意見ではなく、政府の公式記録であり、その道の専門家が作成した文書である。「日本のプロパガンダだ。ナチの、ファシストの、巨大シンジケートのプロパガンダだ」とおっしゃるなら、私にではなく、どうぞ、商務省へご意見をぶつけてもらいたい。私はただ、特定分子が流す情報が、とんでもないウソであることに気づいてもらいだけである。国民を騙し、戦争しようという連中である。

「莫大な対中貿易保護のための戦争」と言っているが、「莫大」でないことは明らかだ。また、もし「莫大」だとしても、戦争したら損になることはもっと明らかである。さらに言えば、対中貿易は全く脅かされてなどいない。逆に日本の影響力が大きい地域では貿易は成長しているのである。

もっと事実と数字を挙げよう

対日輸出は対中輸出の数倍にもなる。「反日運動で日本と断交」ということになれば、貧乏客を大切にするあまり、「上得意」に逃げられることになるのである。上得意はもちろん、貧乏客でも、客を切り捨てる必要はない。カネを払えば客は客だ。心を込めてお付き合いすればよい。それだけの話である。

分かってもらいたいことがまだまだある。実は、対中貿易はアメリカの「持出し」なのである。「そんな馬鹿な」と思われるかもしれないが、その訳はこうである。

内乱の絶えない国、海に川に海賊が跋扈する国。中国とはそういう国である。そこで邦人の保護、アメリカ船の警備のため、砲艦やら機銃搭載哨戒艇を派遣している。この費用が年間約二千五百万ドル。ずっと無法状態の国だから仕様がない。こんなに金のかかる国は他にはない。

もう一度思い出して欲しい。まともな年で輸出の純益は大目に見積もって十%。純益は四百二十八万八千六百ドル。警備代が二千五百万ドル。純益の「五倍」である。

アメリカの損失

ところで、この二十五年ほど、アメリカは中国の学校、病院等に、毎年五百万から一千万ドル援助している。これがどういう額か、見てみよう。輸出の純益は多目にみてもせいぜい四百三十万ドル。ところが慈善活動支援は五百万から一千万ドル。どうです。純益以上の援助をもう何年もしてきているのである。これに海賊対策費等の二千五百万ドルを足すと、三千万から三千五百万ドルの「持出し」である。これで、「莫大な対中貿易」という「神話」の正体が分かりかけたのではありませんか。

ところで、中国にも大都市には中国人の億万長者がごろごろいる。先ほど、中国にはアメリカ人が気前良く献金する学校や病院があると申し上げたが、中国人の億万長者でこういう施設に献金する者はゼロに等しい。中国人の儲けた金はアメリカ人富豪へ渡り、同じ中国人に渡ることは決してない。我々とは考え方が全く違うのである。

「アメリカ人の気前良さ」を語るつもりはないが、中国人のこうした一面が、アメリカをアジアの戦争に引きずり込もうという連中によって、正しい情報ではなく、ウソを交えて取り上げられ、大げさに報道されているのである。こういう点をしっかり把握した方が良いということである。

そしてとにもかくにも、対中貿易始まって以来数十年、損の方がはるかに多いのである。「対中輸出が脅かされると甚大な損害を蒙る」等という話は全くの法螺《ほら》話。対中輸出など微々たるもの。それより、砲艦、守備兵の派遣費の方が、それこそ想像を絶する額なのである。

さらに言えば、貿易が消滅の危機に曝されてなどいないのである。国民がちゃんと分かれば、アメリカの将来は明るい。アメリカの主要輸出品を日本は作ることができない。だから、日本がアメリカに取って代わるということはありえないのである。

「日本がアメリカの障害になる」との意見がどれほど根拠のないものであるかを比較しよう。出典は商務省発表の数字である。

年度	対中輸出額（ドル）	対日輸出額（ドル）
1928	137,661,000	288,158,000
1929	124,163,000	259,127,502
1930	89,600,000	164,700,000
1931	97,900,000	155,700,000
1932	56,200,000	134,500,000
1933	51,941,000	143,434,000
1934	68,667,000	210,480,000
1935	38,156,000	203,260,000
1936	46,819,000	204,348,000
1937	49,697,000	288,378,000

対日輸出が近年、着実に伸びているのが分かる。一九三五年は、中国の約五倍である。三六年は約四倍、三七年は約六倍である。三七年と二九年を比較すると、日本だけが増えているのである。この中の数百万ドルは飛行機と部品である。兵器はほとんどない。兵器の購入は中国の方が多いのである。

反日プロパガンダを止め、数字を見よう

こうした数字を見ると、反日キャンペーンのウソが浮き彫りになってくる。「満洲国の門戸閉鎖」と騒いでいるが、我がアメリカ政府の公表した数字を見ると、アメリカの輸出は「倍増」しているのである。倍増したのは一九三七年。これは例外的な当たり年であったから、平均的な例を見てみよう。

平均値

中国独裁政権下にあった満洲と、日本の姉妹国家となった満洲国を比較してみよう。

こうすれば冷静な比較ができるものと思われる。当然だが、満洲事変さ中の一九三一年から三三年のアメリカの輸出が良くない。事変後、日本がかの地を支配し、法と秩序を齎《もたら》した一九三五年から後が比較の対称として適当であろう。アメリカ商務省官報第八三九号の数字を紹介しよう。

満洲国におけるアメリカの輸出

中国独裁政権下の一九二六年から三〇年の平均年額……………七、五三二、〇〇〇ドル

日本提携政権下の一九三五年から三七年の平均年額……………七、九三〇、三三三ドル

つまり、満洲が独裁中国政権にあった最後の数年と、日本の姉妹国となってからのこの数年とを比較すると、輸出は平均四十万ドルも増加したのである。これでも「門戸閉鎖」と言えるのだろうか。

繰り返すが、これはアメリカ商務省の専門の役人の手になるものである。

記録を見ると

より長い期間を見てみよう。一九二八、二九年、アメリカの輸出が伸びていた時期から、世界恐慌と満洲事変で輸出が低迷した期間、そして好調に転じた近年を見てみよう。数値は世界年鑑である。

日本が満洲を占領したのは一九三二年のことである。

注目すべき事実

日本が満洲を占領した直後の一九三三年から三四年にかけて、事変の混乱が収まりきらないのにもかかわらず、しかも世界中が深刻な不況に喘いでいたのにもかかわらず、アメリカ製品の輸出は、三割方増えている。

三五年から三六年の満洲国への輸出は、最盛期の二六年から三〇年と比較すると、五三％も落ち込んでいるが、日本のコントロール下にない中国では六五％も落ち込んでいるのである。

近年はどうか。一九三七年の輸出は異常なほど良かった。確信はないが、おそらく、盧溝橋事件に端を発した日中戦争が原因であろう。

平均値を得るために、平和の年はどうだったかを見よう。一九三五、六年。この年は中国も満洲国も比較的平和であった。そこで、この年の両国の貿易高と、日本が満洲を占領する以前の好調期を比較しよう。

中国、満洲国のいずれがアメリカにとって良か

年度別アメリカの満洲国における輸出額

年度	輸出額（ドル）
1928	6,246,000
1929	11,842,000
1930	6,404,000
1931	2,176,000
1932	1,186,000
1933	2,691,000
1934	3,938,000
1935	4,188,000
1936	3,542,000
1937	16,061,000

ったか。ただし、満洲が中国の一部と見られていた頃の満洲の売上を中国の売上と混同しないために、一九二八、九年の中国本土《チャイナプロパー》（言い換えれば満洲国の外部）の売上は別に計算してある。

結果はこうだ

世界恐慌が始まる前のアメリカの輸出（ドル）はこうである（下表の左側）。次に日本が満洲を占領した後の比較的穏やかな年はこうである（下表の右側）。

つまり、世界恐慌前の一九二八、九年の好調だった頃と比べて、日本の影響下の満洲国におけるアメリカの輸出は四二・七％回復したのである。同時期の（日本の支配下にない）中国本土は三四・八％しか回復していない。一九三七年（この年は中国独裁政権時代より輸出が倍増した年である）を除外しても、日本の姉妹国の満洲国の方が、中国と比較して、好調であることがよく分かる。

要約すると

満洲国でのアメリカ製品の売上は、中国時代より二倍以上増えた。一九二六年から三〇年は全世界に向けてのアメリカの輸出の全盛期だった頃だが、その頃の輸出を、満洲国が日本政権下になった一九三五年から三七年の方が上回った。世界恐慌から回復した一九三五年、六年の満洲国の売上

アメリカの輸出額（ドル）

	1928年	1929年	1935年	1936年
満洲国	6,245,000	11,842,000	4,188,000	3,542,000
中国本土	131,415,000	112,322,000	38,156,000	46,819,000

は　中国本土より八％上回った

　これでも「日本の影響が強いところで、日本はアメリカに対し、門戸を閉じている」と言えるだろうか。

コメント

　前述したように、これらの数字はアメリカ商務省のものであり、その多くを官報第八三九号の三六頁から採ったものである。それ以外の数字も『世界年鑑』で誰にでも手に入る。改めて思い出してもらいたいが、アメリカ政府は満洲国を承認していない。よって、満洲国の売上は「関東州」の項目に入っている。関東州は満洲国にある〔訳注／厳密に言えば違う〕。アメリカ製品のほとんどがここから満洲国に入っているのである。

『日本年鑑』には、満洲国でのアメリカの売上を関東州等とぼかさず、しっかり「満洲国」と項目立てしている。日本の年鑑であるから「円建て」である。円は変動するから、年毎の売上は「ドル建て」と多少異なる。また、会計年度も違うからピッタリ同じというわけにはいかないが、結果は同じである。

　円建ての『日本年鑑』の方がもっと正確だとは思うが、ここではアメリカの読者に分かりやすいようにアメリカ政府の数字を使っている。また、これも前述したが、関東州を通過しない商品もある。これを含めたら、満洲国への輸出高はまだまだ増えるはずである。

　日本が満洲国を占領して以来「日本が門戸閉鎖」と人騒がせな新聞は騒いでいるが、秩序が回復した直後の一九三三、四年、アメリカの売上は三割方増えた。日本と親善関係にあるといわれるドイツは二割方しか伸びていないのである。

門戸閉鎖というのはウソで、本当は、日本は門戸を閉鎖などしなかった。にもかかわらず、この二十年、日本人がアメリカの新聞を広げると、ウソで固めた「反日キャンペーン」と「戦争」の記事ばかりである。日本が支配する地域で、アメリカ製品の売上が飛躍的に伸びる度に、アメリカの反日新聞は「日本が門戸を閉鎖」というウソを撒き散らしているのである。

日本を旅行するアメリカ人の中には、ホテルでも汽車の中でも、実に丁重に扱われているのにもかかわらず、こうした日本人を侮辱する反日プロパガンダを引っ提げ、声を荒げて非難する「無礼者」が多い。

日本が支配権を有する地域ではどこでもアメリカは商売ができている。これは驚くべきことである。日本はアメリカの第三のお得意さんである。もしこの反日キャンペーンがいつまでも続くと、売上に響くことになりかねない。愛想をつかした日本が、仕入れを他所に代えることになりかねない。アメリカのようにプロがグルになって四六時中、反日キャンペーンと対日戦争論に明け暮れない国に乗り換えるかも知れないのである。そうなったら、損をするのはアメリカである。なぜなら、アメリカが日本製品を一ドル買う間に、日本はアメリカ製品を一・四四ドル買っているのだから。

冷静になればアメリカの中国貿易の未来は明るい

新聞は「対満洲国貿易減少」と騒いでいるが、締め出されるどころか、実際は伸びているということをアメリカ政府の公式記録の中に見ることができる。

もちろん、全貿易からすれば、対満洲国貿易など微々たるものではある。しかし、次の三つ

の点で対満洲国での売上実績は注目に値する

一　満洲国での売上を見ると、一九一七年（この年アメリカはペテンにかけられ、第一次世界大戦に参入した）、ウソを書きたて世を混乱させた如く、新聞というものは全く信用できないことが分かる。

二　アメリカの希望通り、日本が支配する地域の門戸は大きく開放されていることが分かる。

三　親日派が蔣介石のような反日分子を駆逐した地域で、売上が見込めるようになる。

事実と向き合おう

日中戦争で、中国は日本に負けているのである。内陸部でかなりの規模の戦闘が今後数ヶ月は続くだろう。反乱の類はいつ果てるか知れない。この二十五年間、誰かが政権を取ると、必ず反乱が起きた。今度新しい政権が誕生しても多分、同じことになる。

しかし蔣介石軍は見る影もない。もし蔣介石も前政権と同じ道を歩むとしたらどうするか。せいぜい「退職金」の上積みのため、何ヶ月か、ちゃちな略奪の類のことをするくらいのことしかできない。どうあがいても、中国の中にいては、世界を相手にできる役には、まず戻れないだろう。これは全世界周知のことである。が、悲しいかな、アメリカの新聞しか読まないと、分からない。「天知る、地知る、子知る、我知る」という。隠しても、良いことは何もない。

貿易地も鉄道も運河も、主なものは全て日本軍が握っているのである。

ところで、あの南北戦争中、北軍の将軍シャーマンはジョージア、カロライナと南部深く切り込んだ。これを南部側は「シャーマンを南部におびき寄せた」とした。蔣介石の「退却」を「日本軍を奥地に誘き寄せる戦略」と宣伝するのも似たようなものである。

「蔣介石の完全勝利も近し」と報じるのも、実はこれ、日米開戦の布石なのである。だから「アメリカが援助すれば蔣介石が勝つ」と書いている。ところが、蔣介石に援助物資を運ぶ港は全て日本が握っている。「本気で援助」となれば、日本との戦争は必至となる。これが反日キャンペーンの狙いなのである。

さてその蔣介石はアメリカの援助に値する人物であるや否や。全く値しない人物である。一九二六～二七年、「英米人追放」の旗印を掲げて政権の座についた人物である。この旗印の下、アメリカ人が、女子供までたくさん惨殺された。そして二七年以降になると、この旗印をさっさと下ろし、平気な顔でアメリカに援助を求め始めた。またモスクワから宣伝指導員を呼び寄せ、「宣教師を殺せ」とばかりに反宣教師運動を繰り広げた。逃げ遅れた宣教師が実際に惨殺されている。それからやおら「キリスト教に改宗しました」と澄ました顔である。騙されてはならない。国民党に、キリスト教に対する迫害の手を緩める指示を出したのはつい最近のことで、支那事変が始まった直後、アメリカの宗教団体を味方に付けるのが得策と判断したからである。

私は中国の宣教活動を格段支持する者ではないが、「蔣介石は偽善者なり!」と何度でも強調しておく。ほんの数年前は「米英人追放」「宣教師を殺せ」と叫んでいたが、日本との戦争で苦しくなるとアメリカに援助を求める、という人間である。ハレット・アベンド氏や、J・O・P・ブランド氏〔『ブリタニカ大百科事典』の筆者〕等、多くの作家が本にしている。

大事な点は三つである

一　過去を見れば、蔣介石はアメリカの援助に全く値しない人物である。

二　仮に援助に値するとしても、蔣介石は内陸部（重慶）にいる。港には日本軍がいる。援助するとしたら日本と戦争になる。わざわざ太平洋の向こうまで出かけて戦争をする必要はまったくない。

三　プロパガンダの手に乗って中国を非現実的に思い描くのは止めて、あるがままの姿を見よう。

中国は負けているのである。呉佩孚という人物が臨時政府を手がけている。もちろん呉も、一九一一年の辛亥革命以来の全ての要人と同じく、軍閥・馬賊の出である。よって、彼の新政権ができたとしても中国は何等変わらない。これで良し、とする人もいる。例えば、ロドニー・ギルバート氏等のノンフィクション作家は呉を「いの一番」に挙げている。とにかく、いずれ誰かが実権を握る。今のところは呉が一番良い。呉が実権を取れないとなると、誰が取るか。蔣介石でないことは間違いない。

〔訳注／この冊子が出版された時期、日本軍では土肥原賢二中将や大迫通貞少将らによって、北京に住む呉佩孚を占領地行政の主役に引き出そうという計画が進行していた。それがまとまらないうちに汪精衛工作がはかどり、この工作は自然消滅となる。一九三九年末に呉佩孚は敗血症で死去した〕

平和よ来たれ

「よい戦争などあったためしはないが、悪い平和もあってはならない」とベンジャミン・フランクリンが言ったようだが、いい言葉である。

誰よりもこの戦争を終わらせたいのは日本である。中国の都市に派兵し、鉄道を警備するには膨大な経費がかかる。日中親善のためにも矛を収めたいのである。今すぐというわけにはいかないが、蒋介石政権とは違った、混乱を収める政権、暴力的反日運動を抑える政権ができれば、日中両国は協力できるもの、と期待しているのである。

無知な民衆を暴動へと導き、戦争を誘発する「反日アジテーション」を抑える政権を日本が望むのは当たり前である。戦勝国が敗戦国にそうした政権を望むのは世の常だ。第一次大戦の連合国も全てそうであった。

平和が訪れた後の貿易

「新政権が発足したら門戸は閉鎖される」という話には何の根拠もない。

逆に、満洲国でも、日本でも大量にアメリカ製品を購入していることを見れば、中国が生まれ変われば以前にも増して貿易は活気を帯びてくるのは必定である。

一九三七年、筆者は満洲国でアメリカ人実業家に多数、インタビューしたことがある。全員が口をそろえてこう言った。「秩序を齎《もたら》した日本に感謝しているよ。何しろ以前は法も何もあったもんじゃないからね」と。「証明してあげよう」と言って、あるアメリカの機械関連の実業家が私を狩りやら釣りやらに興安嶺の山の中に連れて行ってくれた。以前なら盗賊が何万人もいて、釣りや狩りに行くのはそれこそ「自殺行為」であった。それを日本はたったの六年で、全満洲（東部、北部の辺境を除いて）から盗賊を追い払ったのである。

満洲にダムを作り、鉄道を敷き、工場を建てる日本の計画は、まさに「現代の驚異」である。独裁者張学良一味は一掃された。彼らは中国一の大金持ちであった。金はどうして手に入れたか。鉄砲で、である。独裁者張学良の「冒険」を支援して稼いだのである。

庶民の暮らしも格段に向上したようである。と言うのは、腐敗と抑圧しかなかった軍事独裁者張作霖と、その跡を継いだ息子張学良を日本が駆逐すると、中国人たちが大挙して満洲に流れ込んでいる、という事実を見ても納得できるではないか。

発展する満洲国

新旧の対比は見事なものである。道路一つとっても、昔の道はでこぼこで、荷車に大豆を五、六袋積んだら、馬を六頭も揃えないと運べなかったものだ。日本が道を綺麗にした。昔は道が凍るのを待って荷物運びをした。今では新しい道ができたから、いつでも好きな時に荷物が運べる。お金にしても同じ。紙幣の価値をコロコロ変えられ庶民は泣かされていたが、今は安定している。ちゃんと判断すれば、庶民には新政権がはるかに良いことは誰の目にも明らかである。

こうして暮らしが改善し、購買力が出ているのだから、もっと輸出するべきである。それに投資にしても、日本にない物、アメリカにしか供給できない物がたくさん必要となるのである。日本も求めている。

支店はどうなる

ところで、満洲でのビジネスが繁盛すればするほど、アメリカの支店を通してではなく、直接日本人や中国人との取引が増えている。これに気を悪くして支店をたたむ人がいるのも確かである。しかし心配御無用。売上は上昇しているのだから、支店維持費に苦しむこともない。以前は満洲全土でせいぜい数百人ほどしかアメリカ人はいなかったのだから。しかも商売人となるとそのまた数%しかいなかったのだから。

銀行、保険業界はどうか。一九三七年、筆者は満洲国でアメリカ人と話したことがあるが、「日本有利」とする人が何人もいた。感情論ではなく事実に基づいた判断のようだった。昔からこういう例は多かったが、政治問題を抜きにしたら、あって当然である。満洲へ出かける日本人は土地の言葉を学んでから出かけた。一九三一、二年の満洲国成立以前でさえも、鉄道その他の企業の主なものは日本のものである。人種も言葉も違う人より、同じ東洋人で、言葉もできる人間を贔屓《ひいき》にするのはごく自然なことである。

それに、アメリカは銀行や保険等に力を入れなかった。あるにはあった、というだけで、この分野の将来は明るくない。しかし、主要品目の売上については、その未来は非常に明るいといえる。

満洲国が成立する前の満洲では、アメリカ人セールスマンを派遣して商品を売っていたが、今は直接日本人、中国人が買ってくれているのである。

失業の不安

中には「職を失うのでは」と心配の向きもいる。中国本土に、満洲国の如く日本と提携する政権ができると、失業するアメリカ人が三百から四百出るものと思われる。しかし私の見たところ、満洲国のように、日本と直接同盟できる政権は、中国本土にはない。いずれにせよ、中国にある我がアメリカビジネスマン達には、業種にかかわらず、政治的差別をさせないようなしっかりした役人を、アメリカ政府がつけてなければならない。

それでも「日本優位」を動かすことはできない。何しろ日本は地理的に中国に近い。輸送費が安い。人件費も安い。この数十年そうである。着実にアメリカ製品に取って代わってきた物もある。しかしこれが競争原理というものであり、不正でも何でもない。多くの中国人は貧乏であるから、安い方が良いに決まっている。中国政権がどう転ぼうと、「日本優位」とはこういうことである。

アメリカができること、伸びること

過去数十年、中国で「メイド・イン・アメリカ」を大量に買っているのは日本企業である。特に、綿の半分は日本の紡績工場である。

これで一つ分かることがある。今次の日中戦争が始まる前から、つまり蔣介石が政権を握っていた頃から、中国にいる日本人はアメリカ製品を買ってきた。したがって「日本の勢力が増大したら『メイド・イン・アメリカ』を買わなくなる」と考えるのは何の根拠もないのである。アメリカの対中国主要輸出品である綿、石油、タバコ、自動車等は日本にはできない。その証拠に日本でも、満洲でも、こうした品目をアメリカから輸入している。したがって、戦争が終わり平和な世の中になったら、満洲国でも中国でもアメリカ製品は伸びるのである。

日本人は経営上手である。日本人の手にかかると法と秩序が生まれる。朝鮮を見ればよく分かる。満洲国もいずれそうなる。このような平和な状態が続くのは中国では考えられない。その証拠に、一九一一年の辛亥革命以来、内乱が続き、民衆は馬賊、匪賊の襲撃に慣れさせられてしまっている。しかし日中戦争が収まれば、二、三年で、何とか暮らせる世の中になる。戦争で荒れた町に「メイド・イン・アメリカ」が売れる日がもっと早く来る。

揚子江の開放

今、手元に「揚子江の開放を望む上海のアメリカ企業」という記事がある。対する日本の言い分はこうである。揚子江はまだまだ危険。外国船が機雷にぶつかり戦闘地域に入ったら、それこそ事件になる、と。

「君子危うきに近寄らず」とはこのことである。経験上、誰でも知っている。しかし戦争屋の新聞は別で、「危うきに近寄れ」という。そして、中国船がいっぱいの所で、もし機雷にぶつかるなり、爆撃されるなりしたら、即座に「明らかなアメリカへの戦闘行為」と書き立てる。

日中戦争の初めから、アメリカの新聞は「危険地域に留まれ」と書いている。アメリカ政府には「近寄るべからず」とする慎重論もあるが、どこ吹く風とばかりに、新聞は楯突く社説を延々と流している。あのパネー号撃沈事件がそうである。南京周辺の揚子江から中国船を追い払おうとした日本軍爆撃機にアメリカの砲艦パネー号が攻撃された。「それっ！」とばかり、アメリカ船が南京近くにいることを主張した同じ新聞が、この爆撃を「アメリカへの故意の敵対行為だ」と騒ぎ立てたのである。攻撃自体は「故意」であるのは当たり前だ。しかしアメリカ船だと「知った上で」の攻撃ではない。『サンフランシスコ・クロニクル』等ほとんどの新聞は米国海軍調査報告の大事な部分を報じていない。報告には「日本の地上部隊は、パネー号はアメリカ船である、とパイロットに懸命に合図を送った」とある。この部分がないのである。

「リメンバー・ザ・メイン号」が良い例である。一八九八年、キューバとスペインに揉め事が起きた。参戦派の新聞は盛んに「アメリカが仲介すべし」とやった。「それでは」と政府は戦艦メインを派遣した。メイン号はハヴァナ港で炎上した。原因は不明。新聞は原因追及には全く関心なし。ただ戦争の「口実」が欲しかっただけである。そして望みどおり戦争となった。

つまりこういうことではないか。もし今、日本軍の制止を無視し、揚子江の危険地域に踏み込み、機雷にぶつかったり爆撃されたりしたら、新聞は危険を回避しようとした日本軍の努力をひた隠しに隠し、「何ら挑発行為を取らない我が方に対する戦闘行為」と大見出しを掲げるだろうということである。

南北戦争中、北軍は南軍が制海権を握る水域に、外国船が立ち入るのを禁じた。またフィリピンを征服した時も同様に、戦闘水域に外国船の立ち入りを禁じた。これが国際常識である。これに反して我がアメリカ船を揚子江に引き入れれば、戦争論者に利用され、事件になることは当たり前である。となれば、こうした国際常識を踏みにじってまで戦争をしたがる新聞の思う壺である。

常識をわきまえ、数ヶ月待てば、アメリカ商船が格段に安全に商売できるようになる。

「南米通商の脅威となる日独」とはただの雑音

「日本が満洲の門戸閉鎖」と騒がれているが、実際の数字を見たら、これがどれほど根拠のないものであるかを見てきた。今度は別の方角から騒ぎを起こそうと、国際主義者どもは「日独伊南米に進出、米国に脅威」と騒いでいる。特に日独に攻撃の的を絞っている。そこで実際はどうか、証拠を見よう。

事実一つで納得

アメリカの恐慌が世界に蔓延する以前の一九二六から三〇年を振り返ってみると、面白い数字が出てくる。

対日独輸出合計（年平均）六億四千六百四十万ドル。この数字を覚えておいてもらいたい。同時期の南米全国への輸出の年平均はわずか四億四千七百八十六万ドルである。この数字を見てどういうことが言えるか。新聞は日独脅威論を唱えているが、両国への輸出は全南米への輸出より四四％も多いのである。この事実だけで十分であろう。

企業家への進言

つまりこういうことである。日独を「悪の帝国」に仕立てるため「米国を南米から締め出す日独」と書きたて、日独という「お得意さん」を追い払おうとしているのである。

前記の四年間の対日独輸出からこういうことが言える。つまり、日独両国と絶交ということになれば、六億四千六百四十万ドルの大損となるのである。

全南米への輸出は多く見てもせいぜい四億四千七百八十六万ドル。差し引き、一億九千八百五十四万ドル、毎年損をするということである。繰り返すが、「日独の脅威」と言われるが、両国だけで全南米諸国の四四％も多くのアメリカ製品を買ってくれているのである。

1926年〜30年の
アメリカの年平均輸出額

対ドイツ	400,364,000ドル
対日本	246,036,000ドル
日独合計	646,400,000ドル

政治的狙い

つまり、アメリカの南米貿易に対する「日独脅威論」に経済的根拠は何もない。ただ表ざたにはならないが、政治的狙いがあって喧伝されているだけである。数字を見ればよく分かる。日独両国に、南米諸国が束になってもかなわないのである。

アンターマイアー〔訳注／米国の弁護士〕不買運動グループをはじめとするさまざまなグループや、ワシントンに押しかける圧力団体の力で対独輸出の多くが禁じられたため、ドイツはアメリカではなく他から輸入している。カリフォルニアの綿農場、ドライフルーツ工場、石油企業は大赤字だが、おとなしく泣き寝入りしている。カリフォルニアの牧場主、綿作農民、賃金労働者がこうむることになった。具体的な数字を示すと、一九三七年は二六年の三三％に落ち込んだ。最盛期の二八年は三七年の三・七五倍も買ってくれていたのである。

もし、このアメリカ国外に政治的利害関係を持ち、憎悪キャンペーンを繰り広げる連中が、ドイツを締め出したように日本も締め出すことになると、アメリカの農民や労働者に与える損失たるや、年間実に一億七千万ドルにも達するのである。

日本は綿を買ってくれる一番のお得意さんである。石油もそうである。この二品目が売れるかどうかは西海岸、とりわけカリフォルニアには大問題なのである。

直接的、間接的損失

かつてカリフォルニアはドイツに数百万ドルにも達するドライフルーツを輸出していた。ところが、こうした繁栄も政治的野心を持った連中や新聞に押し潰され、今や見る影もない。同様に潰された例はたくさんある。アメリカ人のビジネスチャンスを奪い、労働者を搾取している。これを正当化する新聞とは、何たる偽善であるか。

「少数民族を迫害するドイツへの抗議」という論がある。しかし同じ連中が、ドイツよりもっと汚い民族差別をしている国に「援助すべし」としている。詭弁もいいところである。「独裁政権への抗議」とする論も同列である。「ソビエト、トルコ、ブラジル、中国、ペルーへの輸出を増やすべし」としているが、これらは独裁国家であり、中には、ドイツより数段、冷酷非道の国もある。

傑作なのは『ニューヨーク・タイムズ』。「ドイツは政府による規制が厳しいから、取引はできない」という。その反面、ソビエトについては、「友好関係を推進すべし」と言うだけで、規制の問題は取り上げない。ソビエトは全ての取引は規制されているばかりか、事実上、国営である。

「反日独伊」という主張は全てチェックしなければならない。事実を検証した形跡が微塵もないからである。少数民族差別、独裁制、経済の国家規制、これらは彼らが攻撃する国より、賞賛する国の方がよほど過酷である。戦争を起こそうという連中は、市場を奪い、経済の停滞を招き、失業者を増やす等、国民に過酷な生活を強いることに血道を上げているのである。

アメリカはどこの国とも戦争する必要がない。いずこの国も友好親善を望んでいるのである。繰り返すが、ドイツ市場は憎悪キャンペーン屋どもに断ち切られた。これでカリフォルニアの農家だけでも年間数百万ドルの被害を蒙っている。農家以外の苦労は、言わずもがな。

今度は日本市場の切り離しを狙っている。「門戸閉鎖するとは卑怯なり」とあらゆる誹謗中傷を投げつけている。しかしこうした誹謗中傷も商務省の数字を見ればウソだとすぐ分かる。

加えて、あらゆる手を尽くして日本製品の不買運動を呼びかけている。魂胆は明らかである。こうした運動によって生じる日米経済摩擦が、日米戦争と発展することを願っているのである。これこそ米ソ同盟を目論む「国際主義者」の願うところである。

マスコミに押し潰され、カリフォルニア農民は「お得意様」のドイツに逃げられ、泣きの涙である。今度は綿作り農家、石油掘り、造船業界、材木屋の皆さんも、日本に[illegible]られ、泣き寝入りするのか？

「嫌だ」と言うなら立ち上がれ。数は少ないが、相手には金がある。強力なマスコミを握っている。外国の政治利益にご執心で、そのためには、喜んで庶民の暮らしを犠牲にする連中である。

一部の人の損害は、ある程度、国民全体で負担しなければならない。農家が貧しくなれば、皆が貧しくなる。これは農業以外のあらゆる企業についても当てはまることである。市場を失った結果生じた損害の付けは、回りまわって、我々九十%の国民に来るのである。

残りの十%やそこらは、アメリカにいながら「海外に心を置いた人間」である。こうした人間が、九割の、「アメリカを愛する」我々を経済的に苦しめ、戦争へと導いているのである。どこでこういう権力を手に入れたのだろうか？

全米日本製品不買運動の議長ウィリアム・ローブ氏よ、答えてくれないか？　彼の同志のアンターマイアーのお陰で対独貿易はめちゃめちゃに破壊された。ローブ氏も同様なことを日本に対して試みている。

ローブのスポンサーはシモン・クーン、T・A・ビッソン、ベンジャミン・キザー、マックス・ウィンクラー、ナサニエル・ペファー、オズワルド・ヴィラードのような「リベラル」、自由主義者である。こうした対日貿易を潰しにかかっている連中の過去を見ると、そのほとんどが熱烈な「親ソ派」である。こう考えれば分かろうというものだ。ソビエト・シンパはアメリカの農家がどうなろうと構わない。だから日米間に揉め事が起こることを望んでいる。日本は現在、アメリカの綿を一番多く買ってくれる最高の「お得意さん」である。勘定をしっかり払ってくれる国である。こういう国は他にない。しかも最高の親米派の国である。

カリフォルニアでは果物の価格が暴落し、農家は収穫の意欲を失った。私が知っている農家は、果物が落ちても拾わず、そのまま腐らせてしまった。その時、ドイツは喉から手が出るほど欲しがっていたのである。果物に限らず、アメリカ製品を欲しがっていた。が、一味に阻止されたのである。

政治、新聞に強力な力を持つ一味が（もちろん農家ではない）「ノー」と言ったのである。ブラックリストの作成、脅迫、ロビー活動、妨害など、ありとあらゆる手を使われ（もちろん国民は知らないが）、真面目な農家は市場を取り上げられたのである。

読者にはこういう事実は分からない。「もしかして？」とそれとなく臭わすようなこともまったく出ない。新聞雑誌は広告で出来ている。だから大事なスポンサーのご意向を損ねることを極端に恐れるのである。

農家は大きな広告を出さない。だから憎悪キャンペーンを張って農家の首を絞めようと何ともない。市場荒らしをしながら、口を開くと「農家に補助を」と言っているのである。

こうなると日独伊は南米に市場を開拓するしかない。あの三国は貿易なしでは生きられない。彼らだって生身の人間だ。生きるためには食わねばならぬ。三国とも国内資源の乏しい国である。

反ドイツキャンペーンのお陰でドイツはアメリカと正常な貿易ができなくなり、南米へ向かった。それがますます「対独戦争」の口実にされている。

同じ手を日本にも使っている。「反共国家はアメリカと取引をさせない。アメリカ以外の国家と取引をしたら、それは即ち我々への威嚇と見做す」と、こう言うのである。こうした動き、アメリカを牛耳る一味の動きこそが、世界平和を危うくするものである。これに不自然な貿易障害を取り除いて親善関係を」というハル国務長官と真っ向から対立するものである。

アメリカ人でありながら海外に心を置く連中は、反共国家のアメリカとの取引を阻止するだけでなく、アメリカ以外の国との取引も禁じるという。これでは「外国勢力と同盟関係にあるのは明らか」と言うしかない。「抑圧への抵抗」ともまったく関係がない。その証拠に彼らの目はいつもソビエトに向いていた。トルコに、ルーマニアに、中国に向いていた。これら全てが独裁国家である。その冷酷非道たるや、ドイツの比ではない。

トマス・ジェファーソン

習慣、制度が違う国を脅すとはアメリカも情けない国になったものだが、一番の自由主義者、トマス・ジェファーソンはこう言った。一七九三年三月十二日のことである。

「どの国でも、その国の政府は、その国の国民が望むような政府で、必要とあらば、国民の意志で政府を変えることができる。どこにもこれを否定することはできない。また、そうした国が、王政であろうと代表制であろうと、議会制であろうと委員会制であろうと、大統領制であろうと何であろうと、こうした国は外国と交易できる。これまた否定することはできないのである」

日独伊にはそれぞれ独自の慣習なり制度がある。アメリカ人がアメリカの慣習なり制度に満足しているように、彼らも満足しているのである。制度や習慣が違うからといって、戦争を吹っかける理由にはならない、もし独裁制打倒と言うのなら、今すぐ、ペルーのリマに艦隊を派遣せよ。ペルーは西半球きっての独裁制国家である。反体制派は国外追放になるか収容所行きである。ところが今現在、アメリカはリマに親善団を送っている始末である。

貿易危機という噂の実態

公表されたデータによると、一九三七年のドイツの全南米諸国への輸出は合計一億三百万ドル、日本は一九三五年（最近データが手元にないので）三千万ドルである。以後どんなに増えたとしても現在、両国あわせてせいぜい年間二億ドルである。

よって、アメリカが両国の南米貿易を全て没収したとしても、両国の正常時の対米貿易の三分の一にもならない。

もし全て手に入れたとしても、恨みを買い、お得意さんの日独に逃げられるだけである。二億ドルを手にするために、六億ドルのお客さんを追い払う。これでは商売にならない。常識はずれである。

もし日独両国の対南米貿易を悉く《ことごと》取り上げても、対日輸出分にもならないのである。一九三七年の対日輸出は二億八千八百万ドル。また、アメリカがどう頑張っても、南米市場を独り占めにはできない。日独にしかできない品目があるからである。もう一ついえば、南米諸国は日独との取引にいたくご満悦だからでもある。

米国企業は磐石《ばんじゃく》であり、将来も変わらない。「南米の危機」を叫ぶ新聞は、ただ戦争をしたいがために特定の国を非難しているに過ぎないのである。

政治の臭いがプンプンするアジテーションである。臭いの元は全米共産党作家や演説家で、「私有財産制反対」を叫んでいる。しかし「私有財産反対」という連中が、「南米のアメリカ企業の減益」を心配してくれるとは、おかしな話である。

政治介入の噂

「日独が南米に政治介入」ということも盛んに言われ、これが「反日独運動」の口実となっているようだ。確かに、日本は南米に親善使節を盛んに送っている。同時に、南米人をとても大切にしている。ドイツも然り。イギリスも、また我々アメリカも然りである。世界を相手に交易を行う国は全てがそうしている。

ただ、ドイツには特別な「お家の事情」がある。今アメリカではユダヤによるドイツ製品不買運動で、輸出が頭打ちになっているが、同様の運動が南米に伝染するのを防ごうと、ドイツは必死である。

また「南米に独裁の魔の手」とも言われるが、そもそも南米のほとんどが百年以上前から独裁制であり、今でも冷酷非情な独裁国家が多い。一九三八年の十二月、「民主主義を守るため」の国際会議があった。会場はペルーのリマ。リマといえば独裁者ボナヴィデスのお膝元。ここに、ブラジルの独裁者ヴァルガスやらキューバの独裁者バティスタ等は手下を寄越し、議論させた。これをアメリカの新聞は「西半球から独裁制を追放する協議」と書いた。こんな可笑しいことがあるものか。本当のことを書かないんだから。

西半球には独裁者は掃いて捨てるほどいる。世界中をざっと見ても、アメリカ国民だけつんぼ桟敷だ。中南米である。したがって、新聞が一斉に「独裁者の追放」を唱えたら、眉に唾して「いつやるの？」と聞いた方が良い。皮肉でも何でもない、そもそも南米の政治体制は、南米人自らが選んだものである。強制収容所を作り、政敵を追放するなど、独裁制をそのまま実践している。ドイツがヒトラー政権に、イタリアがムッソリーニ政権になってからの、全暗殺数より、ここ三年の南米の暗殺の方がはるかに多いのである。

ついでに言えば、南米でのアメリカの貿易の損失を憂慮してみせる新聞が、メキシコが四億ドル相当のアメリカ資産を没収したことを騒がないのはどうしたことか。四億ドルといえば対南米貿易何十年分である。

国際主義者の言うことを聞かない三ヶ国がある。よって彼らはこの三ヶ国に戦争を仕掛けたい。戦争の口実をどうして見つけるか、こういう時にしか、新聞はアメリカの海外ビジネスを持ち出さないようである。

これもまた注目してもらいたいことであるが、ここ二年、英仏、そしてソ連（新聞は「民主国」と呼んでいる）と同盟を組む動きが強いが、新聞が全く触れなくなった話題がある。あの英仏両国がアメリカから借りた数十億ドルの金の話題である。「数十億ドルもの借金を返さない国です」と書いては足を引っ張ることになる。軍事同盟を結ぶには、鎧の上からでも厚化粧で塗りたくって「善玉」に仕立て上げねばならぬのである。

かくも新聞が堕落した国があろうか？　「損害を受ける南米貿易」と書いているが、損害を受けているのは日独伊である。戦争のネタを探す新聞は、本当に戦争になったらどれだけのものを失うかということに全く目が向いていない。そこに目を向けると英仏ソ米の同盟ができなくなるからである。

「南米貿易の損失」といわれるが、本当かどうか一つ見てみよう。アメリカ商務省がはじいた数字がこの点を解決してくれる。官報第八二九号にはこうある。

一九三六年から三七年にかけて五五・九％の増加である。ぴったり五五・九％である。これではたして「日独の介入で大打撃」と言えるだろうか。

新聞に詳たに提示されているならば、当然、こういう詳細な数字は出されない。全ての編集[illegible]反日独伊運動を盛り上げる」。これだけが新聞の狙いである。「日独伊の三ヶ国は独裁国家である」と読者に信じこまさなければならないのである。中には「バースト」のように、ロシアを独裁国家としている新聞もあるにはあるが、よその国の独裁者を持ってきたり、よその国の悪事を取り上げ、読者を混乱させたりするとは困ったものである。

「独裁政権に抵抗せよ」等と盛んに書くが、絶対書かないことがある。それは、独裁者が多いのは、新聞がいう「憎っくき敵国」の方より「友好国」の方である。しかもその冷酷非道さにおいても友好国の方が群を抜いている、ということである。

イギリスはアメリカを同盟に加えようと画策している。だからアンソニー・イーデンのような使者を送り込み、「民主主義を守り、独裁者達に対決しよう」等と盛んに言わせている。だが賢明な読者諸君、忘れてはなるまいぞ。アンソニーは在職中何をしたか。援助金をことごとく、あの世界一冷酷な独裁者スターリンに回したということを。これで独裁者「達」に対決しようという彼の真意が分かろうというものだ。独裁者「何人か」と対決し、「スターリンを助けよ」というのである。またその経歴からして、「民主主義を守れ」という意味は「ソビエトを援護しろ」ということなのである。

ああしたヨーロッパの泥沼に足を突っ込むことはない。英仏は中欧でもがいているが自業自得というものである。二十年前のパリ講和条約で、情け容赦なく、欲を張りすぎたからそうなったのである。

一九一七年、アメリカは騙されて参戦した。今また同じプロパガンダで

アメリカの年度別対全南米輸出額

1935年	174,341,000ドル
1936年	204,222,000ドル
1937年	318,384,000ドル

騙そうとしている。スターリン支持のため「民主主義を守れ」と触れ回っているイーデン氏を見ればよく分かる。

南米の政体は南米独特の土壌、気風から生まれたものである。独裁者が個人として、とてつもない権力を持っていたとしても、南米人の気質は、厳しく訓練された魅力的な経済市場を形成するといったものではない。また日本の政治体制が南米人に馴染むとも思えない。日本という国は宗教は複雑で、家族的なまとまり、伝統など、他の国民には真似どころか、理解さえできない国である。

南米を知る人なら誰でもこうした状況はよく承知している。「南米に外国勢力が侵入」と人騒がせなことをいうのは即ち、アメリカ以外の国とリンクし、アメリカを戦争に巻き込みたいアジテーターの策略でしかない。

「南米侵略を狙う国あり」というのも馬鹿げている。ヨーロッパは、自分のことで手一杯。遠く離れた国を征服するほど暇な国はない。日本も中国派兵やら、ソビエトとの国境紛争で、手一杯である。

中国戦線が泥沼化している上に、さらに南米問題にまで足を突っ込み、アメリカ合衆国と南米に戦争を仕掛けるなどというのは、馬鹿馬鹿しくてお話にならない。バーナード・バルーク氏が、この「侵略説」を大々的に宣伝している。ドイツに対するユダヤ人の憤りに同情する人は多いだろう。ナチ政権下のユダヤ人の窮状に涙する人が多くなるであろう。米英の新聞は敵意むき出しの紙面作りを続けた。これが一九三六年の「日独防共協定」の原因となったのである。

これでますます、バルーク一派は「反日」になった。しかしこれは事実に反する。日本こそ昔も今も「反ユダヤ思想」というものはない。日本ではユダヤ人に実に丁重な扱いを受けているのである。

たとえどんなに多くのアメリカ人が、ドイツのユダヤ人の惨状に同情しようとも、また日本がドイツと同盟したことで、どんなにバルーク氏が日本を非難しようとも、冷静に考えると、彼らの「南米が侵略される」という噂を信じる証拠は、何一つないのである。

かつてバルーク氏は軍需産業会議議長として膨大な軍事計画を組んだ。今また、老骨に鞭打って(失礼)、一肌脱ごうとしているようである。

さて現実はどうか。「不穏分子ラテンアメリカに進出」と言われるが、あるといえば唯一ある。メキシコの共産化である。メキシコといえばサボテン。そのサボテンの数ほど赤旗が立つ国となった。敬礼はこぶしを握る共産党式の敬礼となった。教会は閉鎖され、聖職者は追放となった。そしてロシアを亡命した革命家の同志トロツキーが住む国となっている。

繰り返すが、これは、ラテンアメリカに外国勢力が介入し、明るみになったほんの一例に過ぎない。どんな理由があるのか分からぬが、新聞は取り上げない。すぐ隣のメキシコのことなのに、である。多分バルーク氏が戦ってくれるものと思う。しかし、メキシコ共産化にバルーク氏がどう関わるかにかかわらず、メキシコの共産化を日独伊のせいにはできないはずである。

世間の目を現実から逸らすための南米危機論

「南米貿易を促進せよ」との声が大きい。誰も反対はしない。やるべきである。強力に増進すべし。しかしここに「落とし穴」があるのは明らか。彼らの真の狙いは「日本叩き」である。

しかしそうなっては、南米貿易よりずっと大きな損失を蒙ることになる。アメリカはどの国も敵にまわすことはない。金を払ってくれればどの国も「お客さん」である。南米貿易のために、日本と断交することはない。もし断交になったら、元も子もない。それどころか、統計を見れば、損になるのである。

さらに例を挙げると

一九三六年、日本は全南米産よりアメリカ産を輸入している
一九三五年、日本は全南米産よりアメリカ産を輸入している
一九三四年、日本は全南米産よりアメリカ産を輸入している

一九三七年、アメリカの南米諸国への輸出は日本一国への輸出より十一%上回った。しかし記録のある一九三一年から一九三七年の総額を見ると、対日輸出は、対南米諸国輸出総額より七千六百万ドルも上回っているのである。

何度も言うが、「南米貿易の保護」を謳うアジテーターの口車に乗ると、これだけ価値のある日本というお客さんを逃がすことになるのである。アジテーターたちは二番客を「助ける」ため、一番客を追い出そうというのである。

競合しない日米の主要輸出品

そうすると戦争だ。もし戦争して（五百億ドルかけ二、三年でアメリカが勝利するはず）、南米における日本の貿易権を全てアメリカが手にしたとして、さてどれほどの価値があろうか。

ゼロである。

海外の貿易収支は二、三年遅れで公表されている。筆者が手に入れた日本の南米貿易の最新版には一九三五年のものが出ている。アメリカ政府の数字が手に入らないから、一九三五年の収支が乗っている一九三六年の『日本年鑑』を見よう。これはどの経済学者も信頼する正確なものである。つまり、日本の全南米諸国への輸出をアメリカが握ったとしても、これは対日輸出の九分の一でしかないのである。

繰り返すが、これは一九三五年の統計である。統計を見ると、恐らくもっと伸びているだろう。二倍になったとしても、これは日米貿易の五分の一でしかない。

アジテーターは騒いでいるが、どの数字を見ても対日貿易の方が大事である。一九三五年の日本の全南米諸国への輸出額は九千百万円。ドルにして二千二百万ドル。一割を利益として二百二十万ドル。対日戦争となると戦費は何と五百億ドルと弾かれている。それで日本の南米貿易を全て手に入れたとしても、対日戦争の戦費はこの二万二千年分にもなる。

統計を見れば見るほど、大騒ぎする新聞がますます「滑稽」に見える。「貿易振興のため南米に親善使節の派遣を」と主張しながら、南米の何倍もの価値のある日本を追い出そうとしているのである。

日本の南米貿易

日本から全南米諸国への輸出額	91,109,000円
アメリカから日本への輸出額	809,644,000円

持ちつ持たれつの貿易を

他国と違い、主要輸出品で、日米は競合しない。日本の主要輸出品目の多くが、アメリカが全く作らない物、絹、安い玩具などである。アメリカにしても同じで、小麦、小麦粉、木材、石油、自動車、農機具などは、日本は輸出するほどは作れない。

こうしてみると、「日米貿易摩擦」が起こるはずがない。日米双方ともそれぞれ持って生まれた良さがある。それを生かせば良い。憎悪キャンペーンを張る連中や、米ソ同盟を目論む国際主義者、販売部数しか頭にない新聞、こいつらだけは別で、静かな海に波風を立てようとしているのである。

アメリカ製品を買って日本が豊かになる。日本製品を買ってアメリカが豊かになる。両方買って南米が豊かになる。

物々交換、それぞれの特産品を売り買いする。これが経済の原理である。これで皆が潤う。反対するのは「憎悪キャンペーン屋」や「戦争屋」である。彼らは平和を望まない。アメリカが繁栄するのはもっと望まない。世の不平不満がメシのタネだ。不平不満が起こると、国の内でも外でも、事が上手く運ぶ、という寸法だ。

賢明なアメリカ国民よ、彼らの企みに騙されるな。国の「内」で起こる波風は、「外」から打ち寄せる波風より、遥かに厄介である。「嘘八百」の恐ろしさを知れ。特に貿易関係の資料を正確に報じないで、目的のためには手段を選ばず、勝手なことを書くウソの恐ろしさを知ってもらいたい。

アメリカの強み

さて、アメリカの工場、造船所、製材所、農場、石油精製所が順調なら、「貿易が日本に食われるのでは」と恐れることは何もない。日本にアメリカと同性能、同価格の自動車を作れる工場はない。小麦畑も森も油田もない。できるとは思えないが、もし万が一、日本が中国を完全に征服したとしても、中国にもこういうものは手に入らない。

中国にもこれといった森がない、油田がない。畑が少ないから国民は満足に食うことすらできない。中国はアメリカから小麦粉のみならず米まで輸入しているのである。

アメリカの主要輸出品は大丈夫である。「日本の南米進出に脅かされる米国貿易界」と大騒ぎしているが、そういう事例が一体どこにあるというのだろうか。どこにもない。

確かに日本が強いところもある、服地が安い。しかし安いからといってそれは罪にはならない。アメリカにはアメリカの強みがある。「メイド・イン・アメリカ」は世界のトップレベルである。日本のように安い賃金ではトップレベルの物はできない。

新聞は「南米に流れ込む日本製綿織物の恐怖」と書きたてるが、同じ新聞が書かないことがある。それは、日本は綿をどこから手に入れているか、ということである。実はアメリカから買っているのである。こうした事実は書かないのである。

これ以外にも低価格で、例えば自転車を五、六ドルで売っているが、全体としてみたら微々たるものである。

アメリカに日本の代わりはできない。賃金が高いからである。南米は日本製の安いもので満足している。「アメリカ値段」では自転車一つ買えない。アメリカも日本のような安い値段では絶対売れない。しかし、日本が、安い服地や電気製品等では善戦しているといっても、これらはアメリカとは競合しない物である。

アメリカにはアメリカの市場がある。これを守り、大きく育てられるはずである。アメリカは日本よりはるかに進んでいる国、資源に恵まれた国であるから、主要品目で、日本に負けるわけがない。こういう状態で騒ぎを起こしては、我々の経済的な大義も何もあったものじゃない。

長期的実績で他国を制して伸びる日本市場

「過去三年、南米で急増する日本貿易」とアジテーターは大げさに書き続けている。

【原注】『ターナー・キャットトレッジ』によれば、一九三七年、全ラテンアメリカ諸国に占める日本の輸出は二・七％に過ぎない。

ところが一九三七年、アメリカの南米輸出は前年比「五十五％増」である。これは国務省の数字である。これは一部には南米の政情が比較的安定し、またアメリカが優遇し、信用販売をしたからではあるが、ともかくアメリカの輸出が前年度比五十五％増となっているのに、「日本に追い出されるアメリカ」と誰が言えるのだろうか？

第三の顧客、日本

日本はアメリカの第三の顧客である。長期的に見て、日本は「上得意」である。面白い数字をお目にかけよう。商務省の数字である。一九三七年の各国への輸出が、一九二六年から三〇年の平均と比べてどう変化したか、である。

英連邦への輸出	－39％
ソビエトへの輸出	－45％
全南米諸国への輸出	－29％
日本への輸出	＋17％

誇張された対ソビエト貿易

五年前、ソビエト礼賛記事があふれていた。各社は競って「魅力的な市場ロシア」と持ち上げ、「貿易で緊密化する二大民主主義国家アメリカとロシア」の類の記事にあふれていた〔訳注／両国は一九三三年に国交回復したばかりだった〕。こういう傾向は今に至るも衰えない。おかげで、ソビエトがとてつもなく重要な市場であると思っている人がいる。証拠を見よう。出典は商務省官報第八三九号である。

つまり、対ソ輸出は、一九二六年から三〇年は平均七千七百六十六万六千ドルであった。現在はこれの半分強、五五％でしかないのである。

一方、同期の比較で対日輸出は十七％の増である。合計でも日本が「上得意」である。ソビエトはいわゆる「自由主義者」の「お骨折り」にもかかわらず、日本に比べたらそれこそ「取るに足らない」ものである。

アメリカの年度別
対ロシア、対日本輸出額（ドル）

	対ロシア	対日本
1934	15,011,000	169,567,000
1935	24,743,000	203,283,000
1936	33,427,000	204,348,000
1937	42,903,000	288,378,000

自由主義者達の弛《たゆ》まぬ努力も虚しく、一九三七年、対ソビエトの売上は日本の六分の一である。ソビエト国内の政情が不安定だからであろうか。いずれにせよ、日本は、新聞が何もしないにもかかわらず、いや反日キャンペーンや不買運動を煽動したのにもかかわらず、我々の世界貿易におけるその重要性は変わらない。ソビエトの場合はこうはならない。

上昇気流

『ブリタニカ大百科事典』にはこうある。第一次大戦前の帝政ロシア時代の対ロ輸出の年平均は三千二百万ドル。現在（一九三四年から三七年の平均）は、シベリアも含めて二千八百万ドル。つまり第一次世界大戦前の「帝政ロシア時代」より低いのである。

一方、対日輸出は一九〇七年が四千二百万ドル。三十年後の一九三七年は二億八千八百万ドル。およそ六倍もの「伸び」である。したがって、ここ数十年、「お客様」としてのロシアは「伸び悩み」で、この四年は「減少」である。

一方、日本の「お客様」は増える一方で、一九〇七年と三七年では七百%も「増」である。数字を見れば「どこの誰が」お客様か、一目瞭然である。どんなお客だろうが追い払うことはない。ソビエトにはソビエトが買えるだけ買ってもらえばいい。しかし、たいした客でもない。「ソビエトを救え」というアジテーションに乗って、本当の「上得意」を追い払う必要は全くないのである。

さて、アメリカ外交上、可及的速やかに為すべきことは何か？　賢明な読者諸君はもうお分かりであろう。そうです。一つは「怒りを静めること」。今一つは「貿易を振興すること」。この二つである。

貿易を阻害しているものが何か、もうお分かりのはず。憎悪プロパガンダである。海外に心を置いた一味が喜ぶプロパガンダである。

失業者、その数、数百万。憎悪キャンペーンによる貿易不振が主な原因である。失業対策に税金を払うのは我々庶民。結局「付け」を払わされるのは、我々庶民である。

出荷できず、残った綿が山と積まれている。山の高さたるや、丸一年分という。例の一味、この山を見てどうするか。案の定、新聞を操って「対日貿易阻止」とアジっているのである。

日本は綿を買ってくれる「上得意」である。綿に限らず貿易は、多くのアメリカ人にとってそれこそ「死活問題」である。

アメリカ国内では、ソビエトシンパが先頭に立って、「反共諸国製品の不買運動」を煽動した。一方、ソビエト国内ではこうした動きが全くない。公表された数字によれば、ロシアは、フィンケルシュタイン外交人民委員（外務大臣）等の働きで、今やドイツの第二の「お客様」である。狙いははっきりしている。不買運動の「付け」をアメリカにとらせるためである。モスクワから指令を受けた「アカ」が不買運動を煽動しているが、彼らが日本製の不買運動をしているという噂は、まだ一つも聞かない。

アメリカが参戦した一九一七年同様、「騙し」が新聞の「手」である。真実を隠蔽し、偽情報を大々的に報じ、狙った相手を意のままに侵略国家、民主主義国家、独裁者等と命名している。証拠はちゃんとある。信じられないのなら、これまで挙げたデータをご自分でチェックされることをお勧めする。紙幅の都合上、ほんの数例しか紹介できないが、新聞の大げさな「嫌悪増幅キャンペーン」はいずれも「ウソ」である。

今、庶民の生活は苦しいが、苦しまねばならない理由がない。海外の揉め事に巻き込まれる理由も全くない。裏で喜んでいるのは、心がアメリカに向いていない、アメリカのことなど何とも思わない一味だけである。また、こういう一味の言うがままになっている新聞が繰り広げる、不必要な憎悪キャンペーンに、またも乗っかる理由もない。一九一七年、新聞の口車に乗って第一次大戦に参加し、幾多の若者が戦死した。あの時、新聞にまんまとしてやられたことを「遺族の母」は忘れまい。あの時のウソを今また繰り返しているのである。

冷静になって「怒りを静めること」こそ、身のため、延《ひ》いては世界のためになるのである。

国際紛争を求めて平和を望まぬ者たち

原題　Seeking foreign trouble
１９４０年5月刊

序　文

この小冊子の目的、それは、現在、アメリカを海外紛争に巻き込むための、新聞・雑誌、ラジオが繰り広げる宣伝が、実は欺瞞であることを指摘することである。

取り上げる事例はイギリス・フランス・中国にとって、実に不愉快であろう。が、これらの国を攻撃するのが目的ではなく、英・仏・中国の側に立ってアメリカを戦争に誘い込もうとするマスコミ報道がいかに欺瞞に満ちたものであるかを指摘するものである。

諸外国政府間の問題をあれこれするつもりは毛頭ない。ただ、諸外国の側に立って我が国の国益を損じるような論調のマスコミの主張がはたして正しいのかどうかを論じたいのである。

ところで「国際主義者」という言葉であるが、私は次のような人たちに対して使っている。つまり、あらゆる国の内政に介入はするが愛情とか同情の念は全くない人、そういう人のことである。こういう輩は、己が住み、暮らしの糧を得ている国の国益より外国の国益を優先するという狂信的目的のために情宣運動を続けているのである。アメリカを戦争に巻き込もうという声は、まずこうした輩が吐いているのである。

「アメリカ国民であって、アメリカで生活の糧を得ているものは誰でも国家に対し絶対の忠誠を誓っている」とほとんどの国民は考えている。ということは、「外から敵が攻めてこない平和な時に、その平和が続くよう協力する」ということである。平和でなければ福祉の増進など夢物語に過ぎない。したがって、国を愛する者には義務がある。すなわち、万が一、攻めて来る敵あらば、祖国防衛のため立ち上がることはもちろんであるが、平時にあっても、その平和を守る努力をする義務、敵に攻め込む隙を与えないよう備える義務、こういう義務があるのである。

ラルフ・タウンゼント

サンフランシスコ、カリフォルニア

一九四〇年五月一日

専守防衛に徹するか、マスコミの主張通り参戦するか

新聞・雑誌、ラジオなどのマスコミはアメリカを対日・対独戦争に巻き込もうと必死である。「日・独が勝ったら今度はアメリカを攻撃する。この両国は独裁国家であり、民主主義国家より危険である」と宣伝している。

これはもう立派な反日運動、反独運動であり、両国に対する「宣戦布告」に等しい。しかし

国民は経験上、これを支持しない、しないところか拒否する

例えば十九世紀の帝政ロシア。あれは世界最大の専制国家であったのにもかかわらず、常にアメリカの味方だった。一方のイギリス・フランス。この両国は民主主義国家とされながら、常にアメリカの敵だったのである。

南北戦争中、リンカーンに友好的だったのは誰あろう、あの専制国家ドイツとロシアではなかったか。混乱に乗じ攻撃した、火事場泥棒ともいうべき輩は、いわゆる民主主義国家とされるあの英・仏ではなかったか。

とにもかくにも、これが歴史である。歴史は繰り返す。

アメリカ史上、大きな戦争が二つある。一つは独立戦争であり、もう一つは一八一二年の米英戦争である。この両戦争でアメリカに味方し、助けてくれたのは専制君主、独裁者といわれた者ではなかったか。独立戦争時はルイ十六世であり、米英戦争時はナポレオンであったのである。

皮肉にも「専制君主が味方し、民主主義が敵に回る」ことが実に多かったのである。昨今のマスコミの論調とはかけ離れているがこれが事実なのである。

「アメリカにとって最も危険なのは、権力が一点に集中した政府である」というのは根拠のない空論なのである。

地域がら、自然と起こる戦争

アジアで、またヨーロッパで絶え間なく事が起こっているが、マスコミがどう言おうと、これは不自然でも何でもないことなのである。

独・仏・英の抗争は数百年前からのことである。誰が政権を取ろうと変わりはない。今回だけ、ヒトラーや誰かのせいにするのはおかしい。一九一九年から三九年にかけてのドイツ人のような立場に立たされたら、アメリカ人だって同じように戦ったはずだ。日本人のように、資源の乏しい国に住み、モスクワと同盟を結んで敵対する国と直面したら、アメリカ人も同じように戦ったはずだ。このアメリカは、あの日独に比べたら、挑発とはいえないような挑発を受けたことを理由に何度も戦争をしているのである。

「もしどこかの国が隣の国に来て、そこを軍事基地としたら断じて許せない」というのは衆目の一致する所である。まさにそういう事態がドイツに起こったのである。英・仏が、隣のチェコスロバキア、ポーランドを軍事基地に仕立てた。それでドイツは立ち上がったのである。

これはこうした国々の宿命であり、これをもって《世界征服》の野望の証拠とすることはできない。大国間の紛争に翻弄された「不幸な犠牲者」なのである。英・仏はこの数十年、他の強大な国と衝突することなく、エジプト、南アフリカ、モロッコなどの弱小国を荒らしまわってきたではないか。「世界征服か否か」を判断する最大の武器は「宣伝」である。

現在のヨーロッパ戦争も日中戦争も、その特殊な地域事情から起こった戦争だと考えると、理解できるものである。アメリカの過去を見ても、ドイツ人や日本人と同じ状況に置かれたら敢然と立ち上がったはずである。

であるから、日独の戦争を《世界征服戦争》と称することは全くできない。

侵略者アメリカ

そこで、今ここでご理解願いたいことがいくつかある。

ます。昨今盛んな「戦争援助」活動は、実は「援助」だけに止まらず、あっという間にアメリカを参戦させる運動なのである、ということである。支援したからといって争いが収まるわけではない。アメリカが戦争に引きずり込まれるだけである。では、その目的とは一体何であろうか？

この数年、日独に対する不買運動、禁輸活動、威嚇・侮辱行為等の反日、反独運動も機軸を一にするものではないかと思われる。

こうした動きで「吉」と出たことがあったであろうか。戦争にならないで済んだことが、また戦争になっていた場合、こうした運動をしたからといって、それで勝敗が決したことがあったであろうか。

良識ある国民なら誰でも、国難迫る時は、いつでも立ち上がる心構えはできている。しかしながら、無用の混乱を起こす政策には、大多数が断固反対である。

これまで「アメリカ攻略を目論む国あり」とする論は事実無根であったにもかかわらず、「海外に撃って出よ」という声は消えることがない。波風を立てているのは一体、誰であろうか。

普通に考えれば戦争にはならない

もし、このアメリカにまたアメリカ大陸に敵が攻めて来ることが明らかになった場合は、全国民は一致団結して立ち上がるであろう。

しかしそうでない戦争をするとなると、一致団結とはなるまい。一九一七年、何を言っているのか分からない様々な人の主張や、いかがわしいマスコミのドイツ非難に騙され、第一次大戦に参戦したようなことにはなるまい。今でも多くの人があのインチキを覚えており、あの時の参戦論のいずれもが、戦後、「事実無根」と判明したのである。

「明白な攻撃を受けない限り、戦争しなければアメリカは安泰である」

これが歴史の教訓である。と言うのは、アメリカは天然資源が豊富で、一世代前、アメリカが大国となって以来、列強はこぞって友好関係を結ぼうとしている。それだけの資源大国だからである。次に地理的条件。ヨーロッパとの間には大西洋がある。だからイギリスが攻めて来た一八一二年以来、一二八年間、アメリカに攻めてくる国はない。この間、アメリカがした戦争は全て、アメリカが仕掛けた侵略戦争であるか、アメリカが火をつけた戦争なのである。驚くべきことだが、これが事実である。つまり、いかに列強がアメリカと緊張関係を避け、友好関係を望んでいるか、ということである。

適度な防衛力は備えよう。しかし、「敵が来るぞ」と警戒しすぎるのは如何なものか。なぜなら、アメリカが大国入りして以来、アメリカの差し出した親善の握手を振り払った国は一国もないではないか。

決めるのはアメリカである。請われるまま他国を援助する必要はない。また、他国を賞賛し、猿真似する必要もない。平和な暮らしを望むなら、わざわざ敵意のない国を敵に回し、大火傷する必要はないのである。

平和を拒絶したのは誰か？

二十一年前の一九一九年、あのパリ講和会議で、今、英・仏が戦っている戦争が起こらないようにと、アメリカがやんわりご提案申し上げたものを、あの英・仏はことごとく断った。あ

れほど傲慢無礼に拒絶しておきながら、今さら「助けてくれ」とはよくいえたことだ
あの時、アメリカはアメリカの名誉にかけ、ドイツに対する復讐条約であるヴェルサイユ条約には調印しなかった。その条文の一字一句が、アメリカが参戦する前に、英・仏がアメリカに訴えた戦争目的や、勝利した暁に出すと約束した和平条件を守らず、アメリカを欺くウソばかりであったからである。

あの時、ヤクザ者の英・仏に釘を一本刺すほどの「たしなみ」があったアメリカ政府が、今度はその同じヤクザ者を「助太刀をせよ」と、どうして言えるのであろうか。

当時の英・仏政府にも気骨のある者はいた。「こうまでドイツを締め付けるとまたヨーロッパ中が戦争になる。そうなったら責任はこちらにある」と英・仏政府をたしなめたものである。

こうして「己の責任」を重々自覚した上で行動しながら、何ゆえに、今回「私は無実だ」などといえるのであろうか？

ヴェルサイユ条約から二十年。この間、英・仏に条約改正の機会はいくらでもあった。しかし国内に「条約改正」というまともな声が出るたびに、英・仏政府はこれを黙殺した。二十年前、「平和的手段」で守ることを拒否した彼らの帝国を、今回「戦争に訴えて」守ろうとして、アメリカに助けてくれと泣きついているのである。

「平和のため」という英・仏の行動は、最後の最後まで全くの眉唾《まゆつば》物である。ドイツとポーランドの足並みはぴったりそろっていた。ポーランドは友好的にダンツィヒを返還するように見えていた。ところがイギリスの「借款」が決まると、ポーランド政府の一部に態度の変化が見られた。それが一九三九年初め頃の状況だった。

イギリスは、ポーランドを「ソ連の手」から救う気などさらさらなかったようだ。以前、ソ

連がポーランドに侵攻した時も、一貫して「我関せず」であった。「ポーランドを守りたい」というイギリスの熱情は結局「ドイツからは守りたい」ということだったのだ。

ドイツ軍が東のポーランドへ進軍し、東欧で戦端が開いた三日後の一九三九年九月三日、何ら脅威も攻撃も受けないまま、英・仏がドイツに宣戦布告し、第二次世界大戦は始まった。ところが、アメリカの国民はこういう事情をすっかり忘れているから、新聞・雑誌はあの戦争を「ドイツが英・仏を攻撃して始まった戦争」と書いている。

ポーランド戦争が終わった後で、ヨーロッパ全体が戦場になる事態を防ごうと思えばすぐにでもできたはずである。ところが、あの英・仏が「小競り合い」を一大抗争に持ち込んでしまったのである。

ポーランドはすでにドイツに占領されていた。全ヨーロッパを巻き込む「大抗争」にしたところで得るものは全くなかった。しかしそれを望んだのは英・仏である。英・仏は自国から、そしてドイツから湧き上がる「和平を求める声」をことごとく抑え込んだのである。

そう、この戦争は英・仏が始めた戦争である。博打を打ったのである。古今東西、二大帝国がこれほど軽々しく扱われたことも珍しい。アメリカは賭博を打たなかった。我々は、国家をサイコロの如く軽々しく扱うようなことはしない。

この年の十月の前半二週間のイギリスの新聞を御覧になるといい。「ヒトラーに和平の用意あり」と報じられた頃、条件を聞く前に拒否しているのである。ということは、「条件などどうでもいい。とにかく戦争だ」である。独裁政権下の新聞が「お上」に従順なように、新聞も札束で横っ面をひっぱたかれると従順になるのである。

当初、新聞は「ドイツの武装解除とイギリスの安全保障のため、ドイツを討つべし」と勇ましかった。ところが十月初頭、「双方が満足いくような、本物の武装解除をヒトラーが提案する模様」と報じられた。すると新聞は一転し、「丸く収まっては一大事」と、クォリティ紙たる大新聞までもがこう言い出した。「問題は武装解除や安全保障ではない。ヒトラーを処罰すべし。言われなくとも、武装解除はいつでもやって差し上げよう」と。ヒトラーが和平提案した十月六日後も、こうした論調を繰り返したのである。〔訳注／英・仏がドイツに対して宣戦布告してから一ヶ月後の一九三九年十月六日、ヒトラーは国会演説で英・仏に対し、一ヶ月の休戦と和平を提案した〕。

これはすべてイギリスの新聞に書いてあることである。イギリスの新聞がないならアメリカのでも構わない。中身はほぼ同じである。

戦争については宣伝にばかり晒《さら》されているから、我々はそれが一体どのように始まったのかを覚えておくことが重要だ。どのように英・仏が攻撃されたか、その正確ないきさつを心に刻みつけておこう。

日中戦争が勃発した一九三七年の中国情勢も丹念に調べると、「真相」と、以後飛び交うさまざまな情報には天と地ほどの開きがあることがわかる。当時の中国における情報戦については項を改め、論じることにする。

富める国がアメリカの援助を求めるのはなぜか？

中国はアメリカよりも大きい国である。日本と比べると何倍も大きい。人口は日本の六倍。資源は二十倍もあろう。西洋諸国との交流期間も日本の五倍ある。留学学生も日本よりはるかに多い。

これで中国が苦しいとはどうしたことか？

実戦経験もまた、中国がはるかに豊富である。何しろ二十世紀に入って四十年のうち二十八年が戦争である。しかも同士討ちの内乱である。日本はわずか八年である。

日中戦争前までの軍事費も中国が上。事変前の五年間を見ると陸海あわせて世界最大。常備兵の数、二百二十五万。日本の実に九倍である。

事変の何年も前から選りすぐりのドイツ人軍事顧問を招聘し、最新兵器を各国から大量に輸入している。一九三七年初頭、言論界、新聞は抗日戦争を煽り「満洲国奪還」、「戦闘機千六百機が実戦配備」と血気盛んであった。戦闘機千六百機といえば、これはアメリカと比較してもさほど遜色のない数である。

これで中国が苦しいとはどうしたことか？

全ての元凶は汚職である。長年、膨大な海軍予算を横領、流用する官僚が続出。毎年毎年、公金を懐に租界へ、海外へ「高飛び」する役人が列を成す。軍閥同士の抗争も絶えない。二十世紀のほとんど、軍閥同士が外国からの裏金目当てに、また、私利私欲の略奪目当てに抗争を繰り広げたから、国は荒れ放題に荒れた。同じ中国人に情け無用の乱暴狼藉のし放題で、刃向うものは撃ち殺した。大多数の中国人は「攻め来る敵に立ち向かえ」と言われても拒絶するのである。

【原注】この辺の事情は、十九世紀のS・ウェルズ・ウィリアムスやアーサー・スミスから二十世

紀のJ・O・P・ブランドやドロニー・ギルバート等、一流の観察者が伝えている。最近、アメリカには伝えられないが、今も変わらない。私も自分の体験を拙著『暗黒大陸中国の真実』で述べておいた。

我々アメリカ人に、遠く離れたアジアに介入する必要はないのだが、ある国を救うと称して、介入する義務があるというのはなぜか、理解に苦しむ。しかも、その国の国民の大部分は、昔から「救国の意志」がさらさらない国なのである。

独裁者蔣介石が政権を取り、はや十年。七億三百万ドルあった輸出が見る見る減って、とうとう一億四千七百万ドルまで下がった（一九三八年度アメリカ商務省統計による）。これが中国である。

ソビエトの手下となり、ソビエトをバックに権力の座に着き、国家に壊滅的打撃を与え続ける独裁者を、なぜ支援しなければならないのか？

イギリス、フランスをみると

大英帝国は地球の陸地、天然資源の二六%を独占している。これはアメリカを凌駕する。戦争動員可能な人口が五億。これは世界の総人口のおよそ四分の一にあたる。

これに続くのがフランス帝国。英・仏帝国で、人口も資源も世界のおよそ三分の一を占める。白人支配階級だけでも、ドイツの八千万人に対して一億五百万人である。資源の差はおそらくドイツの約二十倍。制海権は英・仏が握り、ドイツにはない。

これで英・仏が苦しいとはどうしたことか？

実戦経験も英・仏が圧倒的に豊富である。ドイツは一九一八年から三五年まで武装解除されたから、実戦経験はゼロ。対する英・仏は、射撃訓練は思いのまま。アラブ人、メソポタミア人、シリア人、インド人、モロッコのリブ人、アフガン人等などを万単位で撃ち殺している。

これで英・仏が苦しいとはどうしたことか？

ドイツが武装解除された十七年間、フランスは列強中の最大の武器保有国であった。同じ頃、イギリスは最強の海軍国であった。だから、この両国は圧倒的に有利な条件で精鋭軍を揃えることができたのである。加えてこの両国には外国の役人を買収し、狙った国の新聞を手なずけ、関税を思いのままに操作できるほどのとてつもない金山があった。

したがって、英・仏が今度の戦争を「奇襲攻撃された」とは口が裂けても言えないはずである。なぜなら、英・仏の政府系新聞は一九三三年の時点から「対独開戦論」一辺倒だったのである。これはドイツが武装を始める二年前のことである。

この冬（一九三九から四〇年）のイギリスは、百万の失業者が町にあふれ、工場はフル稼働していなかったのに、イギリスの政治家はアメリカに「製品援助」を訴えている。一体どうしたことか。

この数年、英・仏にいるアメリカ人によれば、元凶は明らかに政治屋である。英・仏とも、よこしまな政治屋に国の根幹を食い荒らされ、アメリカに援助を請う羽目になったというわけだ。獅子身中の虫とはこのことである。フランスは特に悲惨だった。一九一九年この方、獅子身中の虫が次から次へと湧いて、国家財政は破綻。特に一九三六年、フランス初の共産主義者のレオン・ブルムが首相となってからは、士気はさらに上がらなくなり、以来何ひとついいことがない。こうして英・仏両国とも、指導層に対する不信感、反感から、民心に離れ、「全力で事に当たろう」などとは誰も考えなくなっているのである。

そこで今、自国のよこしまで無能な政治家の「尻拭い」をアメリカにやらせようと狙っているのである。また、「助けてくれたら勝てるから、頼むよ」と誘っているのである。

「失業者百万人」なら、これを雇えばいいものを、アメリカ人に救急車運転手をやらせるつもりでいる。アメリカ人運転手が「弾の雨降る戦場」で弾に当って死ぬ。これで「残虐なりドイツ軍、救急車を狙うとは」と宣伝できるという寸法である。

アジアでもヨーロッパでも、戦争屋がアメリカに援助させたがっている国は、その敵国よりも圧倒的に資源が豊富である。このアメリカには、「なんで有利なくせに自分で自分の面倒を見られないのか」と思う人は一人もいないのか？

アメリカだって、呑気《のんき》に人様のことを構っている場合じゃない。政府に巣くう獅子身中の虫に食われて穴だらけなのに、戦争屋は「よそ様の穴」を埋めさせようとしているのである。

英・仏・中のような資源大国の人間が、この数年、しっかりした政府を造ろうという気概がないのなら、その昔、彼らが拒否したものを、彼らに代って取りもどす努力をすべき義務が、我々にあるであろうか？

「自衛上」援助すべしという声については、項を改めお話しすることにする。

統制された新聞・ラジオ

第一次大戦中、ベルギーがドイツ軍に占領され英・仏・ベルギーの将兵が捕虜となった。この捕虜を脱出させた看護婦をエディス・ルイス・キャヴェルというが、一九一五年、ドイツ法廷においてスパイ容疑で処刑された。この時、アメリカの新聞は「鬼畜かドイツ、女を銃殺」と涙を流して見せた。

同じ大戦中、フランス上流社会に出入りした超有名高級娼婦マルガレータ・ツェレ、またの名を「マタ・ハリ」に、フランスの法廷がキャヴェルと同容疑で死刑の判決を下す事件があった。この時は、マタ・ハリを逮捕したフランスの刑事の手腕に拍手喝采する記事に仕立て上げたのである。

ドイツ空軍の爆撃で民間人に死者が出ると「鬼畜ドイツ」と大書された。ところが英・仏連合軍がドイツの都市を爆撃し、それと同数の、時には大きな犠牲者が出ても、それは連合軍パイロットの勇敢さや腕の確かさを強調する記事になった。

同じような一連の戦闘行動からでも、新聞はお雇い主の意向のままに「戦功」に仕立てたり、「鬼畜」と非難する記事に仕立てるため、言葉を選び、表現を捻り出すのである。戦功に当たる行動でも、野望を秘め新聞を統制する者が「鬼畜扱いしろ」とご下命すれば、できないものはない。

第一次大戦のこと。フランス攻撃のため、ベルギーを蹂躙《じゆうりん》したドイツは悪魔の蛮行と大書された。対するイギリスは、南からドイツの背後を衝こうと、中立国ギリシャに兵を進めた。「ギリシャは中立国。ここを通ること、まかりならん」と断られたが、「何を生意気な」と上陸。町は破壊、国王は追放し、傀儡政権まででっち上げた。

さて、これをアメリカの新聞はどう報じたか。重要な点はひた隠しに隠し、「ギリシャの英断、小国を守る民主主義陣営に参戦」と書き立てたのである。

アメリカの新聞の編集者には戦争を煽るお気に入りのパターンがある。「かれこれの国の政府の最高責任者は狂人である。したがってこれは文明の敵である」と宣言するのである。どんなに愚かな人にもばれるような途方もないことをでっちあげ、これを国際主義者がアメリカをけしかけようとする国の最高責任者にぶつけるのである。

事ほど左様に、新聞・ラジオというものは、反独のためならあらゆるウソをでっち上げ、「ヒトラーはこう言った」とするのである。例えば、「ヒトラーは『我がドイツ民族は純粋な民族である』と言った」とする類である。

私事で恐縮だが、私は何年も列強各国の刊行物を取っている。ソビエト紙から日本紙、ユダヤ紙、フランス紙、イギリス紙等など。もちろんナチの刊行物も読んでいる。その私でさえ、ナチの刊行物の中に「我がドイツ民族は純粋な民族である」とするものには一度もお目にかかったことがない。事実は全く逆で、ヒトラーは混血が多すぎることをたびたび嘆いている。その著書『我が闘争』の中でも「『三十年戦争』〔訳注／これは一六一八年から四八年に起きたドイツ国内の宗教対立を契機とする紛争に、諸外国が介入して起きた〕の結果である」と幾度となく嘆いているくらいである。

ヒトラーの民族論など、私には全く関心がない。問題は、このアメリカの新聞・ラジオである。全て何かに統制され、どの新聞もどのラジオも初心《うぶ》な民衆を騙すため、それと知りつつ言われたとおり、嘘を書きウソを放送している。例えば第一次大戦であのイタリアは、「最小のリスクで最大の領土」が狙える「時」を「洞ヶ峠」で待つこと九ヶ月。痺れを切らした英・仏が「勝ったら、あそことあそこを上げよう」ときたので、「それでは」と参戦した。

さてさて、これをアメリカの新聞は、「賢明なる決断。軽挙妄動を慎むイタリア人にふさわしく、慎重に判断した賢明な決断」など褒めちぎったのである。

歴史は繰り返す。今またイタリアは「最小のリスクで最大の領土」と「洞ヶ峠」を決め込んでいる。ところが、今回ばかりは雲行きが怪しい。どうやら国際主義者の「お気に召さない」方に付きそうである。案の定、アメリカの新聞・ラジオは、このイタリアの慎重な態度を「飛び掛る機会を窺うジャッカルの如き、臆病で卑怯な政策」だと揶揄している。これもまた、新聞が全く同じ件をお雇い主の意向のままに「戦功」にでも「鬼畜」にでも、どんなにでも書けるいい例である。

例を続けよう。ドイツで、ヒトラー政権はプロテスタント神学者・ニーメラー〔訳注／一八九二〜一九八四〕を反政府運動の罪で監禁している。これを新聞は「見よ、このナチの獣性を」と嘆いている。インドでは、宗主国イギリスが同じ罪で、非暴力・不服従のガンジー〔訳注／一八六九〜一九四八〕をたびたび投獄している。こちらは「問題児を抑える揺るがぬイギリスの信念」と見事に解説している。

さて、イタリアはどう扱っているか。手厳しい非難を浴びせ、「イタリアの参戦に微塵も正当性はない。イギリスの地中海封鎖に反対するのは単なる口実」と断言している。

真偽のほどはともかく、同じ新聞がイタリアに比べたら、さらに正当性のないアメリカに、参戦を促しているのである。

ここまでは、ご主人様の命令とはいえ、事実と全く反対のことを書いているわけではないから「良し」としよう。ところが一九三六年のスペイン内乱報道では大変なことが起こった。それまでのマドリード政府は「親ソ、スターリン」であった。したがって、その政策も徹底的に反教会であった。一九三六年に内乱が勃発する前の数年は、教会資産の没収に励んでいたが、一九三六年になると、教会を襲い、司祭、修道女を殺害するという暴挙に出た。これに対してフランコ総統〔訳注／一八九二〜一九七五〕が立ち上がったのが、あの内乱であり、フランコ一味は敬虔なカトリックであった。

ところが、アメリカの有力紙、雑誌のほとんどが、「反カトリックのフランコからマドリードを救え」と事実とは逆に報じ、教会に呼びかけ、アメリカをスペイン内乱に介入させようと画策したのである。

カトリックの総本山・ヴァチカンが、スペイン赤色分子による司祭、修道女虐殺非難声明を出したが、ほとんどの新聞が声明をもみ消した。幸い、カトリック系の新聞を取る人がいて、真相が判明し、アメリカをスペインの内乱に引き込まんとする新聞の目論みは潰えたのである。スペインでは「民主主義」ということは問題点とならない。内乱の数ヶ月前から独裁制であったし、内乱を制したフランコ政権も独裁である。

さてまたイギリス関連情報にもどろう。最近、『コリアーズ・マガジン』がチャーチルの発言として、こう書いている。

「ヒトラーが登場する一九三三年までは、ヨーロッパの武器工場はいずこも閑古鳥が鳴いていた」

もちろん、当のチャーチルだってこれが「ウソだ」だと知っているし、『コリアーズ・マガジン』も同じだ。しかし、こんなヨタ記事を書くために編集者が雇われているのである。

第一次世界大戦が終わった一九一九年からヒトラーが現れる三三年までのイギリスの公式軍事白書を調べよ。また、一九二〇年代から三〇年初頭、フランス軍は世界最強であったことを思い起こせ。また、この両国が、チェコスロバキアを本拠地とするヨーロッパ最大級の兵器工場「シュコダ」その他を援助したことを思い出せ。そして、一九三三年までのソ連の軍事費も「右肩上がり」であったことを思い出せ。そうすればコリアーズ紙のくだらなさがはっきりするはずである。

同じ「追放」にしても表現に差が出る。ドイツ人が、ドイツ人のためにユダヤ人を追放しているのは「下劣、野蛮」と書き、イギリス人が、ユダヤ人のためにパレスチナからアラブ人を追放すると「民主主義」と書いている。現実の両国の追放の仕方を比べると、イギリスの方がはるかに残酷である。

「でたらめを言うな」と証拠を突きつけると、「見解の相違」とかわす。確かに見解の相違ということもあろうが、今日、アメリカで放送され、活字になっているものの九九%が、調べればはっきりする事実を無視した内容である。例えば『サタデー・イヴニング・ポスト』紙は、比較する資料を何一つ出せず、米国商務省の資料には、全く逆で「右肩上がり」としっかり書いてあるのにもかかわらず「日本　満洲国でアメリカに対し門戸閉鎖」と臆面もなく書いている。

『ニューヨーク・タイムズ』紙等の有力紙まで、選挙で選ばれた皇帝なり国家主席なりを一人も挙げられないのに、中国の「民主主義」関連記事を盛んに出している。

事実関係を一切無視し、的確な評価につながる本物の情報は全て隠蔽され、戦争を煽るものだけ「ウェルカム」されるのである。

だから、アメリカの砲艦パネー号を攻撃した日本軍の行動は「明白な日本の挑発行為」と大見出しになった。中国軍機が沖合のアメリカ汽船「プレジデント・フーバー号」を爆撃したり、上海の国際租界を空襲したりし、アメリカ人が何人か死んでも、単なる「事故」扱いである。

あろうことか、このフーバー号爆撃事件と租界空襲事件も、その一部を「残酷極まりない日本軍」とご丁寧に解説までつけて報じた新聞まである。

こうした新聞・ラジオの手口を詳しく説明したいところだが、かいつまんでお話することしかできない。が、賢明なる読者諸兄には「事の重大さ」がお分かりであると拝察する。

後になって分かったことだが、一八九八年の米西戦争にアメリカを巻き込むため、また一九一七年の第一次世界大戦に参戦させるため、アメリカの新聞は、真っ赤なウソを書いていたのである。しかもウソと知りつつ書いていたのである。その主張には一つとして誠実さがなかったのである。そして現在も、あの時と同じ手口のウソを繰り返しているに過ぎないことを自ら明らかにしているだけであることが、既にお分かりのはずである。

はっきり伺いましょう。また同じことになってもよいのですか。国の未来と多くの国民の命がかかる国家の一大事に際し、邪悪な過去を持ち、今でも信用ならない一味のために、今一度働くことになっても、それでもよいのですか？

新聞・ラジオについて言える事は政界にも言える。今、独裁国家に対して「解放戦」を叫んでいるが、何のことはない、ほんの一年足らず前まではソビエト連邦礼賛派ばかりだったのである。

完全無欠の正義はない

ドイツが勝ったとして、元々ドイツ人だった者をドイツ帝国に取り戻し、相応の植民地を承認させ、ドイツの合法的交易を阻害する英・仏財閥を打倒し、イギリスにジブラルタルをスペインへ返還させる等をそのまま実現すれば、これこそ正真正銘の「正義」といえる。

かたや、英・仏が勝ったとして、まずはドイツ軍を撃滅し、その後、経済封鎖を解除し、自由交易権を承認し、フランス・ドイツ国境近辺で希望する者のドイツ帰国を承認し、ジブラルタルをスペインに返還し、一九〇二年、支配下においた南アフリカのオランダ人等の如く、独立の能力のある諸民族の独立を承認したとしたら、これも正しく「正義」である。

そんな完全無欠の正義など期待する方がおかしい。英・仏はこの二十年、正義を敢行する機会はいくらでもあった。特にドイツを武装解除した十七年間は「ヒトラーの脅威」など全くなかったわけだから、その気になったらすぐにでもできたはずである。その気はさらさらなし。虎視眈々、復讐の刃を研いでいたのである。

そして戦争になった。どっちが勝ってもただではすまない。双方とも「正義の主張」をはるかに踏み越え、必要以上に敗者を痛めつけるに違いない。第一次大戦後の英・仏の行動から想像できる。そうなったら、報復を企む英・仏は、ヴェルサイユ体制で保たれた平和以上の過酷な平和を押し付けることになるであろう。

ドイツのスポークスマンによれば、ヒトラーはこう言っているそうである。「勝利の暁には、世界があっと驚く、ヴェルサイユ条約を策定した連中が尻尾を巻いて逃げるような、温情あふれた条約を結ぶ」と。本気かどうかは分からないが、もしそうなったら、ヨーロッパでは考えられない快挙である。

しかし今までのところ、いずれの側にも「完全無欠の正義を実践する」と期待してアメリカが援助できる国はない。もしドイツがポーランドやチェコにしてやられたら、新聞・雑誌はこれを「民主主義」とする。逆ならもちろん「蛮行」だ。だから、新聞・雑誌に騙されてはいけない。どちらの側にも「完全無欠の正義」というものなどないのである。

さて、アメリカの「備え」はどうであろうか。私見で恐縮だが、私は「充分」と観る。

もしこれから先、貿易が金本位となるなら、世界の金はアメリカにある。いざとなれば、ケンタッキーには「金の山」があるようだから大丈夫である。

またもし「物々交換」の世の中になれば、これまたアメリカの「一人勝ち」となる。誰もが欲しがる物がこのアメリカにある。ドイツが勝とうが、英・仏が勝とうが、関係ない。

これはアジアにしろ、同じである。どう転ぼうと、中国は今までアメリカから買ってきたものをこれからも必要だから買うしかない。なぜなら、アメリカでいくらでもできる物が中国にはできず、またその資源もないからである。

アジアでもヨーロッパと同じように「完金無欠の正義」は実現不可能である。もし日本が敗れたら、中国はソ連のものになるだろう。なぜなら、あの戦争は「日・中戦争」というより「日・露戦争」に近いからである。

日本が勝ってアジアを支配するか、ソビエトが勝ってアジアを支配するか、二つのうちどっちが中国にとって悲惨か。日ソ両国の動きを見て来た者の一人として言わせてもらえば、「ソ連支配の方がはるかに悲惨である」と言わざるを得ない。中国にとってだけではない。アメリカにも、いや、世界中にとってもそうである。

最後にまた、私見を述べよう。アメリカが打てる「最善手」は、如何なる事態にも対処できる「適度の防衛力」は保持しつつ、如何なる国に対しても「挑発的、攻撃的姿勢」は取らないということである。今、アジア、ヨーロッパの悲劇が起きている主な原因は、アメリカに巣食う国際主義者達が煽動する日本、ドイツにたいする不買運動、通商停止の動き、貿易制限である。これが主たる原因で日独は、国家の生命線とも言うべき輸入を脅かすアメリカをはじめとする強国から離れ、自給自足を確立するために立ち上がったのである。

アメリカを欧州戦争に巻き込む策略

領土奪還

第一次大戦でアルザス＝ロレーヌの奪還に当たるフランスの野望を、アメリカの新聞・雑誌・政治家はアメリカを参戦させるため、「愛国の鑑」と讃えた。今、ダンツィヒとポーランド回廊を奪還せんとするドイツの野望は「軍国主義の狂犬」とされている。

〔訳注／アルザス＝ロレーヌは独仏の国境付近にある。農産物、鉄鉱の産地。一八七〇年の普仏戦争でドイツ領となる。ダンツィヒはバルト海を望む造船の町。ポーランド回廊はポーランドからバルト海への出口。いずれもヴェルサイユ条約でドイツから取りあげられた〕

これだけを見ても、参戦派となった新聞、政治家が己の本分を弁えないことが分かる。世界の政治家を糾合し、そこにアメリカを引き込むことを正当化するために、情報を操作し、どんな意見でも全く逆に報道するのである。

ある時は「愛国の鑑」

一九三二年から三七年にかけての抗日戦争派の主張はさまざまだが、その中に、一九三二年、日本に占領された満洲国の奪還があった。これを「愛国の鑑」と絶賛するアメリカの新聞が多い。

この同じ新聞、政治家等が、一九一九年、連合軍によってドイツから切り離されたダンツィヒとポーランド回廊を、ドイツが奪還せんとすると、「軍国主義の狂犬」とし、「ドイツと一戦交えよ」と叫んでいるのである。

ある時は「許される」

一九三二年から三三年、日本はたびたび和平提案し、蔣介石もこれに署名した。これは、指定の地域には軍を進めない、等としたものである。ところが中国側がこれを守らない。この結果、日中戦争となっているのである。

さて、アメリカ。アメリカには、いわゆる「援蔣」（蔣介石の中国を援助する）という名目で、日本と戦争をしたい連中がいる。こうした連中は、「中国側の」協定違反を報道しない。指摘されると即座に、「あれは強制され、結んだ協定であるから守る必要などない」と、弁護に相努めるのである。

すべて和平条件というものは勝者によって提示されたものなら、ある意味、「強制」であるのは当然である。

ヴェルサイユ条約で「がんじがらめ」にされたドイツがこの縄を解こうとすると、「ドイツに一撃を」とする同じ連中が、中国となると「強制された和平協定など、守る必要などない」と騒いでいるのである。

潰したい国がある

戦争屋には、お気に召さない国があり、もしアメリカを戦争させたいと思えば、できない国はない。

こうした特定の国に憎悪を集中する宣伝は、外国の政府の利益を念頭に置いていることは明白である。アメリカを参戦させ、叩かせたい国に憎悪を掻き立てる記事が大きく出ているが、同様にアメリカに援助させたい国にも、非難される点は必ずある。いやむしろ多いくらいである。

平和を愛する諸国の欺瞞

「平和主義イギリス」と英米同盟派の新聞は言っている。資料によれば、イギリスはその歴史の五六%は戦争の歴史であり、フランスは五〇%である。

【原注】この数字はハーバード大学のソローキン教授（ロシア革命時の閣僚だったが反共として追放され米国に亡命）による『世界年鑑』一九三八年版の七一〇頁にある数字である。ちなみに一九三九年版と四〇年版にはないようである。偶然の一致か、こうした国際主義者のご意向と衝突しそうな数字は、『大英百科事典』等に代表される文献から一切、削除されている。「信じられない」と言われるなら、ご自分で調べられたし。例えば、『大英百科事典』の十三版と十四版。十三版の第十巻、八九〇頁から八九四頁に、「フランス政府のカトリック制限」がある。ところが、十四版になると、これが削除されている。同様に、十三版には、不十分だが、第一次大戦に幾度となく交わされた秘密協定への言及があるが（これは英・仏を「名誉を重んじる国」としたい国際主義者には都合の悪い事柄である）、十四版では、全て削除である。その他、例えば、阿片問題や戦争の原因等、全て国際主義者が知られたくない項目は「削除が妥当」と判断されるようである。こうした削除は小学校から大学まで使う教科書でも行われている。国際主義者に都合が悪い常識や報道の背景

を、全く教えないように教育現場に圧力をかけている証拠である。「信じられない、できるわけがない」とお思いなら、どうぞご自分でお調べ下さい。

同資料によれば、イタリアはその歴史の三六％が戦争で、ロシアは四六％、ドイツは二八％である。

イギリスはこの二五〇年、戦争ばかりである。しかもその戦争たるや、決して自衛戦争ではない。何千キロも離れた所で戦争をしている。そんなところに現れたら、侵略者以外の何者でもない。いくら「イギリスの安寧を脅かす」と言っても、自分より弱い、遠い異国の人が脅威になるわけがない。同じように遠く離れた国の侵略戦争に明け暮れた二番手が、フランスである。

絶えざる領土拡張主義が独裁主義なら

イギリスと同盟したい人の宣伝を聞くと、「『民主主義国家』は平和の象徴であり、他国の領土を尊重するが、『独裁制国家』は常に侵略と戦争である。独裁者は、絶えず他国民を犠牲にしないと、自国民を抑えることができない」と断言している。

これは間違いなく、誰か「雇われ嘘つき」が考え出したウソである。とにかく、こうした類の人間は掃いて捨てるほどいる。大学教授から伝道師、大学の学長様、政治家の先生から論説委員にアナウンサーと、ウソの大合唱である。歴史を検証する気はさらさらない。

合唱団の中でも最近特に甲高くて鋭いのはスタンフォード大学のグラハム・スチュアート教授である。このお方、新聞が民主主義国家と呼ぶ国と独裁国家のその過去を比べたことがあるかしら？　あるはずがない。根拠のない事を言いふらす、その魂胆は何かしら？

この二十五年間はどうだったか。五十年間、百年間は、と民主主義国家と独裁制国家の過去を比較したら、「独裁制国家は最も戦争好きで、攻撃的」とは言えないはずだが。

ここ百年で最も戦争をした国はイギリスである。十年単位で見れば、列強中最大の領土拡張を行っている。次はフランス、三番目がアメリカである。

したがって、「絶えざる領土拡張」が独裁の定義なら、この百年で最大の独裁国家は、他でもない、イギリスであり、フランスであり、そしてこのアメリカである。

この三十数年を見ても、次々に領土を拡大し、己の帝国に組み入れている国は、いわゆる「独裁国家」ではなく、民主主義国家とされる、あのイギリスとフランスなのである。

こうした厳然たる歴史に直面したら、「平和を愛する諸国」が、その数は少ないものの、力をあわせて、拡張を続ける「民主主義国家の脅威」に対抗するのは、止むを得ないことではないか。

意外と思われるかも知れないが、いかなる政治体制であろうと、戦争にならず平和であったという例はないのである。独裁国家であろうと民主主義国家であろうと、長い間、内乱も戦争もない国もあれば、戦争ばかりしている国もあるのである。

比べればすぐ分かることだが、「独裁制の方が好戦的で拡張主義」とは言えないのである。

新聞は、カイザーの治めるドイツ帝国を専制国家と揶揄していた。ところが、一八七一年に成立した「ドイツ帝国」は、一九一四年の第一次大戦までの四十三年間、一度も戦争をしなかった国である。アメリカもこれにはかなわない。あの英・仏は「平和を愛する民主主義の国」と言われながら、四十三年間、侵略戦争を続けた。スーダンを、南アフリカのトランスヴァールを、ビルマを、モロッコを、エジプトを、インドシナを、という具合に、次から次へと踏みにじるだけ踏みにじり「帝国の傘」に取り込んだのである。

帝政ロシアはその名の通り、ツァーが強力な権限を握る政権であった。第一次大戦前の三十数年、イギリスに比べたら楽園であった。武力による領土拡張も英・仏に比べたら、非常に少なかったのである。

したがって、ある政権を指して、「あの政権は平和主義である」とか「好戦的である」とか決め付けることはできない。これは今まで述べたここ数十年の歴史を見つめる目のある人間には、また雇われた連中が撒き散らすウソを見破る目がある人間には、またこうしたウソを鵜呑みにして受け売りする馬鹿を見抜くことができる人間には当然のことである。

「独裁制国家打倒のために、アメリカは参戦すべき」という主張の根拠として「独裁制国家イコール拡張主義」を持ち出されたら、次の史実を見るとよい。

一九〇一、二年、南アフリカのオランダ人の共和国に二十万もの軍を送り込み、これを叩き潰し、住民のほとんどを強制収容所送りにしたのは独裁制国家ではなかった。それは、平和を愛する、反侵略主義の国イギリスである。世に言う「ボーア戦争」、「南ア戦争」である。その時、従軍記者として一躍、名を馳せたのが、あのウィンストン・チャーチルである。

また一九一八年、第一次大戦中に約束した独立を反故にするため、また戦中、ロンドン金融界の求めに応じ、トルコから接収したメソポタミアの「モスル大油田」等の権益をそのまま握るため、小アジアに住むアラブ人に全面戦争を仕掛けたのは、そして今でも続けているのは独裁制国家ではない。数万人の犠牲者を出しながら二十年も鎮圧戦争をしているのは、「平和を愛する国」、「民主主義の擁護者」、「民族自決権を尊重する」という、あのイギリスなのである。

【原注】このイギリスの所業はリチャード・スミス著『民主主義と世界征服』に詳しい。

これは、ここ数十年、いわゆる「民主主義国家」が始めた数えられないほどの侵略戦争の、ほんの二つの例に過ぎないのである。民主主義国家の方が独裁国家よりはるかに凶悪なのである。

我々が戦うべき相手が「恐怖の世界征服を狙う凶悪国家」であれば、それに一番近い国は、この地上の二六%を支配し、多くの島や岬に海軍基地を作り、七つの海を「我が池」とばかりに駆け回っている、あのイギリスであるといっても差し支えはないだろう。

もしどこか他の国が同じことをするようなら、その国を「恐怖の世界征服を狙う凶悪国家」と呼ぶことにしよう。

今までのところ、このイギリスに匹敵する国はどこにもない。

閑話休題、アメリカの新聞に戻ろう。英・仏に加担して戦争したい連中は、口を開けば「義は断然我が方にあり」と嘯《うそぶ》いている。ところが証拠がない。都合の悪いことは棚上げし、相手側のある事ない事を大見出しにしているだけなのである。

第一次大戦に例を取ろう。ドイツが北からフランスを撃たんと、ベルギーに侵入した。これをさも恐怖であるかの風な見出しを掲げた。さてその同じ新聞、イギリスをどう伝えたか。イギリスは南からドイツを攻めんと、中立国ギリシャに武力侵攻し、防ぐギリシャをなぎ倒した。これは「伝えなかった」のである。

さて、アメリカで反独感情を盛り上げる新聞のウソはさまざまあるが、なかでも、「他国の領土を尊重する英・仏」とか「領土拡張主義は独裁制国家のみ」と言い募ることほど事実無根のウソはない。

例えばイギリスは、一九一九年のパリ講和条約で、アメリカの国土のほぼ半分に相当する二百二十七万八千平方キロもの領土を獲得し　これを保持せんがため　逆らうアラブ人等の原住民を、今なお撃ち殺しているのである。

一九一九年に領土拡張において一番の《犯罪者《オフェンダー》》だった英・仏両国が、一九三九年になるとそれに反対する一番の《擁護者《ディフェンダー》》になるという。こんなことを信じるほどアメリカ人は馬鹿なのか？

地図が事実を示している

現代になって、ドイツもイギリスと同程度の「小競り合い」はいくらでもしている。しかしそのほとんどが国境付近のものであるから、そのほとんどが国防上の意味合いが強いものである。

しかるに、イギリスの戦争は、ほとんどが、野を越え山越え海を越え、はるか遠くで行われており、どう見ても「国防上」とはいえないものであり、着実に成果を上げる、紛れもない略奪戦争である。

「十九世紀のこと」という欺瞞

「その通りです。しかしお言葉を返すようですが、あれは十九世紀までのことでして、今はもう、事情が全く変わっています」と戦争屋はおっしゃる。

何を言うか。独立していた南アフリカオランダ共和国をイギリスが潰したのは二十世紀に入った一九〇二年のことである。フランスが「モロッコ征服」を始めたのは一九一〇年で、そのまま第一次大戦に突入したのである。

【原注】大戦が始まる一九一四年になっても、イギリスの「血塗られたアフリカ征服」は未完のままでフランスも諸事多忙。しかるに、英仏と同盟を結ばせようと新聞は「弱小国の文明の擁護者」と見出しをつけた。都合の悪いことから読者の目を逸らし、事実とは正反対の報道をするという、アメリカの新聞の典型的な手口である。

二十世紀に入ってから、イギリスが武力を以って得た領土は三二〇万平方キロにも達する。その内の半分以上はこの二十二年間で得たものである。

大英帝国の領土の約十三%は二十世紀になってから獲得したものである。

アルフレッド・ダフ・クーパー伯爵

近頃、イギリス自由党員ダフ・クーパー伯爵〔訳注/一八九〇~一九五四。英国の海軍省長官・情報大臣・フランス大使等を歴任〕がアメリカ各地を回って、聴衆にこう話している。

「もちろん、遠い昔、イギリスも戦争をしたかも知れません。しかしながら、それは今イギリスがドイツと戦っている戦争目的と同じ目的だったのでしょう。それはもう、遠い遠い昔の話でございまして、現在とは関係ないことですね。そうそう、昔の話といえば、二千年前、ドイツはイタリアを侵略しました。ドイツ人は昔から戦争好きですね」

このお方、二千年前のドイツのイタリア侵略は「昔の話でございまして」とは思わないのである。

抑圧の阻止

「抑圧の阻止」。これがイギリスの戦争目的らしい。それではその実績なるものを少しばかり見てみよう。

まずドイツ。ナチの強制収容所に入れられている人、その数十八万。これはリベラル、反ドイツ的新聞・雑誌の中でも、もっとも多い数をはじいているものの数値である。余裕を見て二倍すると、ヒトラーが登場した一九三三年から第二次大戦の始まるまで、反ヒトラーの政治犯として捕まった者の数三十六万である。第二次大戦前の「大ドイツ」〔訳注／ヒトラーのいわゆる「第三帝国」のこと〕の人口は八千二百万人。

次にパレスチナ。ここはアラブ人の国で、その人口五十二万二千人。これは一九二五年、イギリスがはじき出した数字である。このパレスチナはイギリスが軍事支配しており、独立を叫びこの二十年で殺された者が三千人。これはイギリスべったりのアメリカの新聞の数である。

イギリス人に撃ち殺される確率と、ナチの収容所送りになる確率では、イギリス人に殺される方が十四％も高いのである。

アメリカの大都市の広告料のおよそ八十％はユダヤ系企業が出している。新聞・雑誌、ラジオの主な収入源は広告。それゆえに、たとえ、持ち主や経営者がユダヤ人でなくても、「ユダヤの悲劇」を最優先するのは当然。ユダヤ民族以外の民族が同じように、いやそれ以上に迫害されていようと、お構いなし。金のない者に発言権はないのである。

さて、あのフランス。この十五年、フランスは北アフリカで爆撃し、多くの人間を虐殺し、強制収容所に大勢叩き込んでいる。昔からそこに暮らしていた原住民を、である。彼らを苦しめる「侵略者」。それがフランス人である。

いくら殺されても、アメリカの新聞・ラジオに強く広告が打てるだけの金持ちの親戚がいない。だから同情が集まらない。「自由のために戦うフランス」というものばかりである。一方ではハリウッドが『ベルリンの野獣カイザル』（一九一八年）の類の反ドイツ映画を作れば、一方ではマスコミが『外人部隊』（一九三四年）等の怪しげな恋愛仕立ての戦争映画を持ち上げ、「ヴィヴァ・フランセ！」とやっている。実際のフランス軍は映画の一千倍も残虐である。

ロシアでは、この二十年で、数百万人が餓死、銃殺死、凍死している。こうして死んだ者はユダヤ人の全人口より多いのではないかと思われるほどである。にもかかわらず、アメリカの新聞が我々に参加させたがっていた同盟に、ロシアを入れようという計画まであったのである。だから、昨年の八月まで、また、ロシアが入って、一緒にドイツと戦ってくれそうな見込みがある時はいつも、「ロシアの真実」は「ベタ組み」で軽く扱われた。だから、一九三五年以来、「ロシアの真実」を公言した者には「狂信的反共主義者」の烙印を押したのである。

そういうわけである。ユダヤ人苛めをしない限り、また、将来、仲間に入る見込みがある限り、スターリンがやりたい放題、何しようと、ハースト系以外の新聞ほとんどが、「見ざる・聞かざる・言わざる」を決め込んだのである。

今新聞はドイツのこととなると、このスターリンに比べたら、誠に穏やかな弾圧を取り上げ、「対ドイツ戦争を！」と叫んでいる。しかしスターリンの弾圧を見出しにした新聞でさえ、さすがに「対スターリン戦争を！」とは書かなかったのである。

次に中国報道。蔣介石が主役になって十三年、蔣介石の独裁ぶりを報道する新聞・雑誌が一つとしてない。実権を握るまでの一九二六年から二八年、蔣介石は数十万を殺している。一九三六年までに実に数百万という同じ中国人を殺したと見積もられている。一九三〇年代になると、「不満分子」と疑われた村をことごとく空爆した。漢口などにいるアメリカ人等の外国人は、「反蔣介石分子」と疑われただけで処刑されたり、濡れ衣で処刑されたりした苦力が、あっちに一山、こっちに一山、と、道端にごろごろ転がっているのをよく見かけたものである。実は私もこの目で見てきているし、新聞が事情に詳しい特派員がいるのにもかかわらず、編集の段階で全てカットし、蔣介石を〈民主主義のために戦う心優しい戦士〉という紙面づくりをしていることを知っているから、私は「アメリカの新聞は誰かにほぼ完全に握られている」ことが分かるのである。

もし知られたら、ある国を援助し、ある国とアメリカを戦わせるための運動の邪魔になるような事実を全て隠蔽するために、新聞界は統制されているのである。

解放

また、イギリス、フランスへ戻ろう。あの大英帝国の臣民は、全部で五億。この中の大部分が独立を望んでいる。五億のうち、イギリス人はわずか六千万である。したがって、少なくとも四億は独立願望派である。おそらくフランスにも、もう五千万いるはずである。

その証拠に毎年、独立運動が起き、「異国の掟に縛られて生きるくらいなら喜んで死を選ぶ」という原住民が実に多いのではないか。しかしイギリスを援助したい新聞は、「遅れた原住民には、イギリスの支配が一番」とばかり、こうした独立運動の実態を報じない。あの南アフリカのボーア人はオランダ人だ。また、アイルランド独立運動はアイルランド人だ。こういう、いわゆる原住民より進んだ人に対しても、銃剣で抑えているではないか。いわゆる「遅れた民」に対するイギリスの行動が、ある時は「民主主義に邁進」と讃えられ、またある時は銃剣を振りかざして支配しても許されるとは、驚くべきことである。

おそらく、チェコやポーランドの一部を含む大ドイツにしろ、同じで、三千万が独立派ではないだろうか。正確のところはつかめないが、まあまあ、妥当な線ではないだろうか。だが、ヒトラーからの独立願望派を一とすると、英・仏からの独立願望派は、およそ十五倍にもなるのである。

従わない「臣民」を抑える英・仏の手口に違いはない。イギリスはインドで、独立デモに参加したとして、この二週間で数十人を射殺している。このほか報道されないが、多数射殺されている。フランスは今年、一九四〇年四月三日、和平請願書に署名したとして、下院議員三十六名を投獄したそうである。

世論というものは、有能な新聞・雑誌に簡単に騙されるものである。ドイツでのヒトラー政権批判論は「言論の自由」と讃えられる。これを罰すると「ナチの蛮行」と書かれる。去年の秋、ヒトラーがチェコ人十一人を共同謀議の罪で処刑した、これを新聞は「ただ祖国解放運動をしただけで処刑」と大きく非難した。同じ週、イギリス軍が、インドの独立デモで二十三人を撃ち殺した。この「お手並み」は「民主主義を守る毅然たる姿勢」という論調であった。

仮に、あの「大ドイツ」の国民が（もちろんヒトラー以外だが）がヒトラーを嫌い、独立を願ったとしよう。それでもあの英・仏両帝国から独立を願望する者は、ドイツの四倍以上もいる勘定になるのである。

信頼できる情報から推定すると、「選挙になったら、ヒトラーは過半数を取る」と言えそうである。さて、英・仏両帝国でこのようなことが起きるだろうか？　実績から見て、そんなことは全くない。大英帝国の「反英」率と、ヒトラーの第三帝国の「反ナチ」率を比較したら、「反英」の方が圧倒的に高いのである。

一体、英・仏はどういう民主主義のために戦っているのであろうか？

歴史歪曲

一九三九年八月二十三日、「独ソ不可侵条約」が結ばれた。ウエストブルック・ペグラー〔訳注／一八九四〜一九六九。アメリカ保守派のコラムニスト、著名人批判で有名〕等の参戦派の言論人は、これを証拠に「ヒトラー政権はボルシェヴィズムと同じである」と言っている。

ところが、英国首相のチェンバレン〔訳注／一八六九〜一九四〇。三七年から四〇年まで首相〕もソ連と同盟を画策していた。その媚態ぶりたるやヒトラーも真っ青になるものであった。さてそこであのコラムニスト連中、「君主国イギリスはボルシェヴィズムと同じ独裁国家となった」と言ったであろうか？　言うはずがない。

同じく、蔣介石・スターリン同盟を危惧する様子は微塵もなし。独ソ不可侵条約は今までのところ、相互の不可侵と経済交流条約であるが、蔣介石・スターリン同盟は、はるかに「キナ臭い」軍事同盟である。〔訳注／独・ソ不可侵条約は本書出版の翌年、一九四一年六月、ドイツ軍のソ連侵攻により破棄された〕

お見事！　よく考えたものである。こっちは褒め、あっちはけなす立派な「二枚舌」である。

歴史をかじったことのある人なら誰でも分かることだが、「いざ、戦さ」となったら、どの国でも構わず手当たり次第、同盟を組むのは常識である。少なくとも「助太刀」してくれそうな「お国」の感情を害する報道は厳禁するものである。

イギリスの政治家、アメリカの新聞、こいつ等は豚だ、偽善者だ。だってそうでしょう。ヒトラー叩きのネタに、あの「独ソ不可侵条約」を持ち出すとは言語道断である。なぜかって、今からほんの十ヶ月前、あのイギリスの「先生方」もソ連と組もうと骨を折っていたではないか。

ところで、少し前、アメリカの新聞や政治家は雇い主の国際主義者への「ご機嫌伺い」に「ドイツ人はかわいそうですね。戦争に行けと言われれば、いやとは言えないですよ」と言っていたものだ。

ところが、「ロッドロー法」という国民投票案が提出された時は、「だんまり」を決め込んだ。これは成立すると、「実際に攻撃されなくても、参戦するかどうかを国民投票にかける」という代物であった。

最近、新聞は「独裁者スターリンと戦うフィンランドを救え」と募金を立ち上げたが、この同じ新聞が「日本と戦う蔣介石を救え」と主張を繰り返している。ところが、蔣介石はいわずと知れた独裁者であり、同じく独裁者のスターリンとねんごろな軍事同盟を組んでいる人物なのである。

こうして大西洋を渡る「スターリンと戦うフィンランド」への送金は「民主主義援助金」と呼ばれ、太平洋を渡る「独裁者スターリンの盟友である独裁国家中国」への送金は「独裁者征伐金」と呼ばれているわけだ。

アメリカの新聞にかかると、新聞がアメリカを加盟させたい同盟に入っている国なら、その国の政治体制がどんな政治体制だろうと一切かまわず、どんな国でも「民主主義」と呼ばれているのである。

加入予定国は、英・仏をはじめとして、トルコ、ルーマニア、ロシア、ポーランド、ギリシヤであった。ここまでは全てが独裁国。それに、あわよくばアメリカも含まれていたのである。とすると、いわゆる民主主義国家が三つに、後の五つは全て紛れもない独裁国である。それでも『ニューヨーク・タイムズ』を筆頭に、アメリカをその同盟に加盟させたい新聞に、臆面もなくその同盟を「民主主義国家」と呼んでいた。そう呼んだ方が確かに「響き」が良かったのである。

何のための戦いか

さて、近年のドイツもポーランドも共に民主主義国家ではないのにもかかわらず、英・仏はドイツとポーランドの戦いを「民主主義と独裁主義の戦い」と呼んだが、どうしてそうなるのか、未だにその証拠を出し切れないでいる。

日本がソ連軍と戦うと「平和と民主主義を脅かす軍国主義日本軍」と呼び、イギリスがソ連を叩こうとすると残忍な独裁国への「十字軍」と呼んでいる。

パリ不戦条約またの名をケロッグ条約

このところ、日本もイタリアも戦争が続いているが、これについてアメリカの新聞もラジオも「ケロッグ条約が破られた」と嘆いてみせている。ケロッグ条約はその調印国に紛争解決の手段として、戦争を放棄することを誓わせている。

ところがここ半年ばかり、この条項を紹介する新聞・ラジオは皆無に近い。

答は簡単である。イギリスがポーランドと結んだ相互援助条約〔訳注／ドイツに宣戦布告した三九年の九月三日の直前の八月に締結〕は、ケロッグ条約を最初から無視したものだった。なぜなら、この相互援助条約には「ポーランドがドイツと戦争になった場合、その原因が何であろうとイギリスは参戦する」、こう書いてあったからである。

新聞を陰で糸引く大金持ちにとって「平和的手段による処理または解決」となっては、それこそ一大事であるから、「ノーモア・ミュンヘン」のスローガンを掲げ、運動を展開した。今、ポーランド回廊とダンツィヒ問題を話し合われては、それこそミュンヘン会議の二の舞いである。そのような会議にイギリスの政治家を一人たりとも参加させるわけにはいかん、と阻止した。それで予め「国際紛争解決のため、戦争に訴える」同盟を結んだ。そこで新聞が「戦争以外の手段で処理、解決する」ことを阻止するキャンペーンを間断なく続けたのである。当然ながら、アメリカの新聞は、あのケロッグ条約のことを持ち出さなくなった。

はっきりした理由がもう一つある。こうした新聞の編集者はアメリカをヨーロッパ戦線へ参戦させたいのである。しかし攻撃を受けてもいないのに参戦したら、それこそ「ケロッグ」違反になるはずだ。だから、国際主義者の当面の目的は「国民の記憶からケロッグを消す」ことにあるのである。

イギリスはヒトラーを攻撃する理由として、「明白な挑発行為を受けたわけでもないのに、ヒトラーはポーランドに攻め入った」という事実を挙げている。

そのヒトラーがポーランドを攻めたのは、もともとドイツ領だったものを取り戻すためである。英・仏の領土は微塵も手にしていない。にもかかわらず、英・仏はドイツに宣戦布告した。ということは、ドイツのポーランド攻撃と、英・仏のドイツ攻撃では、英・仏の方が、よほど「明白な挑発行為を受けることのない」攻撃なのである。

イギリスに献身的なアメリカの新聞・ラジオは、「ヒトラーのポーランド攻撃の大義は無きに等し」としている。

同じ新聞やラジオがもっと理由のない理由で我々をドイツと戦わせようとしている。いやま

ったく理由はない。大多数のアメリカ国民にとっては関係のないことだ

対等な条件で交渉とは

今度は和平交渉の話をしよう。あの「ソ・フィン戦争」が終わり、独裁者スターリンがフィンランドに和平条件を突きつけた〔訳注／一九四〇年三月十二日〕。これをあの英・仏の政治家は「勝者が敗者に押し付けたもので、対等な交渉ではない」と、「空涙」をしきりに流して見せた。

誠にごもっともなご発言であった。

ところが、六ヶ月前、ポーランド戦を片付けたヒトラーが、「英・仏と争うことは何もない」と言って、英・仏と和平交渉を提案した時、これを英・仏はことごとく突っぱねたのである。

あの時なら、ある程度、対等な交渉ができたはずである。双方、これといった戦闘もなかったのだ。英・仏は、英・仏とドイツ双方の安全保障上の不安を取り除くための武装解除提案を、いくつか提示されていたのである。しかし英・仏は、「ドイツと対等に話し合いなどできるか。叩きのめすのが先だ」と、これを蹴ったのである。

英・仏の欲する「対等な国同士の交渉」とはこういうことなのである。

局地戦を全面戦争に拡大する「腹積もり」だった。局地戦が終結した後でも、一大抗争を起こす腹積もりだった、相手を徹底的に打ちのめし、絶対的勝者とならなければ和平交渉などしない腹積もりであった。英・仏はそう言ったのである。

さて、あのヒトラーの一九三九年十月の和平提案をことごとく蹴り、絶対的勝者となって決

着をつけようとした英・仏が、「武運つたなく」となった時には、一つ忘れてはならないことがある。

それは英・仏が自ら望んだことであり、これを「自業自得」というのである。

空襲

これまでのところ、英・仏対ドイツ戦の空襲は軍艦、基地のみが対象で、無差別空襲はない。ドイツに明らかに制空権があるのにもかかわらず、攻撃したら犠牲者が増えそうな攻撃目標は、たとえ戦時国際法を逸脱しない所であっても、攻撃していない。

これにはイギリス人は驚いただけではなく、怒ったようである。このことによっても、ドイツの残虐さをアメリカで宣伝するために、一般市民を巻き込む無差別爆撃をしてくれるのを期待していたことが明らかである。英・仏には、「オープン・シティ（軍事上、防衛上の重要性がない町）」というものはまず、ない。全てに何かしら軍事的重要性があるわけで、混んでいるドックや工場、鉄道を空爆しようものなら、必ず死者が多数出る。しかし、もしドイツがこういう空爆をしたら、真実はどうあろうと、「野蛮なりドイツ軍」とアメリカで騒がれるであろう。

【原注】もちろん、アジアで、アフリカで、原住民の村を爆撃する英・仏軍のことは、沈黙したままである。一九三七年、インドの山奥の村をイギリスのパイロットが爆撃している写真を、イギリスの雑誌で見たことがある。「見よ、我が空軍の腕の確かさ」という解説入りであった。

H・G・ウェルズ（一八六六〜一九四六）のようなイギリス人は「無差別空爆を始めよ」と叫んでいる。彼は『リバティ・マガジン』で「ベルリンを爆撃せよ」と書いている。

チャーチルも「全面戦争」を呼びかけ、本格的にイギリス本土奥深くまで攻撃に来ないドイツ爆撃機をあざ笑った。これはもうれっきとした「挑戦状」である。

こうした発言があったことを忘れないでおこう。我々は望むわけでは決してないが、もし万が一、チャーチルのお望みどおり、イギリスのあちこちの町に「爆弾の雨」が降って、アメリカでイギリス同情論が始まったら、一つ忘れてはならないことがある。

それは英・仏が自ら望んだことであり、これを「自業自得」というのである。

日中戦争にアメリカを巻き込む策略

中国の《民主主義》

中国援助と称して、アメリカを日本と戦わせるため、戦争屋の新聞、解説者、政治家連中は「中国は民主主義のために戦っているのである」と叫んでいる。

これは真っ赤なウソである。その証拠に「古今の中国政権上、一般国民の選挙で選ばれた者が一人でもいるか」と聞かれたら、一人もその名を挙げられないでいるのである。

ウソと承知の上でアメリカを日中戦争に巻き込もうとしているのである。その証拠に、「いつ、誰が選挙で政権につきましたか」といくら聞かれても、全く無視して、ただウソを毎月毎月繰り返しているではないか。

古来、中国では、政権は戦って握るものであり、一九二七年に実権を握った、あの独裁者・蒋介石とて先達にならい、権力を手にしたのである。そして反対する者を撃ち殺し、追放し、これを維持している。こうじて葬った者の数は、レーニンとスターリンを除けば、蒋介石が一番である。抗日戦を戦う中国とアメリカを同盟させようという情報操作が精力的に始められて以来、アメリカのマスコミはこうした事実をいっさい隠蔽していることをもってしても、「マスコミが統制されている」ことがお分かりになるであろう。

【原注】無論、現地の特派員はこうしたことを全て知っており、アメリカ本国で新聞が「中国の民主主義」と書いているのを見て「何を戯言を」と笑っている。いくら取材しても、上からの「記事はこれこれに限る」との指令があり、送れないのである。しかし、記事にはできなくても本には書いている。例えば、ニューヨーク・タイムズ特派員のハレット・アベンドの『苦悩する中国』（一九三〇年）や『中国は生き残れるか』（一九三六年）と、新聞や雑誌によくある「戯言」を比べるとよく分かる。

門戸閉鎖という欺瞞

「日本、中国市場からアメリカの輸出品の締め出しを図る。満洲国の門戸は既に閉鎖」。これが日米戦争を望む連中の繰り返す反日運動の一つである。

私は可能な限りアメリカ内外の資料に目を通しているが、どの資料にあたっても、為替相場やら会計年度の違いで多少の誤差はあるにしろ、結果は同じである。つまり、一九三一年から三二年、日本が満洲を支配した後の満洲国における、我がアメリカの輸出は、減少どころか、増えているのである。

アメリカ商務省広報第八三九号、三六頁を見てもらいたい。満洲国におけるアメリカの年度別売上の平均はこうである。

一九二六から三〇年（日本統治前）……………七五三万一〇〇〇ドル

一九三七年……………………………一六〇六万一〇〇〇ドル
一九三八年……………………………一五五四万六〇〇〇ドル

ご覧のように、おかしい新聞が「反日」を繰り広げている期間に輸出は「倍増」しているのである。

ウソと知りつつ書いているのである。その証拠第一。いやしくもそれなりの新聞社なら、今上げたような資料は揃えてあるものである。「減少」というなら、「いついつ、これだけ」と具体例を挙げるのが常識だが、いつもこれをしない。証拠第二。「倍増」という証拠を突きつけられてもなお「減少」と連呼している。

【原注】同資料は、満洲国における我がアメリカの売上を「関東州」の売上としている。アメリカ政府は「満洲国」を承認していないからである。呼称を指摘され、以後の版からは「満洲」としている。満洲と満洲国は同じである。満洲国とはあそこの昔からの名前であり、文字通り「満洲の国」という意味である。これはあそこにある現政権が公式に採用した名前である。対満洲国貿易については一九三九年の拙著『憎悪の高い代償』で詳説してあるのでご参考まで。

さて問題は中国本土。あそこは一九三七年、日中戦争勃発以来、全土に戦いが拡がったが、アメリカの輸出は目立って減少してはいないのである。あの商務省のデータ、三五年から三九年版を見よう。これには、日中戦争勃発前の二年間つまり、一九三五、三六年と、勃発後の二年間の輸出売上平均を比較すると、一％も減少していないと分かるのである。

中国の主だった港、川は全て日本に握られている。にもかかわらず、アメリカの輸出はこれといって減少していないのである。そして満洲国は、日本の支配下にあるが、戦火が広がっているわけではないから、輸出は倍増である。ここにも「戦争屋」の二重の詭弁が見て取れる。

一つは「日本は満洲国で、アメリカ製品の販売禁止を画策している」というウソであり、今ひとつは、我々大多数が関わり、憂慮している貿易に大打撃を与えかねない「日本製品不買、対日禁輸」を画策していることである。対日輸出がどれほど重要かご存知ないのか。中国全土への輸出の四倍から六倍である。

日中戦争真っ盛りの今現在でも、事変数年前と比較して「減少」は一％にも満たないのである。

ところでアメリカの隣のメキシコ。当然ながら、あそこには日本軍はいない。にもかかわらず、同じ期間を見るとアメリカの対メキシコ輸出は十七％も減少している。

ということはつまり、「アメリカの貿易にとって、アメリカ人の税金をつぎ込んでメキシコを援助する、モーゲンソー財務長官が推進している善隣政策の方が、日本軍よりよほど有害である」と言っても差し支えないものと思われるのである。

重要なことは

少し頭を働かせれば、対満洲国輸出など微々たるものだと分かる。確かに、日本が支配した一九三一、二年以来、倍増はしているが、アメリカの全世界に対する貿易の中で見てみると、やはり、微々たるものである。満洲国と中国をひっくるめても、物の数ではない。

国の舵の取りようというか、国策次第で、国民の暮らしは大きく影響を受ける。私とて例外ではない。満洲国・中国貿易がどうなろうと、私にはどうでもいいことである。ただ気になるのは、アメリカの国益ではなく、外国の国益を優先する連中がぐるになって、事実無根のウソを撒き散らし、「火に油を注ぐ」ようなことをしていることである。

さて、あの戦争好きの連中、反論できない資料を突きつけられても、慌てず騒がず「満洲国・中国貿易など重要ではございません」と堂々たるものである。憎悪を煽り戦争にするためのウソを、騙されやすい大衆に信じさせることができるうちだけ、「満洲国・中国貿易は重要である」と考えているようである。

新聞・ラジオが統制され、ニセ情報を流し、アメリカを海外の紛争に巻き込もうとしている現実こそ問題である。その道の有名人の誰それが「歪んでいる」と言うのではない。マスコミ全体がおかしいのである。開戦論に使えそうなものなら、どんなウソでも利用する。ウソとばれても訂正は絶対しない。「ここに証拠がある」とでも言おうものなら、寄ってたかって袋叩きである。

こうした貿易の確たる資料に基づき、「新聞・ラジオはウソをついている」と白日の下に晒しているのであるから、「アメリカの新聞・ラジオは誰かに統制されている」ことが明らかではないか。

「国益を最優先に考えている。ある特定の国を憎悪の対象にしてキャンペーンを張っているのは、これらの国がアメリカ貿易や権利を阻害しているからである」と戦争屋は言っている。全くのウソである。証明しよう。対日戦争を目論む連中は、「門戸閉鎖」というウソをでっち上げているが、メキシコについては口をつぐんだままである。メキシコは一九三八年、四億ドル相当のアメリカ資産を没収している。これが如何に途方もない額かというと、これは対中国輸出で考えられる利益の百年分に相当する額である。

さらに、満洲国貿易を憂慮しているらしい。しかしこの満洲国貿易は年間、数百万ドルにも達し、実際は「増加」しているのである。その一方、百億ドル！ にもなる英・仏の債務不履行には「頬被り」である。

ところがこの英・仏は、アメリカの新聞・ラジオ業界を牛耳る国際主義者、大金持ち、政治家等の「黄金の環《ゴールドリング》」の一員である。となれば、いくらアメリカが無礼に扱われ、損害を被ろうとどこ吹く風、新聞が目をつぶるのもうなずけるというものだ。

さらにさらに、「アメリカの国益を優先」とか「独裁反対」と言われても、今現在、アメリカの納税者の納めた税金を「借款」という名目で、十億ドルもの借金を今もって返済していないラテンアメリカ諸国の、ヒトラーと何一つ違わない独裁者に献上しているのは何事か。

万が一メキシコがアメリカ、イギリスのご意向に逆らいでもしようものなら、マスコミはそれこそ君子豹変し、一九三八年、メキシコがアメリカの資産を没収したことを暴露し、あれよあれよという間に緊張関係をこしらえ、日独伊に対しては手のひらを返したように「誠に信頼の置ける国」と言い出すであろう。

宣戦布告なき戦争

日米戦を望む連中の日本叩きのネタはいろいろあるが、「宣戦布告なき戦争を始めたのは日本である」というのもその一つである。宣戦布告した戦争で死ねばともかく、そうでない死に方は多分むなしい。

大学の総長や牧師までこうしためちゃくちゃな日本叩きをするが、とんでもないウソである。取り上げてくれる新聞への「お返し」であるのは明らかである。

宣戦布告なき戦争はアジアにはいくらでもある。例えば、フランスは一八八二〜八四年、中国に宣戦布告しないで戦争し、インドシナを奪っている。

一九〇〇年、公然と「宣戦布告なき戦争」をしたのは誰あろう、我がアメリカの国務長官・ジョン・ヘイである。平和を好むはずの中国で頻発する外国人排斥暴動に巻き込まれた市民救出のため、アメリカも各国と共に軍隊を派遣した。この時、ジョン・ヘイは「宣戦布告をせぬよう」各国軍に要請したのである。一党派に対する戦いであり、国家相手の戦争ではないという理由であった。

私の知る限り、一八九五年〔訳注／正しくは一八九四年八月一日〕、日清戦争で日本が宣戦布告してからこの方、中国で「宣戦布告をした戦争」はない。一九二二年、ソ連が外蒙古を取った時も、一九二九年、満洲の鉄道問題で中国とこじれ、十ヶ月間戦争となったが、この時もソ連は宣戦布告はしていない。この他にも例はいくらでもある。

しかしあのひねくれた新聞や政治家どもは、こうした例を隠し、「日本叩き」の点数を稼ごうとしているのである。当然こうしたウソには際限がなく、「もう止めよう」とは全く思わない連中である。

日本が阿片を持ち込んだという欺瞞

中国に阿片は千年以上前からある、第一次大戦後、内戦に明け暮れる将軍様たちがその私兵を養うため、栽培が大々的に復活したのである。ウソだとお思いなら、どれでもいい、適当な資料を読むとすぐ分かる。近頃は中国に不名誉になりそうなものは全て新聞が隠しているが、それ以前の資料には阿片が如何に大問題だったか、しっかり書いてある。

ところがアメリカでは、「日本が一九三七年の日中戦争から阿片問題を中国に持ち込んだ」と叫んで反日運動に利用している。

あの国際連盟の麻薬問題報告書一九三六年度版は、「世界の阿片製造の九〇％は中国」と非難している。ところが、二年後の一九三八年には「近年、阿片問題を中国に持ち込んだ日本」ときた。一体どうすれば世界の阿片の九割を作っていた国が、翌年いきなり「外部より強制」となるのか、その訳を知りたいが、説明はない。英・仏による連盟の私物化は明らかである。アメリカは連盟に加入していないが、一枚噛んでいるのも明らかである。連盟の出す刊行物はこうした矛盾にお構いなしで、英・仏の御気に召さぬ国には、いつでも矢を放つ「ご乱心」ぶりである。

アメリカでも反日運動家たちは「一九三七年、日本が持ち込むまで、事実上、中国に阿片は存在しなかった」と言っている。「ウソだ」と私は断言できる。なぜなら、日中戦争が始まる前、私が知っているあちこちの地区で、役人が阿片作りを強制していたからである。

ところで一九二六年に、全米地理協会なる団体が「中国の飢饉の要因」なる膨大な報告書を認めている。これにはこうある。作物畑が阿片畑になった要因の主たるもの、それは腐敗した「中国人」役人の命令であると。この時の編集者に名を連ねていたのがO・J・トッド氏。ところがこのトッド氏、「機を見るに敏」。最近では、反日運動や対日戦争実現派のご要望にお応えし、日本叩きに変身。あちこちで「日本が持ち込んだ」と講演してまわっている。

もう一つ例を上げよう。あの『ニューヨーク・タイムズ』は、「一九三七年、中国にやって来た日本が阿片を持ち込んだ」と日本非難に大忙しである。ところがこの同じ『ニューヨーク・タイムズ』の中国特派員・ハレット・アベンドの著書『中国は生き残れるか』（一九三六年）には「歳入確保のため、ケシ栽培を強制する中国人役人」（一九二～一九三頁）とある。実は、一九二〇年頃から、阿片は軍閥の「金のなる木」である。「ケシにしろ」と鉄砲構えて一喝すれば、あらかた、「行けど進めどケシまたケシ」となったのである。現地を知る者ならこれは常識である。

編集者が隠しているもの

さてオランダとイギリスはアジアに植民地があり、中国人がたくさんいる地域では阿片販売を免許制にしている。「管理し、密売防止をするにはこれしかない」そうである。真偽のほどは定かではないが、シンガポールではいくらでも買える。英国政府直営店で苦力がたくさん買っているのを私はこの目で見ている。

さて中国駐留の日本人であるが、オランダ領やイギリス領よりさらに悪い阿片問題に苦慮し、同じように免許制を取っている。中毒患者数百万とあっては、「明日から禁止」といっても「おいそれ」とはいかない。阿片中毒になった民に、何か他の手を講じようものなら暴動になり、統治に新たな問題が生じるだけである。ところが憎悪の対象を日本だけに向け、戦争を煽るために、おかしなアメリカの新聞はイギリスの免許制のことは巧妙に避けて通っているのである。

ところが、アメリカにも言う人はいるもので、何ヶ月か前、「イギリスも免許制だ」と公然と発言を始めると、新聞はすかさず戦術変更し、日本叩きから阿片問題は引っ込めてしまった。あくまでも「イギリス援助」が国際主義者の魂胆である。イギリスに都合の悪い話が広がっては困る。それですかさず「臭い物に蓋」となったわけだ。

傀儡政権

反日のタネはゴマンとあるが、「言いなりになる政府を満洲国に作った」というのもある。そんなものは世界にゴマンとある。ところがこう言われるのは国際主義者が嫌いな国、戦争を吹っかけたい国だけである。

例えばあのエジプト〔訳注／一八八二年にイギリスに軍事支配され、第一次大戦では保護国扱い。一九二二年、立憲王国として、一応独立を認められた〕。誰もこれを「イギリスの傀儡政権」とは言わない。英国礼賛記事が踊るのみである。最近新聞に、イギリスのエジプト駐留軍の写真をよく見かける。エジプトは独立国で戦争中でもないのに、なぜイギリス軍がいるのか。説明が欲しいところだが、うまく説明は省いてある。

つまるところ、満洲国政権はアメリカが後ろに付いているフィリピンと同じようなものである。日本も、イギリスがアフリカやアジアの多くを直接大英帝国に組み入れたように、またアメリカが時々やったように満洲国を併合しようと思えばできたのであるが、そうはしなかったのである。

日本が直接併合するより「満洲国」という名で独立国とし、その主権を数百年前からあそこの支配者であった満洲族に返したことは、満洲族には「有り難いこと」だと私は思う。こうした満洲国をアメリカのマスコミは「日本の傀儡にされた」と「お涙頂戴」風に書く。一方、イギリスがヘジャズ（一九一九年、イギリスに占領されたサウジアラビアの紅海に面した地域）に作って統治している政権や、エジプト、アフガニスタンなどの大英帝国隷属政権などについては、一言も触れない。このことでも新聞は統制されていることが明らかではないか。

また、あの蔣介石は一九二六年から翌年にかけて、ソビエトの軍事面、資金面の援助で、またブルチャー（またの名をガレン）将軍の軍事援助で、そして共同独裁者としてモスクワから差し向けられたマイク・グーゼンベルグの協力で政権を取った男である。したがって蔣介石政権は数ヶ月間、モスクワ統治の政権であったのである。

ところが、新聞は「モスクワの脅威」を一度も書いたことがない。それどころか、蔣介石が実権を握った一九二七年、いわゆるリベラルと称する者たちが、モスクワによる「中国の永久支配」の邪魔になりそうな勢力を除去するため、「中国問題不介入」委員会なるものを全米に展開した。この連中をチェックすると、現在、対日戦を叫んでいる連中のほとんどがその中にいるのである。

田中メモランダム

近年、戦争屋が田中メモランダム（建白書）なるものをバラ撒いている。これは日本の、アメリカを含む世界征服計画であると言われる。一九二二年の九ヶ国条約の調印後、日本の天皇と公爵・山県有朋の会談の後、決定したものとされている。

しかしどんな資料を調べてみても、これはありえない話である。山県は九ヶ国条約締結の「前」に亡くなっているのである。

このいわゆる「田中メモ」にはバカバカしいことが山ほどある。あまりのどぎつさに、まともな人は当の昔に「おかしい」と気づいているのに、今になっても、ニコラス・マーレイ・バトラー氏などの反日連中は、「これぞ、日本の野望の証拠なり」と言っている。バトラー氏はあの名門コロンビア大学の学長である〔訳注／一九三一年、ノーベル平和賞も受賞〕。教授、学長ともなれば、誠実一筋、学問の神様のはずだが、ああいうアナクロニズムの産物を「野望の証拠」などと叫んでは「お里が知れる」というもの。ウソだろうが思慮分別に欠けることだろうが、歓迎する新聞に登場する「曲学阿世の徒」である。

日本が軍国主義とは

中国の歴史は戦争の歴史である。二十世紀になって四十年のうち、実に二十八年間戦争に明け暮れ、十九世紀も半分以上が戦争だ。ところがアメリカの新聞・雑誌は、「中国のため」との名目で、日本と戦争したいがために、当然のごとく、都合の悪い中国の現実を隠そうとしている。だから「平和主義者の中国人」の話題ばかり取り上げるのである。

アメリカ言論界最悪のウソである。

日中戦争が勃発する前の中国軍の常備兵は約二百二十五万。対する日本軍は米軍などの推定で二十五万であり、中国軍の九分の一である。加えて、当時中国側に回りかねないソビエト軍が百三十五万と想定され、そのうち六十万は東アジアに配置されていた模様である。つまり、日本の常備軍は仮想敵国の十四分の一だったのである。日本ならずとも「これで良し」とする国はあるまい。「日本は世界征服を企む軍国主義国である」という活字は躍るが、それをきちっと示す証拠なるものを見たことがない。

当時中国にいた人なら誰でも知っていることだが、「これだけの兵、外国製の最新戦闘機、爆撃機、鉄砲、外国人顧問があれば、勝って満洲国を奪還できる」というビラが日中戦争前の数ヶ月、国際主義者の手で撒かれていた。なかには、「戦争になれば、海外からの援助が、アメリカからの援助が見込める」というものまであった。こうした「ビラ撒き」は上海の国際租界を根城にしていた。印刷、プロパガンダの金は「唸《うな》るほど」あったようである。

リーダーが「中国系」でないことも明らかだった。

そうこうしているうちに七月七日　盧溝橋事件が引き金となり日中戦争となった　さあこれから宣伝工作の本領発揮。「圧勝だ。前進！　前進！」と中国人を鼓舞していたあのビラ撒き連中が、アメリカに来ると、あっという間に原稿差し替え。「圧倒的兵力を誇る日本軍に、何の警告もなく、また挑発したわけでもなく、急襲される、丸腰同然の、平和主義者の中国人」となったのである。

アメリカの新聞は巧妙にも、事変勃発のはるか以前から繰り広げられた戦争を煽る新聞やデモ運動があった事を報じていないのである。事変から遡ること六ヶ月、ある一味が蒋介石を監禁し、「抗日戦争に同意しなければ殺す」と脅した、いわゆる「西安事件」のことを報じなかった。一九三七年七月、百五十名の日本人民間人が、復讐目的の中国人に殺された、いわゆる「通州事件」のことを報じなかった。これは単なる「小競り合い」が「戦争」に発展した大きな要因となった事件である。このほかにも、アメリカ人の反日感情を駆り立てようとする新聞が、隠した事は、数知れずあった。

世界情勢のパターン

一九二七年、イギリスに反ソ連内閣が誕生した。すると「連ソ」の蒋介石はイギリスの援助を得られず、「反ソ連」に転向した。その後一九三七年まで、イギリスは「連ソ」に転向し、ドイツを叩くためモスクワを誘惑した。日本は「反ソ」「親独」であった。しかし日本を中国とずっと戦争させておけば、ソ連は東アジアに後顧の憂いなくイギリスと協力し、全力でドイツを叩くことができる。

そのためには、蒋介石に日本と戦ってもらわなければならない。そして一九三七年七月、日中戦争が始まった。

どう思われようとご自由だが、これは事実なのである。

「日中を戦わせたい」と一番願ったのは、さあ誰だ？　私見を申し上げると、「日本には戦う理由がない」。蔣介石にもその気はなかったようだ。少なくとも「アカ」に拉致され「抗日か死か」と迫られた、あの西安事件までは。

匪賊が跋扈する国、役人でありながら、外国の策士にいつでも寝返る役人がごろごろいる国、こうした混乱した中国では、欲しいものは、誰彼かまわず殺し、暴動で手に入れるのは昔からのことである。

もう一度聞こう。さあ誰だ？　中国と日本を戦わせたかった者は。

戦争挑発

アメリカのマスコミ界は、「中国に戦争を吹っかけた日本には十分な理由がなかった」と言って「対日本宣戦布告」を煽っている。

外国同士の喧嘩をあれこれ判定するつもりは私にはない。ただ、我が祖国アメリカの動きが気になるのである。

そしてもう一つ、どうしても申し上げたいことがある。それは一九三一年の満洲事変に至るまでに、また現在ただ今の日中戦争に至るまでに被った多大な人的・物的損失を数え上げれば、日本は隠忍自重したと言えるのではないか。これに比べ、アメリカが戦った戦争はどうだったか。スペインと戦った一八九八年の米西戦争を始めた時、またドイツを叩くため一九一七年、第一次大戦に参戦した時に、日本のような苦悩があっただろうか。

そこで一つ、お考え願いたい。「狂犬病的軍国主義」と断罪するその基準とは一体何ですか？

百歩譲って、「日本に大義なし」としよう。それではアメリカが日本に宣戦布告したら、アメリカに大義があるであろうか。ない。本当は〈大〉義どころか「小」義もないのである。

そこで、お考え頂きたい。挑発らしい挑発もないのに戦争をしたがる人がいるが、そういう人は一体誰だろうか？

「日本の戦争ならいいが、アメリカはいかん」等と言っているのではない。誰がやろうと、戦争には反対である。ただ、アメリカに巣食うあの戦争屋の主張が支離滅裂であり、それは外国の政策に根ざした政治的なものであるのだと、こう言っているのである。

ともあれ、日本は二百万の兵を持つ「容共中国政権」を脅威と見ている。一朝、事が起こり、ロシアが北のウラジオストックから攻め寄せれば、二百万の中国軍が南から寄せてくる。北から南から挟み撃ちにされては、日本が「生命線」と呼ぶ食糧供給基地が、また朝鮮、南満洲の工業投資が危険に晒されると考えたのである。だから「連ソ」の蒋介石政権を倒し、反共・親日政権の樹立を決意したのである。

蒋介石はソビエトの援助で政権を取ったのであり、今でも当てにしている。これに対し、汪精衛は日本の援助で政権を窺おうとしている。

したがって日中戦争は日中戦争というより、日ソ戦争とでもいうべき戦争なのである。

「日本人を追い出せ」。これが日中戦争前の反日運動だったが、これだけではない。「日本が投資した資産を一切合財、没収せよ」と言っていたのである。

この投資は、日本が「拠って立つ」ものである。日本にはこれといって投資する所が他にない。他はすでに列強が直接、間接に統治している。日本人は北支、満洲国をめぐる戦いを、日本の生存をかけた戦いと見なしている。経済的にも、すぐ近くで反日的中国とソビエト軍の連携を絶つという意味でも、満洲国は手放せない地なのである。

こうした地理的苦境に追い込まれたら、どんな国でも戦うであろう。いや実際、理由にならない理由で戦ってきているではないか。したがって、日中戦争が起こったのも何ら不自然ではなく、「世界征服を企む狂犬病的軍国主義」たる証拠は何一つないのである。

戦争屋が援助したい国よりアメリカを戦わせたい国の方が親米である

ここ数年、アメリカの新聞はドイツ、イタリア、日本に的を絞って憎悪を煽り、戦争をしようとしている。この三ヶ国は国際主義者のいうことを聞かない国である。だから潰したくて、アメリカの助力を求めているのである。新聞・ラジオ、政治家を総動員して運動を繰り広げているのである。

自らぼろを出す

口を開けば、「日独伊が勝ったらアメリカは将来、大変なことになる」と大騒ぎしている。しかしその根拠を示せないまま、ただ非難しているだけである。非難すればするほど「戦争を望んでいるのは国際主義者の方である」という証拠がぼろぼろ出てくる。

ウソだとお思いなら、新聞を御覧ください。ラジオをお聞きください。国際主義者が握っています。ハリウッド映画を御覧ください。百%、握っています。ジェームス・R・クロムウェル氏のお話をお聞きください。納得できるでしょう。

愛国者への質問

一八九八年や一九一七年の時の大騒ぎと同じく、今また、戦争に行くとする。誰のために戦うのか。愛する祖国アメリカのためか？　それともアメリカに巣食う一味のためか？　あの時、新聞、政治家が言ったことは、正しい発言だったであろうか。

ペテン師だったのである。あの時と同じ口車に乗せられ、またもや、花も実もあるその命、信じて任せてよいものか。

過去を比較せよ

国際主義者どもは近年、「日独伊、アメリカ大陸上陸迫る」という説までひねり出した。ところがこの連中は、一八二三年、モンロー主義宣言からこのかた、日独伊がアメリカに食指を伸ばした「史実」を一つとして例示できないのである。

アメリカ大陸を窺ったことのある国はたった二つである。それは、「日独伊の魔の手からアメリカを救う国」と新聞の言う、二ケ国、イギリスとフランスなのである。

アメリカ侵略を試みた事例

英・仏援助を訴える人たちは英・仏を「旧友」と呼んでいる。ならば過去を調べた方がよさそうだ。

まずフランス。フランスは、革命中にできた「新政府にご協力を」とアメリカに要請したら、断られた。それだけの理由で一七九八年、アメリカに戦争を仕掛けたのである。

また南北戦争の動乱に乗じ、メキシコに傀儡政権を樹立しようと目論んだのもフランスである。

イギリスの過去

イギリスも南北戦争中、リンカーン政権に戦争を仕掛けたも同然である。イギリスには南アメリカ征服の野望があった。これにはフランスも一枚かんでいたのは明らかである。メキシコをその傀儡にしようと目論んだことからも、間違いない。そのためイギリスは、我がアメリカの北部と南部の分裂を企んだのである。

また一八三三年には、何かと難癖をつけ、アルゼンチン沖のフォークランド諸島を取った。あのモンロー宣言の十年後のことである。アルゼンチンは今でもその領有権を主張している。

独立戦争の結果、一七八三年、イギリスはアメリカの独立を認める「パリ条約」に調印したが、三十年後の一八一二年、これを遵守することを拒否した。再び我々は「米英戦争」を戦う羽目になった。

ひるがえって、あの戦争屋が「不倶戴天の敵」と呼ぶ国々はどうか。これに備えてアメリカが防備姿勢を採ったことがあったであろうか。一度たりともない。あったといえば、実にあの「英・仏」に対してである。しかも一度では済まなかったのである。

ただし、あの戦争屋が嫌う三ヶ国のうちの一ヶ国と戦ったことが一度だけある。それは捻じ曲がった政治家が参戦を決定し、大西洋を越えて派兵した、あの時だけである。

あの時も、ドイツが「打倒アメリカ」を画策したわけではない。逆に、ドイツはあらゆる手を尽くしてアメリカを宥めていたのである。参戦となったのは、イギリスとがっちり握手したあのウッドロー・ウィルソンのせいである。いくら「モンロー主義の中立国」のふりをしても、あの握手で、紛うことなき「交戦国」となったのである。

あの時と同じ手で、参戦へとじわじわ押しやる一味がこのアメリカ国内にいるのである。

総括すると

ドイツとの争いは、アメリカが望んだからであり、遠路はるばる大西洋を渡って攻めて行ったのである。一方、英・仏との戦争は彼らが仕掛け、遠路はるばる大西洋を渡って攻めて来た戦争である。

「英・仏はアメリカの旧友。彼らの敵は不倶戴天の敵」。これは国際主義者の宣伝文句だが、どう見ても「たわごと」としか言いようがない。

歴史の軽重

第一次大戦が始まり、アメリカがこれに参戦する前の一九一四年から一七年、国際主義者が「民主主義を守るイギリスを救え」と宣伝にあい努めていた時、「一九〇二年、南アフリカのオランダの共和国を潰したのはイギリスじゃないか」とでも言おうものなら、「もう済んだこと。そんな遠い昔のことはもういいではないか」とたしなめられたものだ。

その新聞、政治家がフランス援助のため、盛んに取り上げるのがラファイエット〔訳注／一七五七～一八三四〕。アメリカ独立戦争の一七七七年、フランスから大西洋を渡り、我がワシントンを助けに来たのがこの「新世界の英雄」こと、ラファイエットである。一九〇二年のことを「遠い昔のこと」と言いながら、一七七七年のことはそう思わないようだ。

英・仏の論理

「ドイツの考えは力が全て」。これがアメリカを騙して援助を掠め取ろうとする英・仏スポークスマンの弁である。多分そうでしょう。あのワシントン、マディソン、ジャクソン、クリーブランド等など、名立たるアメリカの大統領もイギリスに対してそう思った。ジョン・アダムス、アンドリュー・ジョンソンもフランスに対して同じ結論に達した。

「アメリカが実際に戦争し、また戦争も辞さずという姿勢を示した時しか、英・仏はアメリカの権利を認めなかった」。これが明々白々たる歴史である。

英・仏は「アメリカが反撃しない」と見ると、いつも巻き上げられるだけ巻き上げ、徹底的に踏みつけにしてきた国である。違いますか？　第一次大戦でアメリカから借りた金を返さなくても、制裁をちらつかせて脅迫されたことはない。だから返さなかった。ほかにも返さない国はあったが、これほど厚顔無恥な国はなかった。しかし貸した金を取り立てる段になると、英・仏はしばしば「戦争に訴える」国である。

だから、イギリスが負債取り立てにエジプトに艦隊を送り、上陸し、「足場」を作ったのもそういうわけである。フランスとて同じ穴の狢《むじな》である。

「そういうことは、十九世紀で終った」と英・仏や、彼らに雇われて共謀者となったアメリカ人は言っている。真っ赤なウソである。数え上げたらきりがないウソの中から一つ上げよう。あのフランスが「ドイツに課した第一次大戦の賠償滞納」を理由に、ドイツの北西の「ルール地方」に軍を送り占拠したのは、第一次大戦の五年後のことである。

武力を嫌悪するとは

「武力を嫌悪する」と英・仏は言う。ただし、これは「不利な時」に限るのである。一旦、攻撃側に回ると、どんどん撃ちまくる。言語道断？　非道？　そんなこと「どこ吹く風」である。

あの英・仏は第二次大戦開始までの二十一年間、ヒトラーを上回る規模の武力を行使してきた。本書でも紹介したが、英・仏がその帝国内で行った所業を御覧になられたら必ず納得されるはずである。

力以外なにも信じない国、それがイギリス、フランスである。これは世界が認めるところである。この二ヶ国は、逆らう力のない国を次から次へと飲み込んできた。今、この地球上の人口の四分の一は、不本意ながらもこの両帝国の支配下にある。抜け出したくても力がない。だからそのままなのである。

この両帝国はアメリカが隙を見せるとすかさず事を起こす国である。南北戦争（一八六一～六五年）に乗じ、事を起こしたのは、他でもない、あの英・仏である。フランスは隣のメキシコに傀儡政権を樹立し（一八六四年四月）、退散したのは、南北戦争の混乱が収まり、アメリカに攻められる恐れが生じた時（一八六七年二月）である。

反米戦争キャンペーンの出所

一九一八年以降、列強の中でアメリカに戦争を仕掛けようというキャンペーンを張っている国が二つある。それが英・仏で、一九二〇年代のことである。

あの頃、イギリスではある新聞や著名人が悪辣な反米キャンペーンを張った。これだけでも、金融界に影響力を持つ一味がある種の連合を作ろうと画策していたことが分かるではないか。

しかし、現実を見よう。今現在、全世界はアメリカとの友好関係を望んでいるのである。これは国際主義者言うところの「アメリカの敵」とされる国も例外ではない。向こうから敵対しているのではなく、こちらから「敵」と決め付けているのである。

この二十年、新聞が「アメリカの敵」というどの国に行っても、アメリカ人は最高レベルの待遇を受けているのである。

ところが、旧友と言われる英・仏ではどうか。パリでは、道を歩いていて侮辱された。ただアメリカ人であるという理由だけで脅され、政治集会でののしられ、新聞に叩かれた。一九二〇年代がこうだったのである。

私は趣味で当時のパリの新聞をいくつか取ってある。読み返すと面白い。中に、英・仏の一味が画策した反米連合は実現しなかった、とある。彼らは一九一四年から一七年、あの手この手で「親米」の振りをしたように、今またあの時と同じ手でアメリカの援助を狙っているのである。

「もしドイツが勝ったら、次はアメリカが標的になる」と言っている。

ところが一九一八年以降、ヨーロッパでこの対米戦争論を振り回す国は英・仏だけである。だから、「次はアメリカが標的になる」といってもそれはドイツに対する言いがかりであって、次の標的をアメリカに置いているのは、実は英・仏なのである。これは歴史が証明している。ほんの十五年前のパリ、ロンドンの新聞をひっくり返したら納得されるはずである。

これは筆者の親戚の話だが、当時、オックスフォード大学の学生に、次のような話が流行ったそうである。

世界最大級のヨーロッパ連合艦隊を編成し、「金貸しアメ公」ぶっ飛ばしたい、と。

援助が欲しい時は友好国

「援助をされた国が友好国になるかというと、ほとんどの場合そうはならない」。これはこの二十二年ではっきりしたことである。

アメリカが一番援助した国は英・仏であるが、この両国は「恩を仇で返す」国の見本である。今現在、アメリカの新聞はイギリス支援を呼びかけることしかしないから、イギリス人は我々に影響を及ぼす国際法を守る気など、さらさらなくなっている。

例えば、戦時国際法には交戦国の権利が規定されているが、その中に「交戦国はある特定の物資が敵国に入るのを停止する権利がある」というものがある。しかるにイギリスは、中立国であるアメリカの船舶が中立国の港へ向かうことまで阻害しているのである。イタリア、ギリシャ、ルーマニア、ユーゴスラビア、ブルガリアなど、中立国は多数ある。こうした国にアメリカの商船が入港するために、イギリスの許可をアメリカ国内で取らなければならない。このような恥辱はアメリカ史上、まずないことである。

これは新聞統制と頭のおかしい政治家のせいで、一七七六年、アメリカがイギリスから独立を表明したあの「独立宣言」を事実上、破棄したことに他ならない。

イギリスが「だめ」という国に物を売っている商社はブラックリストに入れられている。「自称」アメリカ人という堕落した政治家がこうしたことにあまりにも熱心であるから、今ではアメリカは立派な「大英帝国独裁経済圏」の一員となってしまった。新聞には事実上こう書いてあるではないか。「イギリスの傀儡　米国政府」と。

また、地中海の玄関ジブラルタルを握るイギリスは（そんな権利などイギリスには微塵もないのだが）、アメリカ船舶に停船命令を下し、イギリスも調印した国際郵便条約に違反して郵便物を差し押さえる等、まるで属国扱いである。中立国アメリカが中立国に出す手紙を留めたり、検閲したり、没収したり、お金があれば見付け次第、懐に入れているのである。これは一八〇一年、我々がアメリカの権利を守るために戦った、地中海沿岸の野蛮な海賊と同じ所業である。とはいっても、「イギリスと戦争しなければならない」と言っているわけではない。せめて「貸してやった戦費を返せ」と迫るくらいはしたらどうですか、と言っているのである。

こうしたイギリスの行為は、イギリスには都合がいいものである。ドイツへ輸出する物がなくなるまで中立国を兵糧攻めする（これは違法である）だけでなく、イタリア等の中立国の工場へ向かう物を差し押さえることで、イギリスが戦争しているうち、こうした工場がイギリス貿易を脅かすことはできない、というわけだ。

いかに交戦国とはいえ、歴史上これほどアメリカを侮辱した国はない。確かにドイツは第一次大戦中の一九一七年、「敵国」であったイギリスへ向かう船舶を潜水艦で撃沈した。あの当時、潜水艦関連法ができた後、潜水艦が改良され戦争に使用されたのでさまざまな議論を呼んだことは確かだが、当時確立していた戦争法規を概ね遵守したものであった。

しかし中立国同士の通商、郵便を妨害するイギリスの行為は今現在のことであり、文明社会の基本を踏みにじる行為である。

仮に日本が「積荷が敵国中国へ渡る可能性がある」として世界中のアメリカ船舶に停船命令を下したとする。そこでアメリカは「日本のためならば」とご命令のまま献上し、「お慈悲の配給」におすがりする身となるであろうか？

また、仮にドイツが、「積荷のゴムがイギリスに渡る可能性がある」として、軽武装快速艇を太平洋に差し向け、シンガポールから出てくる我がアメリカ船舶を差し止め、ゴムを没収したらどうであろうか？

そういうことをイギリスは中立国へ向かう我がアメリカ船舶に対してやっているのである。これは戦争法規を遵守した合法的戦闘行為ではない。立派な海賊行為である。

事ほど左様に、買収されたアメリカの新聞が「敵」とする国と、褒める国、援助しようという国とを比べると、褒める国の方が千倍もアメリカに対して傲慢無礼なのである。

アメリカを馬鹿にして借金を返さない、あの英・仏の高笑い。はたまた、一九二〇年代に繰り広げた反米運動。はたまた高尚な目的を隠れ蓑に、略奪と抑圧に過ぎなかったあの第一次大戦にお人よしのアメリカ人を引きずり込んだウソ。しかし、それよりも何よりも許せないことがある。それはこの国に売国奴的新聞があり、政治家がいることである。新聞はカネの亡者となり、政治家は名を売るためなら、どんな統制を受けている新聞にでも平気で出る。そして我々アメリカ国民をイギリスの言いなりにし、またもや極悪無法な戦争を援助させようという魂胆なのである。

しかし、そう簡単に彼らの思い通りにはならない。あの頃のことを覚えている国民が、常識のある若者が、東海岸から西海岸まで、怒りの声を上げている。「私たちはだまされないぞ。私たちの声を聞いてくれ。戦争反対」と。こうした冷静な判断の大合唱を押し殺すことはできない。

日中比較

ヨーロッパ最悪の傲慢無礼な国を、アメリカの戦争屋新聞は何かと褒め称えているが、同じようにアジアでも最悪の傲慢無礼な国を褒め称えている。中国は「旧友」扱いし、日本は「敵国」扱いである。日本を敵国扱いするのはアメリカに潜む一味のせいであって、日本が自ら求めて「敵国」となっているわけではない。日本ほどアメリカに対し敵意を抱かない国はないのである。

いくつか実例を上げてみよう。

フィリピンでは

日本のすぐ側のフィリピンをアメリカが取り、日本にとって脅威となる基地を作った時、日本は対米戦争やらアメリカ製品の不買運動やら禁輸やらをちらつかせて、アメリカに圧力をかけたであろうか？　ノーである。

ハワイでは

一八九八年、アメリカがハワイを併合した時、日本は対米戦争やらアメリカ製品の不買運動やらをちらつかせて、アメリカに圧力をかけたであろうか？　ノーである。

【原注】スタンフォード大学出版『日米外交史』三九頁（ペイソン・J・トリート著）によれば、日本は、アメリカがハワイを併合しようとした時、公式に抗議し、「ハワイの住民は、併合には否定的ではないか」とした意見を表明している。アメリカによるハワイの併合は、当時独立国だったハワイと日本が結んだ協定の侵害にあたると抗議したのである。

西海岸に干渉したか

アメリカ西海岸の諸問題に日本は干渉したことがあるか？　ノーである。

借　金

「買ってやるからその分の金を貸せ」と傍若無人な代表団を送りつけたことがあるか？ノーである。そういう面では、日本は実に貴重な存在である。日本は買ったらきちんと自分の金で払う珍しい国である。アメリカ人の税金を借りて払うのではない。

違法没収

英・仏は常時、ジブラルタルなどで、関連国際法を無視し、中立国へ向かう中立国アメリカの船舶の郵便物を差し押さえているが、日本もそういうことをやるか？　ノーである。

アメリカでの政治運動

アメリカには移民が多いが、その中にはアメリカに忠誠を誓ったのにもかかわらず、母国への忠誠心を露わにする者がいる。そういう者は少数ではあるが、戦争となっている母国の問題をアメリカに持ち込み、ピケを張り、デモを繰り出し、示威運動などをしている。さて、アメリカに住む日本人も同じようなことをするだろうか？　ノーである。そのようなことを一度たりとも聞いたことがない。常に国憲に従い、国法を重んじる人々のようである。犯罪に手を染めたということはめったに聞かない。また生活保護を受けているという者もまず聞いたことがない。

不買運動

日米関係と米中関係を比較しよう。

日本はアメリカに対し、不買運動を展開したことがあるか？　一つも聞いたことがない。

中国はあるか？　イエスである。

対米戦争キャンペーン

日本は対米戦争キャンペーンを展開したことがあるか？　ノーである、

中国はあるか？　イエスである。しかも何度もある。有名なものを上げると、一九〇〇年の義和団事件。それから独裁者蒋介石の第一次連ソ同盟の一九二六年から二七年の冬がそうだった。

海賊行為

日本はアメリカ船舶に海賊行為に及んだか？　日米関係が始まって以来、そういう記録を一つも見た事がない。

中国はあるか？　イエス、しかも繰り返し、及んでいる。

中国の沿岸、揚子江には中国人の海賊が跋扈している。こうした海賊からアメリカ船舶を保護することが、中国派遣アメリカ砲艦の主要な任務の一つになっている。いったい中国当局は何をしているかというと、何百年も昔から、まったく無能で海賊から賄賂漬けにされている。

だから効果的な手が打てないでいるのである。

他の国では考えられないことである。あれほど無法状態が続く国はない。公表されている資料によると、このパトロール費用は推定年間二千五百万ドルにもなっている。仮に対中輸出額の十%が純益だとしても、この海賊パトロール費の方が高くつくのである。

無法状態

日本に住むアメリカ人は誘拐されたり、盗賊に襲われたりしているか？　ノーである。日本では犯罪は少ない。私は誘拐された話は聞いたことがない。アメリカにいるより日本にいた方が安全である。

中国に住むアメリカ人は誘拐されたり、盗賊に襲われたりしているか？　イエス、しかも頻繁に。

この二十年、国中に馬賊、匪賊が跋扈し、国土の大半がアメリカ人はじめ、外国人は入れない状態が続いている。むごい殺され方をした者や、身代金目当てに捕まった外国人は多い。租界のように外国の警察が取り締まる港町は安全であるが、ここからほんの何キロか出かけようものなら、昼日中でも身の安全は保証できない所が多い。

身の安全

日本にいるアメリカ人は、蜂起した群集に、またうろつき回る盗賊に襲われたり、また排外暴動に巻き込まれることがよくあるから、身の回り品だけ持ち、他は全部捨てて逃げなければならないか？　そして条約で外国の警察が守るように取り決めた港町に逃げ込み、身を潜めていなければならないか？　ノーである。日本と国交樹立以来、アメリカ人が襲撃された話を一度も聞いたことがない。

中国とは一体何なのだ？

中国に長く住んでいる人は誰でも、「そろそろ避難かな」というような「勘」が働くようになる。米中国交樹立以来、排外運動が下火になることがない国である。一九二六、七年、蔣介石の国民党による排外運動の嵐が吹き荒れた時、アメリカ人の約半数が脱出した。逃げなかった者の中には、中国人将校の命令で、それからマイク・グーゼンベルグの指導で殺害された者もいた。グーゼンベルグとはコミュンテルン活動家でシカゴにもいたことがあり、ボロジンという名で独裁者蔣介石の協力者となるため、モスクワから送り込まれた人物である。

排外の嵐に晒されたアメリカ人はフィリピンか日本に避難した。この逆はない。つまり、日本は危険だから中国へ逃れたという話は一度も聞いたことがない。

公認の憎悪教育

日本の教科書は反米か？　ノーである。そのような話は一度も聞いたことがない。

それでは中国の教科書はどうか？　イエスである。

中国では孫逸仙博士（孫文）の『三民主義』が必修教科書となっている。これは排外主義を明確に打ち出した「逸品」である。この本は「誰に毒を吹きかけるか」を示してあり、その一つがアメリカとなっている。アメリカ政府は中国に対して数え切れないほどの好意を示しているが、いっさい容赦されない。また病院、学校を無数に建てたが、これもいっさい容赦なし。列強に中国の国土が分断されるのを救おうというアメリカの努力を、「アメリカの利己的金儲

けのためだ」と解釈し「中国人を奴隷にして儲けようとしている」と言わんばかりである

【原注】『中国とイギリス』（中国問題の専門家、W・E・スーシル教授著、オックスフォード大学出版、一九二八年）に孫文の『三民主義』の過激な部分が翻訳されている。

中国では、蔣介石がこの過激な教科書を必修にし反米思想を煽るのと時を同じくして、アメリカでは、蔣介石の宣伝工作員が「中国は昔からアメリカを高く評価しております」と盛んに触れ回っているのである。他にもそういう国はあるが、中国は特に英・仏と同じで、アメリカの納税者の金を借款という名目にして、「お代わり、お代わり」と何度も借りて喜んでいる。ところが「お代わり」した後はまず間違いなく「毒を盛られた。あの金は中国人を締め殺そうという汚いアメ公が仕組んだ毒饅頭だ」と触れ回るのである。

債務返済不履行

日本人がアメリカに借りた金を返さなかったことがあるか？　ノー、一度もない。この件に関して日本人は列強中、稀な国である。日本人はいかに未曾有の国難であろうと、また国庫が火の車であろうと、債務不履行は一度たりともしたことがない。

当然だが、アメリカの新聞はこういう事実を隠そう、隠そうとしている。もし一般に知れたら、それこそ一大事。金で買われてやっている対日戦争キャンペーンが頓挫することになる。だから「裏切り者日本、信頼できない日本」という社説やら記事やらを、果てしなくたれ流しているのである。

中国人はアメリカに借りた金を返さなかったことがあるか？　イエス、しかも毎度。実はこの債務不履行こそ、この数十年の彼らの特徴である。こうした中国人の例は、『外資系中国投資』（一九三三年、マクミラン社、C・F・レマー教授編）に詳しい。

対日戦争を主張し掻き立てるさまざまな反日論と同じように、この件に関しても、新聞の主張は事実と全くかけ離れている。まともなものはないかと探してみても、戦争屋の主張にはどれ一つとして信頼できる根拠がない。

「中国人は最も信頼できる人。隙さえあればアメリカを騙そうとするのが日本人」というのが、統制されたアメリカの新聞の典型的な反日作戦である。ところが彼らは日本の債務返済不履行の例を一つも上げられない。逆に中国にはそういう例が山とあるにもかかわらず、こういう表現をし続けているのである。

こういうことを述べても、日中どちらかに肩入れするつもりは毛頭ない。ただ、「アメリカ人が、関係ない国の揉め事に肩入れするのは、おかしいことである」と言っているのである。私は、ウソと分かり切ったウソを撒き散らし、戦争を煽る連中に対抗し、この合衆国の平和を愛する多くの国民の側に立って行動している。

中国人に何か欠点があれば、それは彼らが矯正すべきものである。しかしこのアメリカにおいて、我々を日中戦争に介入させようとする国際主義者や戦争屋が撒き散らすウソは、アメリカ人自らの手で正さなければならないのである。

「貿易歓迎」というウソ

財界受けを狙う新聞はいつも次のような見出しを掲げている。「日本はアメリカにアジアと貿易をさせまいとしているが、中国はアメリカを諸手を上げて歓迎している。中国が抗日戦争に勝利するよう援助すれば、中国のアメリカにたいする評価が上がるからビジネスチャンスも跳ね上がる」と。

もしそうだとしても、アメリカに関係のない日中戦争に介入しようという論は妥当なものではない。前著『憎悪の高い代償』で数字を上げて説明したように、もし日米戦となれば、その戦費は膨大なもので、対中貿易の利益の五千年分にも相当するのである。

米軍の試算によれば日米戦の戦費は五百億ドルという。これを元に、対中貿易がどれほどのものか比べてみよう。もしアメリカの全世界に対する輸出額に相当するものを中国が輸入し、純益がその十％になると仮定しても、日本との戦争はこの一六六年分にもなるのである。

ところが、一九二八年から三七年の十年間の、アメリカの全世界に対する輸出に占める対中国輸出は、わずか二％から三％に過ぎないのである。

「対中国貿易が大輪の花と開く日は近い」という美辞麗句を人が言い、物書きが書いて早、百年が過ぎた。「絵空事」とはこのことで、「つぼみ」さえ見えないのが現実である。一方の対日貿易はどうか。こちらは中国と違って損をすることがない。借りた金はきちんと払ってくれるし、海賊がいないからパトロール費用もいらない。この十年で輸出は三倍から六倍も伸びているのである。

「アメリカの投資、輸出を熱烈歓迎します。そのためには（もちろんアメリカの援助で）抗日戦争勝利を待つのみです」と、蔣介石夫人の宋美齢は買収されたアメリカの新聞に盛んに笑顔を振りまいている。

夫人よ、ちょっと確認したいのですが、そのご発言はちょっと違うのではないですか？

貴方のご主人とその政府がなさったことを「忘れろ」とでもおっしゃるのですか？　十三年前に掲げたスローガンは、「アメリカ人を含む外国人の追放。外資系企業の没収」ではありませんでしたか？

ある日突然敬虔なクリスチャンになった蔣介石御夫妻

「中国ではキリスト教を教えることは厳禁であるが、蔣介石政権にこれを解禁する動きあり」等という話も聞いたことがない。思い起こせば、蔣介石が全国の小中学校に「以後キリスト教教育を禁ず」とお触れを出し、特別に許可申請を出した大学に限り、「御目こぼし」をしたのは一九二八年のことである。

そして一九三七年、日中戦争勃発となったが、あれ以来宋美齢は「キリスト教の布教を主人ともども心から願っております」と、言い続けているのである。ところが私の知る限りでは、キリスト教教育禁止令はまだまだ続いている。何と、アメリカ人が建てたミッション・スクールまでこの禁令に従わなければならないのである。ところがこうした事情を当の宣教師も、また新聞も隠したがるようである。なぜか？　アメリカ本土にある教会に対して「対日戦を」と煽っているから、もしこのような実態が明るみに出ようものなら、それこそ「水を差す」ことになるからである。

政権争い中の蔣介石の国民党が一九二六年から二七年、用いたスローガンをお目にかけよう。その結果、アメリカ人が多く殺害された。ミッション・スクールが焼き討ちに遭った。ほとんどが数ヶ月から数年、閉鎖された。宣教師はほぼ全員が避難した、そういう頃のスローガンである。

剣を抜け。異国の教えを教える者を切り殺せ。
キリスト教に同調する者は、中国人にあらざる者、非国民なり。

これは、前述のハレット・アベンド著『苦悩する中国』からの引用である。

大虐殺

「変わる中国」といった記事があふれると、決まって目を見張るような大事件が起きる。今から七十二年前、アンソン・バーリンゲーム〔訳注／一八二〇〜七〇。中国公使。中国政府の命により欧米を回り種々の協定を締結、一八六八年、米中双方の国民の相互権利を確認したバーリンゲーム条約を協定〕は中国を「進化した文明を喜んで取り入れる国、巨大な市場の見込める国、排外思想を捨てた国」等と称して、アメリカを巡回講演して回った。ところがその巡回が終わるか終わらないかの一八七〇年、カトリック教会の焼き討ち、フランス人の虐殺といういわゆる天津事件が起きた。殺害された外国人は三十名にものぼった。一九〇〇年の義和団事件や一九二七年の「南京事件」等の前にも似たような賛辞が躍った。ずっとこうであるから、「中国人は外国のお客さんを大切にする」等という結論を下す前に、時間をかけて見たほうがよいのではないか。

とかく新聞は日中比較をやりたがるが、はるかに日本人の方が一貫して「親米」である。日本で日本人が蜂起し、アメリカ人を大虐殺したことがあったであろうか。そのような事件があったという記録は一度もお目にかかったことがない。もしあったらアメリカの新聞が、政治家が黙っていない。どんなに昔のことでも取り上げ、騒ぎ立てるはずである。

文明国中国

「文明国中国。野蛮国日本」と戦争屋は言っている。面白い使い方をするものだ。国民の九十%が字の読めない国が「文化の長たる国」と称される。国交樹立以来、軍隊と砲艦を派遣して我が市民を保護しなければならない国が「平和を愛し、友好親善第一の国のお手本」と称される。借金踏み倒しでご高名な政府が「名誉と信頼を大切にする政府の鑑」と持ち上げられる。

我が国の居留民を繰り返し虐殺する国民が「親善の見本」と拍手される。十九世紀の大半、そして二十世紀に入って四十年のうち二十八年を内戦に明け暮れて、「平和を愛する国民」といわれる。町中に癩病患者の物乞いがあふれ、これをまたがないと町を歩けない国が「進取の精神にあふれた国」と賛辞を送られる。とうの昔に木を切り倒した結果、山は禿山となり、飢饉に何度も見舞われる国民が「思慮分別のある賢人」と誉めそやされる。盗賊に根こそぎ持っていかれる民が、しかも役人に盗賊対策を全く取ってもらえない民が「法に従う者」と絶賛される。国内が乱れているため、金持ちは海外に投資する国が、アメリカ企業にとって「金のなる市場」と呼ばれる。昔から特別な取り決めによって指定された港以外には、海外の商人が住むことも土地を所有することも許さない国が「アメリカとの交易を熱烈歓迎する国」と紙面を賑わす国になる。権力を行使する人を選挙で選んだことが一度もない国が「民主主義のために戦っている」と言われている。キリスト教教育のために建てられ、維持されているミッション・スクールにおいて、キリスト教教育が禁じられる国が「キリスト教の理想を求めて戦っている」と言われている。

事ほど左様に、現実と新聞報道には違いがあるのである。中国に相当期間、滞在したことのある人なら誰でもご存知のことである。ところが中国に同情するあまり、目をつぶる人が多い。もちろん日米戦開戦論者の「タカ派」は臆面もなく「ウソだ」と切り捨てている。こうして私が書いてきたことが正しいか否かは、調べれば誰でも分かることである。

中国貿易

交易記録を見ると、中国ビジネスの難しさがよく分かる。米国商務省の一九三七年度『年鑑』二九〇頁を御覧になるといい。一九〇一年から〇五年、全世界から中国が輸入した額の年平均は二億三千八百万ドルであった。ところが日中戦争の前年の一九三六年になると、これが一億六千七百万ドルに激減した。いずれも当時の米ドル換算である。

独裁者蔣介石が政権を握る前年にあたる一九二六年の輸入は、八億五千九百万ドルにも達していた。ところが蔣介石政権下の一九三四年は二億千百万ドル、一九三五年は二億百万ドル、三六年は一億六千七百万ドルと、年々下降している。これは他でもない、我が米国商務省の示す数値なのである。

蔣介石政権下の一九二六年から三六年の十年間で、アメリカの輸出は一億一千万ドルから五千五百万ドルへと半減した。主な原因は中国の国策にあり、また喜んで債務不履行をする役人の体質にあり、また無法者を取り締まらない法制度にあり、役人によるアメリカ企業の没収やゆすり、たかりにあるのではないかと思われる。

ところで、あの「門戸開放」に関しては、「蔣介石政権ほど『門戸閉鎖』しているところはない」とはっきり言える。

さてこうして縷々述べてきたが、それは中国人を非難せんがためではない。抗争、汚職は「代々親譲り」であるから、現代の誰彼を名指しで槍玉に上げることはできない相談である。

上げるとするなら、それは対日戦争の世論を盛り上げようとウソをひねり出すアメリカの新聞である。

英・仏流正義と名誉の戦い

「ベルリン・バグダッド間鉄道開通により、独立を脅かされるトルコ」と、第一次大戦数年前からイギリスの新聞、政治家は憂慮の声を上げていた。ところが第一次大戦が終わると、そのイギリスはあのオスマン・トルコからその領土の約八割を召し上げ、フランスには「御裾《すそ》分け」としてシリアを上げたのである。

風見鶏のイタリアを引き込むため、イタリアにもかなりの領土を約束した。釣られて参戦したイタリアは六十五万もの戦死者を出した。ところが戦い終わって一九一九年、「さて山分け」という段になって、あのイギリスとフランスは新たに密約を交わし、イタリアに約束した「分け前」をやらなかった。

また、日本を引き込むためにも策を弄した。「あの山東省が取れるように手伝ってやろうじゃないか」と言ったのである。ところが戦争が終わると食言し、「日本が山東省を取っては、崇高な国際理念に反する」と言い放った。

だからかどうかは分からぬが、一九二二年、とにかく日本は山東省を中国に返還した。そこでこの何の権利もないはずの中国の領土をやると言った態度と、満洲事変による日本の占領へのイギリスの大袈裟な悲嘆ぶりとを比べてみよう。

イタリアに対してもやってみよう。一九一五年、アフリカの一部をやると約束した（これはロンドンで秘密裏に交わした約束事であるが、一九一九年パリ講和会議で明るみに出ることとなった）。ところがそのイタリアが一九三五年、エチオピアを取ると「誠に遺憾」と泣いて見せたのである。

またドイツに対して、英・仏は「降伏すれば直ちに食糧封鎖を中止し、食糧を供給する」と約束した。そこでドイツ軍は一九一八年十一月十一日、飢えに苦しむ家族のことを思って「和議もやむなし」と判断した。よもやこれが「巧妙な罠」だとは誰も思いもしなかった。ところが休戦協定を結んだ後、食糧封鎖は解除されるどころか数ヶ月も続けられ、食糧はドイツに持ち込めなかった。例えば、アメリカ人が、北欧経由で戦いが止んだドイツに戻って「知りあいの子どもにやろう」と持ち込んだチョコレートさえも没収されたのである。

私の知人の体験談を紹介しよう。米軍の上官の命令で、飢餓地区に食糧を届けようとトラックで出発した。ところが、「いよいよ」という所に来ると、あの英・仏軍が行く手を阻み、「これより先は進入禁止である」と停止命令を下したそうである。

「飢餓」と一口に言っても、たとえられるものでない。現実に起こった惨劇なのである。食糧不足が一月、二月と続き、多くの町で千人単位で倒れるものが出た。中立国の推定で、その数、数十万といわれた。食糧不足が深刻になり、市当局は、品物がない店が食べ物の絵を書いた掲示板を掲げるのを禁じた。絵を見ただけで人は興奮し、暴動が起こるからである。

何ヶ月も続くこうした状況を目にしても、英・仏は食糧封鎖を解除しなかった。そのうち、英・仏国民も政府の意図が分かり出した。ヴェルサイユ条約でどのような条件を出してもドイツに拒否させないためである。イギリス首相ロイド・ジョージは一九一九年初頭からこうした飢餓戦術を取ることで、ドイツにボルシェヴィキ集団が台頭するように仕向けていたと言われる。ボルシェヴィキが帝政ロシアを倒したように、ドイツも徹底的に破壊しようという一味がイギリス政府内部にいたのである。

そうなれば殺戮、破壊を「ドイツ内部の一味」のせいだと宣伝し、非難の矛先をかわすことができる。また例の手で、「哀悼の意」を表明することもできるというわけだ。そういう根拠を話せば長くなるのでここではこれくらいにしておく。あの英・仏は、食糧危機の混乱に乗じて市民を襲う殺人集団のボルシェヴィキを抑えようとしていたドイツ軍まで武装解除したのであるが、そのボルシェヴィキの武装解除はしようとしなかったようである。意味深長な話である。

思い起こすと、あの食糧封鎖は一九一九年の夏まで続いた。速やかな食糧封鎖解除の約束に騙され休戦協定に応じたドイツに、数千人という単位で餓死者が出た。万単位というところもあった。封鎖を続けるイギリスで、解除を求める二万五千人規模のデモが決行されたが、解除されなかった。

これは、勝者となったイギリス政府の思惑通りのことだった。武装解除した敗者を欺いたのである。そして最大の犠牲者は子どもと老人であった。

ウィンストン・チャーチルは当時、海相、軍需相であった。今、「名誉ある国際関係を維持しよう」と、時折泣き言を言うラジオの声は、あのチャーチルの声である。また、殊勝ぶってアメリカの援助を請う政治家の大半が、チャーチルと同じく、あの時の英国政府の閣僚であった人間である。

ドイツをペテンにかけた一九一八年の出来事を別の角度から見よう。彼らはカイザーを退位させれば、すべてはドイツ国民のためにいいようになるとたびたび言われた。しかし退位と武装解除の後すぐに、英・仏政府の首脳が本当に自分たちを破滅させようとしていることに気づいたのである。

食糧封鎖、密かなボルシェヴィズム支援、再び強力な工業国とならないようにという鉱山の取り上げ、その他の選択し得るあらゆる卑劣な復讐の手段を使ってドイツを破滅させようとしたのである。

なぜなら、英・仏は分かっていたのである。真面目に働いたらドイツに敵《かな》わないことを。仕事でも、団結力でも、発明においてもイギリスは敵わない。イギリスの下層階級は酔っ払いで夢がなく、「クビ」になると失業手当を求めて騒ぎ、怠惰と貧乏に甘んじているが、ドイツにはこういう類の人はまずいない。働くことを喜びとし、どこでも働く。働いて働いて働き続けるのである。あたかも「怠けは忌み嫌うべきもの。信条は節約」のごとくである。

これはデンマーク人、オランダ人にもあい通ずるところだが、ゲルマン人に根ざした特質である。イギリス人にはこういう真面目さが全くない。

だから、イギリスが自分の得意技、つまり戦争でいつも勝負にでたとしても驚いてはいけない。真面目にこつこつやっては敵わない相手でも、海軍を持ち、相手より豊富な資源を確保し、資金を蓄えれば、「勝てる」と踏んでいるのである。

オランダがこつこつと平和裏に実績を上げると、イギリスは戦争を仕掛け、その植民地の大半を奪い、オランダ人を追い出した。十九世紀初頭、デンマークがこつこつと平和裏に実績を上げ、イギリスを追い越そうとすると、何の挑発も受けなかったのにイギリス政府は、何の警告もなくデンマークへ艦隊を差し向け、あらゆる船舶を拿捕し、イギリスへ持ち帰り、首都コペンハーゲンを焼き払い、デンマーク人を押さえ込んだ。

【原注】これはあのネルソン提督（一七五八～一八〇五）の、イギリスの外交姿勢に対する名言があった頃の話である。この姿勢は今もって堅持している。提督曰く「英国最強の交渉者は英国艦隊である」と。つまり、和平交渉などというものは口先だけの外交官がやるもので、表向きには大事

だが、世界的な野望は敵を殲滅する直接的な海軍力の行使によって実現されてきた。そしてデンマークの場合のように、発展し競争能力の兆候が見える前に、そのつぼみを摘んでしまうのだ。

この姿勢は、アメリカに対しても変わらない。独立宣言後間もない新生アメリカが、高速帆船を仕立て、世界の海で、平和裏に、イギリスに肩を並べ始めた一八一二年、イギリスは何かと理由を付けてアメリカに戦争を仕掛けたが、「潰せない」とみるや、別な手を使ってきた。「引き込み作戦」である。仲間に引き込み、敵を倒す。そのための宣伝に金をアメリカに送るという手である。

地道に働いて「イギリスに追いつき、追い越せ」と頑張る国に、戦争を仕掛ける。これがイギリスの歴史である。国策といってもおかしくはないだろう。アメリカを含めて、勤勉で向上心のある国で、一度もイギリスの標的にされなかった国はない。また新聞というものができるといち早くこれに目を付け、宣伝に利用したのがイギリスである。一九一七年、アメリカを買収して参戦させたように、戦争に勝ってぶん取った金の一部を宣伝費用に充て、次の戦争での同盟国を買収するのがイギリスの国策である。

第一次大戦でイギリスは崇高な戦争目的を並べ立てたが、戦争が終わった翌年の一九一九年、各国とさまざまな密約を交わしたことで「真の目的」がはっきりした。

一九一八年以降もカイザーのドイツ帝国に対したように、イギリスは武装解除されたドイツ人に野蛮人のように戦争を続けた。これではっきりしたが、帝政だろうと共和制だろうと一向に構わない。ただドイツ人そのものを潰したかったのである。

さて現在、イギリス人に雇われたウソつきは、「古来、イギリスは民主主義の擁護者である」と宣伝している。

真っ赤なウソである。実際は「最悪の敵」がイギリスである。一七九〇年代、フランスに芽生えた共和制をいち早く潰すため、軍を送ったのはイギリスである。また一度ならず二度までも戦争を仕掛け、アメリカの共和制を潰そうとしたのもあのイギリスである。

こうした時、イギリスの新聞は、「本国国民に対して悪しき前例としないために、民主主義はつぼみのうちに摘み取るべし」と公言していたのである。

イギリスは、相手国がどういう政権かほとんど構わず戦争を仕掛ける。欲に駆られてオスマン・トルコ「帝国」皇帝から領土を奪ったが、四十年前も同じように、南アフリカのオランダ人「共和国」、「自由国」を攻め、併合した。どこかの国が、平和的手段で真面目にこつこつ働いて、戦争という手段で征服し、築き上げてきた「大英帝国の独占世界」を脅かすようになると、イギリスはこうした国に、略奪と自らの安全保障のための戦争を仕掛けるのである。例えば、デンマークの海運が急速に伸びると見るや、温和な彼らに、あたかも独裁者に対するような、情け容赦ない戦争をしたのである。

イギリスは「遅れた民には保護者が要る」として、異国民支配を正当化している。しかしこれも明らかなウソである。なぜなら、独立を求める「アラブ人」や「インド人」を抑えたのと同じ野蛮な方法で、第一次大戦後独立を求める「アイルランド人」も機関銃でなぎ倒しているのである。

今、イギリスは「我こそは独裁者退治の一番手なり。あのナポレオンと戦った時もしかり」とうそぶいている。

はてさて、確かに「皇帝」ナポレオンと戦いもしたが、あの時、同時にアメリカ合衆国という「共和国」とも戦っていたのである。
イギリスは一体何のためにアメリカと戦ったのだ？

「世界征服を企むナポレオン」といったイギリス流歴史観にはしっかりした根拠がない。助力を頼んで倒したい相手には誰でもそう言って罵倒するのである。彼らはあのアブラハム・リンカーンに対してもそうした。イギリスがナポレオンと戦ったのは、端的に言えば、「ナポレオンが現れフランスが強国となり、イギリスが数十年前フランスから奪った植民地の返還を要求されることを恐れた」からである。

たとえ相手が民主主義国家であろうと、邪魔になると容赦なく戦争するのがイギリスである。例えばアメリカ、南アフリカのトランスヴァール共和国、オレンジ自由国、フランスなど。

逆に、独裁者であろうと、「役立ってきた者」ならどんどん同盟を組んでいる。例えば、トルコ帝国皇帝、帝政ロシアのツアーなど。第二次大戦が始まる一週間前まで、しきりにスターリンと同盟を組もうと画策していたし、今現在でも、独裁者ムッソリーニの援助を得ようと努力を続けているのである。

第一次大戦では、トルコに反感を持つアラブ人から援助を得るために、「トルコ帝国内のアラブ人が住む地区に、アラブ人の独立国を与える」という崇高な誓約をしている。また今回は、ユダヤの援助の見返りに、第一次大戦後イギリスの委任統治領となっているパレスチナを与えると約束した。だからアメリカのユダヤ系新聞は、イギリスと同盟し参戦することを主張しているのである。しかし独立を叫ぶユダヤ人がいない地域、例えばメソポタミアやシリア等では、英・仏はアラブへの独立の約束を反故にしたのである。

そして第一次大戦終戦の一九一八年、「約束の実行を」と言うアラブ人をイギリスは殺し始めた。有無を言わせず撃ち殺した数は、メソポタミアで八千である。英・仏は今もって、これを続けている。

アメリカの新聞では、イギリスの約束に釣られ、トルコからの独立を求めて戦ったアラブ人は「愛国者」と呼ばれた。ところがその同じアラブ人が「約束した独立の一部でも」と言って英・仏と戦うと、これは「テロリスト」と呼ばれたのである。

伝えられるところでは、第一次大戦中、英・仏は民族自決「達成」のためと称して殺戮を続けた。

戦後は、民族自決「阻止」のため、殺戮を繰り返している。

現在彼らがドイツと戦っている大きな原因は何か。それは英・仏が「民族自決」に反対したからである。圧倒的にドイツ人が多いダンツィヒやポーランド回廊で住民投票をしようとしたら、これを拒否したのは英・仏である。独仏国境のザール地方や、ドイツ・ポーランド国境の上部シレジア等での結果からおして、もしダンツィヒやポーランド回廊等で投票になったら、おそらく「ドイツ有利」になるだろうと理解した。したがって、第一次大戦でドイツと戦ったあの戦争目標「民族自決」を、ある意味「阻止する」ために、今次の戦いを戦っているのである。

一九二五年から三三年、フランスの北アフリカにおける領土拡張戦争の犠牲者数は入手できないが、むごたらしい戦争だった。一九一八年以来、英・仏が小アジアのアラブ人に対して起こしている戦争も、あれほどではないが同じようなものである。第一次大戦後、インドに起こった独立運動では、イギリス軍に数千人のインド人が射殺された。

【原注】この辺の事実をイギリス人にも認めてもらうには、H・G・ウェルズの『歴史概観』や

『ブリタニカ大百科事典』第十三版などを御覧になるといい。

民族自決のためと称して第一次大戦を戦った英・仏であるが、戦後はこれを阻止するために、二十万前後の現地人を殺してきていると言っても過言ではないだろう。

その多くは、フランス人によって殺されているのである。

しかしこうして英・仏に殺された民族は、アメリカの新聞、ラジオで実態を知らせることができない民族である。だからいくら殺されようが、アメリカ人の涙を誘うことはない。民族のいかんにかかわらず、苦難は苦難として涙を流すべきである。民族差別があってはならない。ところがアメリカの新聞、ラジオときたら、はるかに苦難に満ちた民族を無視し、それに比べたら苦難とは言えないようなことに対して嘆いてみせるのである。「何をかいわんや」である。

先ほども述べたように、第一次大戦に日本を引き込むため、イギリスは「中国の一部を日本にやる」と約束した。それから中国を引き込むためには、「日本と対抗するなら後ろ盾になってやる」と約束した。こうしたこと全てが、一九一九年のヴェルサイユ講和会議で明らかとなったのである。

一九三九年、四〇年の冬のソ連・フィンランド戦争が終結した後、ソ連がドイツと同盟を結ぶかに見えると、イギリスは反ソ宣伝を始め、「スターリンが提示したソ・フィン戦争の講和条件は過酷である」と義憤を露わにした。確かに過酷な条件だった。地図を見ると、スターリンはフィンランドのおよそ六%にあたる国土を切り取った。フィンランド人の十人に一人が退去などの影響を受けたという。

さて、こうした場合、英・仏はどうしたか、見てみよう。

三十八年前の南ア戦争でオランダ人を打ち負かしたイギリスは、その領土を百%取り上げた。

二十二年前、トルコを打ち負かした時は八〇%を取り上げた。第一次大戦後、英・仏はオーストリア・ハンガリー帝国の八五%を切り取った。一九一〇年、モロッコ侵略を本格化したフランスは結局、一〇〇%併合した。

こうしたことは、簡単な計算ができる人なら誰にも分かることである。ところがアメリカの買収された新聞、ラジオはこれとは全く逆で、英・仏を「人道、慈悲の実践者」と宣伝しているのである。こうした事例は減ることはなくても、増える可能性が大である。

さて、こうして個々の事例を比較検討すれば、あの「ソ・フィン戦争」の講和条約で、いかにスターリンが卑劣で冷酷であったとしても、英・仏に比べたら恐れるに足りない。恐れるべきは勝った時の英・仏なのである。

英・仏による「勝者の和平交渉」を「はるか昔、十九世紀のこと」と、雇われ新聞、ラジオのウソつきどもは庇っている。れっきとした二十世紀の話である。現在ただいま、「身命を賭して、武力を用いず、公明正大な解決法を模索しているのであります」と演説している英・仏の政治家の中に、実は、ああした「勝者の交渉」をした者がいるのである。

戦争におびき寄せる餌なのだろう。チェンバレンとダラディエは最近「イギリスもフランスも国際問題の解決に武力を用いることは大反対だ」とアメリカに言ってきている。

はたしてそうか、その証拠を『ブリタニカ（大英）大百科事典』第十三版の増補版で調べよう。これはヒトラーが台頭する前に、また、英・仏がアメリカを同盟に入れようと運動する前に編纂されたものである。一九二三年、フランスがドイツに侵入した時「どういう風に」武力を用いることを拒否したかが分かる。前年、ドイツは国際主義者によるマルクのインフレにより経済が完全に破綻し、第一次大戦の賠償金の支払いに窮していたが、二三年、フランス軍はこれをドイツの遅延行為として、ドイツに乗り込んだのである。第三十一巻三八九頁、「ルール地方」から引用しよう。

「フランス人は頑迷なるドイツ人を必ず撃破せんと決意し……フランス軍は武力に訴えた……対するドイツ人は態度を硬化してこれに抵抗……多数のドイツ人が逮捕され、強制移送が始まった……紛争中、数千名が投獄され、重税を課せられた。また予告後、数時間で、女、子どもを含む約十四万人が、問答無用で強制移送された。フランス・ベルギー軍に殺害されし者百名以上。獄舎では虐待が頻発。信頼できる情報によれば、有色人部隊が監視する獄舎に多発」

これが、徹底的な明け渡しを求める時のフランス人の、国際問題における武力の使用に関する考えである。

この引用部分が書かれた当時のイギリスには、幾分政治的な意味合いで、反フランス的な動きがあった。そうでなければ、『大英百科事典』に登場するわけがない。

これは歴史家なら全てが知る事実である。

フランス軍の侵略行為は一九二三年のことである。これは、ドイツに対する戦闘行為を停止すべく取り決めた一九一八年の休戦会議から五年も経ってのことである。事実上の連合軍の対独戦闘行為は終わっていなかったのである。いわゆるヴェルサイユ体制によって保たれた平和とは、単なるドイツ軍の武装解除だったのである。

いろいろ述べてきたが、ここでもう一度強調しておきたいことがある。それは、「私はアジアで、またヨーロッパで起きている戦争のどちらの肩を持つ気はない。ポイントは戦争屋のアメリカの新聞は英・仏に加担しているが、これを正当化する事実は全くない」ということである。

明らかなことは、フランス軍がこのルール地方を占領した時、ユダヤ商店の窓は割られもせず、また瞬《またた》く間に家から放逐された十四万人の中にユダヤ人は一人もいなかったことだ。なぜならコラムニストのドロシー・トンプソンは卒倒しなかったし、マニング卿も「文明の脅威だ」と叫ばなかったし、一人のアメリカ大使も召還されもしなかったからだ。

フランス軍による、また有色人部隊による被害者はドイツであり、ドイツ人だけであったことは明らかである。したがってフランス軍が殺そうが、投獄しようが、強制移送しようが、それは「民主主義の発現」ということになり、いっさい問題にされなかったのである。

「英・仏は真実に立脚する国である。政府の公約を実現するため、現在戦っているのである」と戦争屋は言っている。ではその証拠を見てみようではないか。

思い起こせば、英・仏は一九一八年、ウィルソン大統領が提唱した「民族自決」の原則を守ると誓ったはずである。「民族自決」とはつまり、「政府は住民が投票によって決める」ということだったはずである。「それならば降伏してもさほど酷い扱いはされまい」とドイツ人は考えた。「ウィルソンの言う公正な平和解決がなされ、アメリカの力で約束どおり食糧封鎖が即時解除され、民族自決、報復なき平和が確立されるだろう」と考えたが、愚かだった。すぐに気づいた。民族自決も食糧封鎖解除も何もかもが、降伏させるための「エサ」だったのである。

武装解除はされたが、何一つ約束は守られなかった。それどころか、英・仏はドイツの国土を切り取り、周辺諸国に分け与えたのである。魂胆が二つあった。一つは、ドイツの国境周辺にある鉱山を奪うこと。こうすることによって、ドイツは二度と再び強力な工業国家として立ち上がれない。二つ目は領土を与えることで、周辺諸国にドイツの永久弱体化に関心を抱かせ、強いドイツによる領土返還の要求をなくすということだ。

オーストリア

講和条約調印後、何年も、ドイツおよび周辺国間の関税等を規制されたので、ドイツとオーストリアは、生活物資等の交易という当然の権利まで剥奪された。

こうして国土の八五%を剥ぎ取られては、オーストリアの生きる道はドイツと組むしかなくなった。だから大戦後、オーストリア議会は圧倒的多数で併合を決議したのである。すかさずフランスは「中止しないと軍隊を送るぞ」と脅しをかけた。

これが、民主主義の原理原則を守り、民族自決を尊重し、国際問題の解決に武力を用いることを嫌うという英・仏のやり方である。

ところで一九一九年のパリ講和会議において、我がアメリカ代表団はドイツとオーストリアの合併を認める票を投じたのである。ところが反ヒトラーキャンペーンが始まって以来一貫して、新聞、ラジオはこうした事実を巧妙に隠している。つまり一九三八年、ドイツとオーストリアが現実に合併した時、アメリカ政府はさもショックを受けたかのようにふるまったが、何のことはない、こうした事実が世間にもれては都合が悪いのである。

当時の新聞は「鬼畜、無力な善人を飲み込む」という風な論調であった。ところが私はオーストリアの事情に詳しく、普通のオーストリア人の気持ちが分かっている人で、この論調に賛同する人に出会ったことがない。オーストリア人は圧倒的に「親ドイツ」だったのである。

その証拠に、英・仏はドイツ、オーストリアの合併の是非を問うオーストリアの国民投票に反対しているではないか。ヒトラーが登場してからだけではない。その前の「ドイツ共和国」時代から一貫してそうだったのである。

仮に、英・仏の政治家が、オーストリアの「ほぼ全国民が」ドイツとの合併を恐れていると確信しているとしたら、なぜあれほどまでに反対したのであろうか？

イギリスの牛耳る国際連盟というものが、どういう風に民主主義、民族自決の発展に尽くしたか、それは一九三二年七月十六日、オーストリアに与えた借款（実は政府要人への賄賂であった）の条件を見ればよく分かる。曰く「一九五二年まで、ドイツとの政治的、経済的同盟を慎むこと」と。

【原注】全文は、例えば一九三四年版『世界年鑑』六一五頁に載っている。これを初めて知ったイギリス人の感想がF・イェーツ・ブラウンの『ヨーロッパ・ジャングル』（一九三九年）にある。

それにもかかわらず一九三三年、議員の多数がドイツとの同盟を問う投票を支持したので、時の大統領ミクラスは議会を解散し独裁制を敷いて、ようやくフランスの要求に応えたのである。しかし当然ながらアメリカでは、オーストリアは民主主義を「堅持」と報じられていたのである。

どういうわけか、イギリス人とユダヤ人のために、「ヒトラーたたき」の世論誘導作戦発動以来この方、「オーストリアの声」を伝える欄はない。「民主主義の発展のため、民族自決の尊重、武力発動反対のため雄雄しく戦う英・仏」等などの如き勇ましい紙面づくりばかりである。

もう一度言わせてもらいたい。いくら戦争といってもそれは所詮、異国の戦争である。したがって、私はそのどちらにも加担しているのではないのである。

縷々述べてきたが、私の願いは唯一つ。新聞、ラジオ、そして狡猾なる政治家の実態を暴くことにある。彼らはアメリカを異国の戦争に巻き込まんと、明白なる事実を隠蔽するだけではない、膨大なウソの山を築いているのである。

第一次大戦後の英・仏による経済封鎖等の仕打ちに、数千万のオーストリア人は塗炭の苦しみを舐めさせられ、万に上る餓死者をだした。こうした英・仏の蛮行はその筋の情報通には周知の事実であるが、アメリカに詳細が伝わったことは一度たりともないのである。

【原注】こうした、第一次大戦が終わってから英・仏がなした世界を欺くとてつもないウソや、騙された者の苦悩を、多少紹介した本が、既に一九三三年までにアメリカでも何冊か出ていることは出ている。が、角の取れた、当たり障りのない滅菌された表現を用いている。しかし、レイモン・ブルエルの『ヨーロッパ十年の歴史』を読むと、真実を垣間見ることができる。しかし大方の出版界は、ヒトラーが登場した一九三三年、反ドイツ運動が起こって以来、敢えてこうした類の本を出すのは、「世の波に逆らうことになるのではないか」と恐れている。したがって、それ以降は「人権擁護者の英・仏」の一点張りである。

「英・仏の有力者のお眼鏡に叶うよう、ドイツ、オーストリア内のドイツ人を抹殺する」。これが真の狙いであったのである。

さて、英・仏は、ポーランドとチェコスロバキアをどう扱ったかというと、経済も住民も何もかも無視し、軍事基地に仕立てたのである。両国が国家として成立する前に傀儡政権を押し付け、「借款」漬けにして抑えたのである。この借款というのは、もとをただせばアメリカから借金した金で、未返済の金である。これでポーランドは陸軍基地、チェコスロバキアは空軍基地として、いつでも使えるようになった。

連合国流住民投票

第一次大戦で、アメリカから金を借りるだけ借りた英・仏は、勝って金が要らなくなったら突然、民族自決を提唱した大統領ウッドロー・ウィルソンを、「お引取りください」と冷たくあしらった。それでもウィルソンの顔を立てて、不承不承ながら怒りを抑え、いくつかの地区で「住民投票を実施すること」に同意した。同意の一つに、ドイツ・ポーランド間の国境にある「上部シレジア」がドイツに付くかポーランドに付くかを決める住民投票を行うことが謳われていた。

一九二一年三月二十日、英・仏軍監視下、「現地生まれの者で希望する者は戻って投票できる」という風にして、実施された。

さあ、実態はどうだったか、まだ情報隠蔽工作がそれほどなされていなかった頃の、イギリス側の資料『大英百科事典』十三版の三十一巻を見てみよう。「シレジア」の項から引用する。

ポーランド人は武力をもってシレジアを奪わんと画策し……（投票させまいと）ドイツ人はポーランドに強制移送された。殺害された者多数……

ドイツ側より戻って投票しようとしたが、投票場に入場を拒否されることしばしばだった。虐待された者、殺害された者もある。投票人が宿泊する家屋が放火されたこともある。

独立派の賊が村々を徘徊し、ドイツ人を襲い、多くを殺害した。

これが「英・仏流」住民投票である。「秩序維持のため」と称し、軍隊を派遣し、「実施」したのである。にもかかわらず、多くのドイツ人がシレジアに帰ってきて選挙に参加し、ドイツ帰属が七一万七、一二二票、ポーランド帰属が四八万三、五一四票という結果となった。

これに慌てたのが英・仏。特にフランスは慌てふためいた。

そこで、英・仏はポーランド軍と協力し、住民投票の結果を完全無視し、シレジア地方にある鉱山の七五％を占める価値の高い地方をポーランドに与えたのである

最近ラジオで、チェンバレンとダラディエがさかんに演説している、これが「英・仏政府流」民主主義と崇高な原理への貢献なのである。

ラジオで言うことと、実際やっていることは違うのである。特に、今次の第二次大戦が起こった背景を、新聞ラジオでは「知った風に」あれこれ解説しているが、こうした事実に触れた者は誰一人としていないのである。ヒトラーが去年の夏、「土地を返せ」とポーランドに攻め込んだが、あの土地の一部は一九二一年、英・仏軍立会いの下、厳粛に執り行われた住民投票の結果、「ドイツに返す」と約束した土地であったのである。こうした事実が表ざたになっては、アメリカを「対ヒトラー戦」に駆り立てる運動には都合悪かろう。

この数年でたった一度、あの上部シレジア問題がラジオで流れたことを聞いたことがある。話したのはCBSラジオの解説者のエルマー・デイヴィス〔訳注／一八九〇〜一九五八〕であった。ラジオ解説者として「あるべき立場」から、この問題を巧妙に扱っていた。曰く「住民投票結果、ポーランドに帰属となる」と。

ところが、彼の勤めた『ニューヨーク・タイムズ』のあの住民投票の翌日一九二一年三月二十一日付、第一面トップには「住民投票はドイツ帰属を支持」とある。当時は隠す理由が全くなかったのである。

さてこれは、たまたまだろうか。小さなことだろうか。おそらくそうだろう。ただほんの一例として紹介してみたのである。こうして、新聞、ラジオはアメリカをヨーロッパ戦線に参戦してもらうのに役立つことなら、どんな小さなことでも巧みに利用しているのである。「塵も

積もれば山となる」。伝えなかったり、反対に伝えられたりしたことが、一つ一つ集まると、アメリカを異国の戦争へと誘う、大きな力となるのである。一つ一つは小さなことだから気に留めない。しかしこうした逃げ口上、隠蔽、捏造、ウソが毎日毎日、何ヶ月も新聞、ラジオで続けられると、これがいわゆる「世論」となるのである。

とかく、戦争へ戦争へと向かう「世論」というものは、「ウソの山」でできているのである。

さて、英・仏は今、「平和を愛し、名誉を重んじ、民主主義を大切にし」等と言って戦っているそうだが、これが如何なるものか、少しでも光が当たればと思い、縷々紹介してきた。と同時に、アメリカを参戦させるための新聞、ラジオの策略にも光を当てたつもりである。

> 援助して正しき平和が打ち立てられた例はない。援助を求める国で、援助に見合った行動を取った国もなかった。ならば、こうした心の曲がった外国勢力のため、また国内の嘘つき連中のため、アメリカを戦争に巻き込み、国を危うくする必要があろうか？
> こうしたとてつもない宣伝工作に立ち向かうため、まともなアメリカ人には何ができるか。どうぞ318頁の「あなたにできることは何か」を御覧ください。

英・仏の戦争目的とその実態

常に武力行使をする英・仏だが、その際掲げる戦争目的が何であろうと、その行動からみたら、戦争目的とはかけ離れた軍事行動であることは明らかである。アメリカで宣伝されるような戦争目的のために英・仏は戦っているのではないのである。具体例を挙げよう。

一、「民主主義のための戦いをしている」と称しているが……、

これがウソであることは証明できる。ドイツに対抗するため、ソ連を含めた諸国連合を目論んだが、この中には、いわゆる民主主義国家より独裁制国家の方が多かったのである。

二、「独裁体制の蔓延に抗して戦っている」と称しているが……、

これもウソであることが証明できる。容赦ない独裁制国家、ポーランドを二十年に亘って援助している。ドイツが共和制だった一九三三年までも、ドイツに対抗するため、ポーランドを援助していた。

またここ数年は、ドイツに対抗する勢力として期待できるのであれば、どんなに厳しい抑圧国家でもかまわず、「現ナマ」をつかませたり、特別な貿易制度を設けたり等して、援助してきているのである。

イギリスはこの十二年、世界で二番目に過酷な独裁者、蔣介石を援助している。狙いは明らかである。日本の敵としておくためである。そしてイギリスがソ連を同盟国として必要とした時、日本がソ連を脅かさないようにするために、日本を中国戦線の泥沼から抜け出せないようにする狙いである。

ここ数年、英・仏は独裁体制のルーマニア、トルコ、ギリシャ等にあらゆる援助の大盤振る舞いをしている。「独裁制の蔓延阻止」どころか、都合の良い独裁者をいくらでも創り、援助している。

これほど独裁者を幇助し、援助する国はイギリスをおいて他にはないのである。

私は一貫してこう指摘してきたが、指摘されると戦争屋は、慌てて「英・仏がこういう独裁

者を援助したのはなぜか」、その理由を並べ立てる。私には「なぜか」は分かっている。私が問題にしているのは「どういう風に」である。英・仏やその代弁者になっているアメリカ人がどういう風にウソをつき、いかにも独裁者と戦っているという風に振舞っているか。それを問題にしているのである。

三、「圧制阻止の戦いをしている」と称しているが……、

これもウソであることが証明できる。この二十年、現代最大の圧制が行われている国はソ連である。ところが、あの英・仏は圧制を阻止するどころか、繰り返し繰り返し、通商条約やら何やらを結んで、このソ連を特別に援助している国である。これが実質的に、モスクワの政権維持の援助になったのである。

たとえば、一九二一年から二二年、数百万の人民が粛清されている、その最中、イギリスのロイド・ジョージ「親ソ内閣」はたびたび、レーニンとトロツキーに特別な支援物資を送った。動機は明らかで、日本に対抗するために、また万が一ドイツが灰の中から立ち上がった時のため、ソ連と同盟を組みたいからであった。

こうして英・仏がソ連と交わした膨大な数の条約などを、その気になれば、その条約名、日付を添えて紹介できる。これほど明らかな証拠を突きつけられても、臆面もなく大法螺《おおぼら》を吹ける国は、「圧制を阻止するための戦いを戦っている」という、あの英・仏をおいて他にない。英・仏は例えば、第一次大戦がそうであったように、「自ら行う圧制を広めるための戦い」を戦っているのである

確かに、英・仏もドイツで被害にあってはいるが、それを何倍も上回る数の人間を、ここ二十年、北アフリカ、シリア、アラビア等において、殺害し、傷つけ、追放しているのである。

紙面が許せば、T・E・ロレンス〔訳注／いわゆる「アラビアのロレンス」。一八八八～一九三五〕等、英・仏側にも信頼できる目撃者をいくらでも紹介できるのだが、その余裕はない。ロレンスは平然とウソをつき、残虐行為を重ねる母国、イギリス政府に憤然とし、アラビア勤務で頂いた勲章をたたき返した人である。当然ながら、新聞、ラジオはこうした事実を全く報じない。なぜなら、イギリスがユダヤ人を苦しめたことは一度もないからである。また英・仏は、アメリカの情報網を握る国際主義者の「黄金の輪」の一員だからである。

四、「自ら選んだわけではない政府の下で苦しむ人々を解放するために戦っている」と称しているが……

これもウソであることが証明できる。もし英・仏が華麗なる「解放軍」なら、まず己の帝国下の四億五千万ともいわれる臣民を解放するはずである。これは、ドイツに支配される者のおよそ四倍に当たる数である。少なくとも独立を願う者たちは解放するはずである。その気があったら、とうの昔に、戦争などせずにできたはずである。

また、「奴等は自分で自分の国を治めることができない」と言っているが、さて、どうだろうか。一九〇二年、イギリスに征服される前まで、南アフリカのオランダ人は立派に治めていたではないか。この他にも挙げようと思えば、似たような例を挙げることができる。

五、地中海に設けた海軍基地を「侵略を防ぐため」と称しているが……、

これもウソであることが証明できる。ここ五十年、英・仏は十年ごとの帝国拡大のために、地中海の海軍基地を活用している。イギリスの場合、一八八〇年代、エジプト、スーダンを取るのにここを使用した。フランスはここ三十年、北アフリカに入る基地として常用している。一九一九年、ここを基点としてフランスはシリアを、イギリスはトルコの大半を取ったのであ

る。

六、「国際社会における名誉ある地位を維持し、諸誓約を忠実に実行する」と称しているが……、

とんでもない言い分である。例えば、第一次大戦後のパリ講和会議で約束した平和や、戦争に引き込むために約束した「エサ」を、戦争が終わったらやらなかったことや、国境画定の基盤となるべき「民族自決」の誓約や、戦費返済（これは今でもアメリカの納税者に重く圧《の》しかかっている）をせずに平然と笑っていること等を考えれば、もうこれ以上、言う必要はない。

七、「民主主義を守るため、やむなく戦争に至った」と称しているが……、

これを支持できる事実が一つとしてない。「一九三九年九月三日、戦争に突入したのはポーランド援助のためである」と称している。ポーランドが民主主義であったことは一度もない。独裁制国家であったのである。ドイツも同じであった。ドイツとポーランドの戦争は、独裁制国家同士の戦争だったのである。したがって、民主主義のないところへ「民主主義を守るため」というのは明らかなウソである。

ところで、同じ年の後半に起きた「ソ・フィン戦争」に対する英・仏の態度を見てみよう。民主主義国家といえるフィンランドがソ連に攻撃された時、英・仏は攻撃したソ連と戦争をしなかった。政治的理由からである。

つまり、一九三九年の後半、英・仏は、民主主義といえるフィンランドには全く援助の手を差し伸べないまま、独裁制国家であるポーランドを守るためと称して、ドイツに戦争をしたというのが事実なのである。これが英・仏の対外政策である。英・仏のこととなると、とにかく「民主主義の擁護者」と持ち上げるアメリカの新聞、ラジオの「無茶ぶり」とを、合わせて見

るとよい。

何度か譲歩すれば、ソ連と「ある種の条約を取り交わせる」と楽観的観測を出し始めたが、これでソ・フィン戦争が終わった直後、「民主主義を脅かす国はいかなる国であろうと断固戦う」と言ったイギリス政府の馬脚が現れたのである。
八、「独裁制国家と戦うため英・仏帝国の武力はある」と称しているが……、
これもウソであることが証明できる。今回、ドイツと戦争を始めて以来、英・仏は独裁者ムッソリーニを、また可能ならばスターリンを仲間に引き込もうと何度も公式に「お誘い」している。また、一貫して独裁者蔣介石を援助しているのである。
九、「ドイツから攻撃された」と称しているが……、
戦争を始めた一九三九年の九月初めの三日間に、英・仏が出した声明文を見ると、これがウソだと分かる。またこれも調べれば分かることだが、ヒトラーは「英・仏とは戦争にならないように」配慮していたと思われるのに、英・仏は全く攻撃されないのに、九月三日、「ポーランドを助ける」と称してドイツに宣戦布告したのである。

第二次大戦は第一次大戦と全く同じように、東ヨーロッパに端を発した。第一次大戦の火蓋を切ったのはドイツとロシアである。英・仏は自らの意志でこれに参戦した。「ドイツを潰す絶好の機会」と判断したのは明らかである。そこでドイツ軍は（一九一四年）ベルギー経由で、フランスに反撃を加えたのである。ところが、アメリカ市民がこうした事情を忘れる頃あいを見計らって、英・仏は「警告も何もなくドイツから攻撃された」と主張したのである。あの時と同じ「誤魔化し」が今の新聞、ラジオである。昨年の九月三日、「三日遅れ」の参戦をした英・仏が、今になると「突然、攻撃された」と宣伝に、あい務めているのである。

通常、戦争になれば敵意をむき出しにするものである。ところが戦争が始まった去年の九月は、そういうものではなかった。直前までヒトラーは「英・仏とは争わない。要求することは何もない」と明言していた。にもかかわらず、英・仏は宣戦布告し、東欧の小さな戦争を全ヨーロッパを巻き込む大戦争にし、あたら若き命を戦争に駆り立て、戦死させている。「和平を提案する政治家を追放せよ」と英・仏の新聞は脅しをかけていた。こうして英・仏はなにも攻撃されないまま、また領土の一枚も要求されないまま開戦したのである。にもかかわらず、今、「突然、攻撃された」という印象を植え付けようと懸命に宣伝しているのである。

十、「英・仏の崇高なる伝統に則り、侵略者の魔の手からポーランドを救うために立ち上がった」と称しているが……、

証拠を前にしたら、これもウソであることが証明できるといっても過言ではない。一九三九年、ドイツは領土問題でポーランドに侵入したが、これとほぼ同じ事件が一九二〇年に起こった。レオン・トロツキー率いるソビエト軍がワルシャワ近くまで攻め込み、ポーランドを侵略するということがあった。

この時、英・仏はポーランド救援戦争をしたであろうか。しなかった。なぜならあのソ連軍の侵略は、いわゆる侵略ではなかったからである。国際主義政府がなしたものであり、侵入軍も国際主義者が指揮したものであったのである。したがってこうした状況では、イギリスの新聞が非難するわけがない。それどころか、その数ヶ月と経たないうちに、時の首相のロイド・ジョージはソ連のポーランド戦争に対し、素晴らしい貿易協定を結んで、実質上その栄誉を讃えたのである。

同じく、イギリスの新聞と「同じ星の下に」あるアメリカの新聞も、このソビエトによるポ

ーランド侵攻に興味を示さず、「二面」で軽く扱っただけである。当時のモスクワは国際主義者の手に握られていたことは確実で、したがって、将来イギリスの同盟相手と目されていたのである。

十一、「軍事的安全のために戦っている」と称しているが……、

これもウソであることが証明できる。一九三四年、ドイツの軍縮提案を拒絶したのは英・仏である。文無し貧乏のドイツが相手だから、軍拡競争なら「勝てる」と踏んだのは明らかである。

もし「軍事的安全」を望むのであれば、どのような形でもできたはずである。ところが平和的手段では、学問でも商売でもドイツに敵わないことが分かっていた。第一次大戦までの経験からして、平和的競争では敵わないことが分かっていた。だから軍拡の道を選んだのである。

そして一九三九年の十月、ドイツとポーランドの戦争が終わり、ドイツと英・仏の間にはこれといって戦闘がなかった頃、ヒトラーが差し出した軍縮を含む和平交渉をまたもや拒否した。協議することさえ拒絶したのである。「ポーランド戦争を起こしたドイツを罰すべきである」と言うのである。

これが、英・仏が戦争をやめない根拠である。忘れないでおこう。

チェンバレン君、ダラディエ君、昨年十月、あなた方の政府は以下のように世界に向かって声明を出した。たとえ、貴国が軍事上安全になるような軍縮提案をヒトラーが出しても、とにかくヒトラーが出すものは軍縮案であろうと和平案であろうと、一切、聞く耳を持たない。とにかくヒトラーを罰し、権力の座から追い払うと。

ヒトラーが和平案を出し、あなた方が望む形の軍縮が実現可能な時、ああいうことを言った

のはあなた方英・仏の政府の方ですよ。血に飢えた新聞のため、あなた方は自ら進んで、その身を国際主義者の「懲罰業務」に投じたわけだ。

したがって、チェンバレン君、もし懲罰業務に「へま」をしても、論点をすり替えたり、「我が身の安全のため、戦わざるを得なかった」等とはゆめゆめ、おっしゃらないで頂きたい。おっと、これは失礼。あなたの政府は懲罰業務を引き受けているのだから、戦争しているんでしたね、チェンバレン様。

ここではっきりさせてもらいますが、我々アメリカ人は、そういう懲罰業務に関しては絶対「ノー」です。だから、あなた方の「懲罰遠征」が上手くいかなくても、「助けてくれ」と泣きついてくるのは止めろ。

ところで、あなた方が言われるように「侵略」政府を倒さねばならないとしたら、英・仏の政治家軍団がどうしてとうの昔に自殺しなかったのでしょうか？　この数十年で征服した領土、人口を見ると、「あなた方が最大の侵略者である」ということは、証拠が全て物語っているではないか。

侵略者という点では、攻撃されないうちに攻撃したドイツは、ポーランドに対して明らかに侵略者である。同時に、三日後に参戦した英・仏もドイツに対して間違いなく侵略者である。英・仏は攻撃もされず、脅迫もされないまま攻撃したのであるから。
十二、「ヴェルサイユ条約で解決できなかった件、例えば、ダンツィヒ等のドイツ人居住区をドイツに返還するという問題の解決の交渉に喜んで応ずる用意はあったが、ヒトラー政権ではそれも不可能になってしまった」と今、言っているが……、
これもウソであることが証明できる。ヒトラーが政権を取ったのは、ドイツの降伏から十五

年も後のことである。さてその十五年間、ドイツは共和制であり、武装解除されていたから、事実上英・仏の脅威とはなり得なかったのである。この間、英・仏はどうしたかというと、ドイツがヴェルサイユ条約の改定を申し出るたびに、ことごとくこれを拒否していたのである。その条文というのは、実際、英・仏の誠実な政治学者を含むすべての良心的な第三者から見たら、「不合理で不公正な条文」と言うほどのものだったのである。

真相はこうだ

「ノルウェーもデンマークもドイツ軍に占領されているが、勝ったらそのまま居座るつもりである」と、アメリカを同盟に引き込みたいイギリスは盛んに宣伝している。結果は神のみぞ知る。ただそうならないことを願うのみ。ただこういう問題での断定的物言いは、単なる宣伝には付き物である。「暫定的に占領した」という所から、事が収まった後、列強が引き上げたということはない。

ところがドイツとイギリスを比較すると、ドイツの方が優れている。例えば、「ソ・フィン戦争」でフィンランド独立を支援したドイツ軍は、その役目が終了すると自発的に撤退した。また一九三八年のスペイン内乱でも、モスクワと組んだ一味を撃退するフランコ総統を支援したが、役目が終了すると全軍が引き上げた。ところが、あのドロシー・トンプソンや、お抱え戦争屋たちは揃いもそろって、「ドイツとイタリアは、内乱に乗じてスペインを切り取る予定であった」と微に入り細に入り解説していた。ところが意に反して、ドイツ、イタリア両軍とも、内乱が終わると撤退し、一握りの領地も掠め取らなかったのである。

ことさら「ドイツ軍、イタリア軍は偉い」と言うわけではないが、ともあれ両軍は撤収したのである。イギリス軍だとこうはいかない。

一八〇二年、イギリスは、フランスと結んだ「アミアンの和約」に則り、「暫定的」に占領したマルタから撤退すると約束したが、今もって、居座っている。また五十年前、エジプトの占領も「暫定的」としていたが、今もって、居座っている。スペインの内乱に介入して取ったジブラルタルも「暫定的」であったが、今もって、居座っている。

地図には、イギリスが「暫定的」に占領した地域で、今もってイギリス国旗がはためいている所がいっぱいある。「外交において道義を最優先する国はまず、ない」というのが世界共通の歴史である。とりわけ、「出る」と約束した土地から「出なかった」国のリストを作って見ると、最悪の国は間違いなくイギリスであると言える。

「我がイギリスは正義感に燃え、各国の権利を尊重し」等とうそぶいているが、第一次大戦後を見ると、これは事実に反することを忘れてはならない。心あるアメリカ人は皆、ドイツに占領されたデンマークとノルウェーが、元通りになる日が来ることを願っている。しかし英・仏の場合、その目的を公然と標榜するから、他の列強以上に信用ならなくさせる。英・仏は第一次大戦後どうしたか。「解放する」と称して戦争し、数百万の人間を己の帝国に併合したのである。そしてクロアチア人、スロヴェニア人、スロヴァキア人など、併合できなかった分は、己の政治目的に都合の良いように国境を策定するため、異国の旦那衆に「宜しかったらどうぞ」と献上したのである。

この点についても、イギリスは「我こそは道義国家なり」と叫んでいるが、それなら、率先垂範、暫定的に占領したマルタから、ジブラルタルから、エジプト等から撤退しなければなるまい。それから第一次大戦中、「アラブ人解放のため」占領したメソポタミアやトルコからも撤退しなければ、「責任を云々する」資格はない。ところが、今もって彼の地を銃剣で支配しているのである、フランスもしかり、シリアを支配したままである。

こうした英・仏の明白な過去から判断するなら、真実、公正であると信じて「助太刀」できそうな国はどこにもない。アメリカが参戦し一九一八年、ようやく英・仏が勝利した後、「望まぬ地」にいた数百万という人の数は数倍にも膨れ上がったのである。これら全てが、昔からの「天敵」に譲渡されただけである。英・仏に「解放」されたため、なおさら過酷な暮らしを強いられた者は数千万人にもなったのである。第一次大戦の時と同じように、今また、英・仏はアメリカの援助を引き出すため御託を並べているが、明らかに口先だけで、「本音」とは全く違うものなのである。

果たしてアメリカは道義国家か

「アメリカの道義を世界に広めなければならない」と戦争屋は叫んでいる。はてさて、このアメリカの政治家は人徳者ばかりで、全国津々浦々道義が行き渡り、輸出するほどあるとは驚きである。

信頼できる筋によると、一九三三年、ヒトラー政権発足以来、反政府活動で処刑された者、数百人という。さて同時期の我がアメリカはどうか。ＦＢＩ長官のＪ・エドガー・フーバー氏によると、何らかの事件に巻き込まれ、殺された人はおよそ七万五千人という。

こうしてみると、「無法状態のアメリカに住むのと、厳格過ぎるほど法を守るドイツに住むのと、どっちが危険か」を考えると、「どっちもどっち」のようである。

もしアメリカの政治家に、少しでも治安維持の才能があるのなら、国内の治安維持を最優先すべきである。政治家という者は、国民の生命、財産及び自由を守るために選ばれ、歳費をもらっているのだから。

一九三六年から三九年の三月まで三十三ヶ月続いたスペインの内乱に、アメリカをソビエト側につけて参戦させようと情報活動をしていた勢力があったが、その情宣によると、あの内乱の空爆で、およそ一万の市民が命を亡くしたらしい。その同じ期間、アメリカで、ギャング、強盗などの犯罪者に殺された者、およそ三万人である。

ところが、あの立派な新聞、政治家は一向に気に病む様子がなかった。ヨーロッパのことには涙を流しても、国内のこととなると平気な者がほとんどである。

次に日中戦争と比較しよう。私が最も信頼する資料によれば、一九三一年から三二年、アメリカでギャング等によって殺された人の数は、同時期、日本が満洲国を占領した時の、日中双方の死者数を上回っている。しかも物的損失を比較すると日中戦争で失われた物より、アメリカ国内の強盗などの犯罪の方がはるかに大きいのである。

我がアメリカの新聞、政治家ときたら、することに事欠いて、わざわざ遠くの人を探して同情しなければならないと思っているのだから「誠に立派」と言うしかない。「危機に瀕する人々の財産、生命の保護のため、アメリカは参戦する」と甲高く叫んでいる。それをいうなら、アメリカの方がよほど危機に瀕しているのである。

働きたくても働けない者が、アメリカ全土に何十万といる。法を守らない無法者がいるからである。ところが、法を守らせるべき政治家が「いかれて」いて、無法者から善良な市民を保護する気がない。

例えば、その土地土地にある組合に「入る、入らない」は個人の自由のはずだが、ほとんどどこへ行っても、「てめえ、俺んとこじゃなく、ほかんとこへ入ってるだろ」とか「てめえ、入っているだろう」とか「入ってないな」とか、何かと因縁を付けられ、殴られ、脅迫され、なかには殺される者もある、というようなことが起きている。

「しょば代」を払わないとダイナマイトを仕掛けるぞ、と脅される事件が毎日のようにアメリカ全土で起きている。一人の「脅し」に乗って、いくらか払ってしまったら最後、今度はそいつの「抗争相手」が「あいつのダイナマイトを止めてやるから、同じだけ、出しな」、と来る。

新聞も政治家もほとんどが腰抜けで、こうした事実を問題にできない。なぜなら、汚い連中が報道機関を握っており、「しょば代稼ぎ」の件を明るみに出そうものなら、「労働妨害」と非難されるのが「落ち」だからである。大体「しょば代稼ぎ」などというものは労働と呼べるものではない。

こうした労働者の「お頭」の仮面をかぶった詐欺師どもを極度に恐れおののく政治家や新聞は、すっかり腰抜けになり、労働者が本当に入りたがっているまともな労働団体と、詐欺師どもを峻別することすらできなくなっている。結果的に、こうしたことでアメリカ社会が麻痺している。もちろんその他の要因もある。例えば、さまざまな方面に蔓延した無法状態や、汚職収賄、政府への信頼感の急落などさまざまだが、とにかく早急に対処しないと、社会全体が完全に崩壊しかねない。ドイツとイタリアが独裁制になったのは、そういう状況になったからである。

もちろん私の知人には、罪を犯したことが一度もない人たちがいる。こうした真面目な働き者が家に帰れず、ほとんど職場で寝起きしている。帰宅しようとすると、殴る蹴るされ、殺されかねないのである。また、ある連中に金でも渡そうものなら、次々に別の連中が来るのである。

こうして真面目な市民の生命財産が危機に晒されているというのに、新聞を広げると、またラジオのスイッチをいれると「アメリカ人には、ヨーロッパやアジアで危機に晒されている人の自由を守る義務がある」と説教されるのである。

甚だしい者になると、アメリカ人にささやかでも「平穏に生きる権利」を確保するために選ばれていながら、その職責を情けないくらい全うしない政治家に限って、異国のことになると一転し、「平穏に生きる権利を守れ」と声を大にするのである。

こうした政治家は、戦争屋の新聞と「ぐる」になって、「アメリカには民主主義がまだ残っている」と叫んで、堕落、汚職を全て取り繕い、包み隠そうとしているのである。

こういう政治家には、遠慮なく、法という「鉄槌」を下さないと、早晩、アメリカの民主主義は終焉を迎えることになる。民主主義が消滅した例は、いくらでもあるが、民主主義を廃止する手っ取り早い方法は、悪巧みだろうが何だろうが、とにかく何でもかんでも「民主主義」を「逃げ道」にすることである。

「この国の自由を侵す恐ろしい国がある」と非難する声があるが、「為にする」ものであり、ほとんどの場合、証拠も何もない真っ赤なウソと分かっているものである。ただし、「国の中から」この国の自由を侵す者がいるとなると、これは単なる噂でも非難の類でもない。物事の本質を見極める目がある人には、はっきり見える「脅威」である。

こうした差し迫った「国の中からの脅威」に向かうと、怖気付いて、何もできなくなる新聞、政治家に限って、ヨーロッパやアジアのことになると元気百倍、「いざ戦わん、ヨーロッパで、アジアで」と叫んでいる。「恐れを知らぬ愛国者」ぶろうとしているのは明らかである。

しかし、アメリカの大多数の国民を騙そうとしたら大間違いである。一体全体、アメリカの政治家に「道義」などというものがあるであろうか？　国内問題に対処する時は、道義なるものをまず発揮しない連中が、海外問題となると、「盛《さか》り」が付いたようになっている。ああした雰囲気の中に、何か道義が生まれる要素があるであろうか？

またもし、政治家が道義に満ちあふれているとしたら、その恩恵を受ける者は納税者である我々アメリカ国民であるはずなのに、そうならないのはなぜなのか？

疑問はまだある。「はたしてこの国は、よそ様を裁けるほど完全無欠の道義国家であるか」という疑問である。問題は、言葉巧みに遠いよそ様の「怪しげなこと」を大きく取り上げ、国内で「現実に起こっていること」は無視する報道機関の姿勢である。

「目糞鼻くそを笑う」ではないが、反ドイツ連中は「ドイツ人とユダヤ人との結婚を禁ず」というドイツの「新法」を上げ、「対独戦」を煽っている。ところがこのアメリカ合衆国の州の中には、似たような法律、例えば「フィリピン人との結婚の禁止」という法律を備えている州があるのである。ただ、こっちを隠さないと、「反ドイツ論」の紙面が成立しないというわけである。

アメリカには、例えば、駅には「黒人用待合室」を割り当てる等とした「法的制限」がある。こうした制限法は、ドイツのユダヤ人に対するものより酷いものである。また、西部の州には日系人、中国系人が家屋を購入することを許可しない州もある。カリフォルニアに暮らす日本人とドイツに暮らすユダヤ人、この両者に対する土地法を比較すると、制限の多いのはカリフォルニアの方である。対するドイツの大都市の不動産の多くは、今でもユダヤ人が所有しているのである。

「いかなる人種差別も、連邦政府はこれを認めない」と新聞も政治家も叫んでいるが、もちろんこれは真っ赤なウソである。一九二四年に成立した「移民法」等をちょっとめくれば、すぐ分かる。この移民法はそれまであったものを「改正」し、完全な「排日」移民法に仕立てたものであるが、この改定に「ご尽力」なされた時の政治家、新聞の発言内容と、現在、「ユダヤ人との結婚を禁じる」というヒトラー政権と比べると、実質的な違いは全くないのである。

ヒトラーの人種差別法にユダヤ人はご立腹。ユダヤ人には金がある。アメリカの人種差別法には日系、中国系、フィリピン系、黒人達がご立腹。ただし金がない。新聞、ラジオのスポンサーでもない。したがって、日系人等の悲しみはたいして新聞、ラジオに取り上げられないのである。

ものは言いようで、どうにでもなる。「アメリカがよそ様より道義的に優れている」というのも同じである。確かに優れた面もあれば、劣る面もある。しかしアメリカの「来し方」をつらつら振り返るに、「抜群」とは決して言えないのである。

どんな強国にも栄枯盛衰がある。非常時もあれば、軍政時代も、独裁時代も、平和な時代もあるのが、「世の習い」というものである。

南北戦争に勝利した北部諸州が、戦後のいわゆる「復興」の十年、南部諸州に課した厳しい制裁措置に比べるなら、現在のドイツに責められるほどのものは全くない。また、独立戦争後、英国側に立って独立派に対抗したトーリー一派に課された懲罰に比べたら、ヒトラーのユダヤ人の市民権剥奪など、足下にも及ばない。あの当時のアメリカ政府は、国民のおよそ三分の一に当たるトーリー一派（子や孫も含む）の市民権を剥奪し、そのほぼ全資産を没収し、何千という人を追放した。子や孫にまで剥奪された市民権は一八一五年、ようやく完全に回復されたのである。

また、少数民族政策についても、アメリカの原住民（インディアン）政策ほど過酷なものはない。『「この地は汝らに約束した地なり」』と、全知全能なる神に誓い申し上げる」という風に厳粛な誓いをして、原住民に与えた特別居留地も、「あそこに油田を掘りたい、農場にしたい」と希望者が出ると、さっさと「お召し上げ」となった。こうして、原住民と取り交わした約束のほぼ全てが反故にされているのである。

こうして過去を見ても、また今の社会を見ても、アメリカに「よそ様」を裁く権利などどこにもないのである。列強で奴隷制度を廃止したのはアメリカが最後ではないか。最近、新聞が「野蛮人」と叩いているあの日本は、アメリカが「南北戦争」をして奴隷制度を廃止（一八六五年）したその一六六年も前に「平和裏に」廃止しているのである。

「アメリカは世界一の道義国家」というのは浅はかな考えである。たまたま天然資源に恵まれていたからそう考えるようになっただけの話である。今、新聞や政治家が非難している国は、資源に恵まれず、失業者があふれ、人口密度の高い貧しい国である。もしアメリカがそういう国だったら、同じような政策を採っているはずである。あふれるばかりの自然界の恵みに浴しながら、実はアメリカは道義的暗闇の森を脱しきれないでいるのである。したがって、よそ様に「戦争だ」と叫ぶ前に時間をかけ、国内問題をしっかり解決した方がよいのではなかろうか。

戦争という問題に関して言うなら我々はとても「平和主義者」とは言えない。一八九八年に起こした米西戦争の口実も、また、一九一七年の第一次大戦に参戦した時の口実も、軽薄なもので、あのような口実で戦争してきた国はめったにないのである。

そして今現在、ある特定の新聞、政治家はある特定の国を非難し、これらの国に「参戦を」と叫んでいるが、この参戦理由というものは彼らが非難する国が上げた戦争理由より、はるかに脆弱なものなのである。

過剰な国防論にご注意

まともなアメリカ人なら誰でも「相応の国防は必要であり、なければならない」ことに異論はない。しかし、過剰なまでの国防論の裏にある邪悪な狙いには注意が必要である。その数は少ないが、「戦争を招かないために、軍備をさらに拡張すべし」と叫んでいる連中と、アジア、ヨーロッパの戦争に参戦したがっている連中とは、同じ連中なのである。

第一次大戦に参戦する時、騙されたことを忘れてはならない。参戦前の一九一六年、安全保障同盟、国防同盟等を名乗る組織は全て、陸海軍の増強を求める一大キャンペーンを張っていたのである。

「アメリカに戦火が降りかかるのを防ぐ用意である」と称していた。しかし初めから戦争をしたかったのであり、「戦火が降りかかるのを防ぐ」どころか、アメリカを戦火に投げ込もうとしていたのだということが後になって明らかになったのである。

これにはウッドロー・ウィルソン大統領も一枚噛んでいた。早くも一九一六年三月には、英・仏が単独では勝てないとしたら、助太刀しようと企んでいたのである。

【原注】証拠は多数ある。例えば、E・M・ハウス大佐が書き記した物や、イギリス外務大臣のエドワード・グレイの回想録等がある。

国際主義者の常套手段通り、こうして裏で画策した上で、ウィルソンは「戦争不介入」を掲げ、再選運動を繰り広げ、いわゆる「準備」パレードを始めた。カラスのような間抜けな大衆は、これがてっきり国防の「準備」だと勘違いしたのである。しかし、ウィルソンは在任中唱えていた「絶対中立」に反しただけでなく、初めからアメリカの安寧など毛頭胸中にない連中と謀り、再選用の選挙スローガンにも反し、参戦の道を探っていたのである。

結局、ウィルソンのいわゆる「準備」キャンペーンも、愛国を隠れ蓑にした参戦運動の一つだったのである。

大戦後、上院査問委員会に立たされたウィルソンは、「参戦の本当の理由は、一九一七年初頭のドイツ潜水艦による無差別攻撃ではない」とついに認めざるを得なくなった。遡るはるか以前に計画は出来ていたのであった。反論できない証拠を突きつけられては、さすがのウィルソンも「潜水艦の無差別攻撃とは関係なく、おそらく参戦していたであろう」と認めざるをえなくなったのである。

あのウィルソンにしてこうであるから、国際主義者と繋がりがあることが明らかな者には「すべからく信を置くこと能はず」と心得るべし。

現在の状況はあの一九一六年と似ている。伝わる情報のほとんど全てを国際主義者という少数グループがにぎっている。大新聞の大部分を、ラジオのほぼ全てを、そして映画界に至っては一〇〇%握られているのである。となれば、政治家にとってこれほど強力な「後援者」になるものはない。選挙運動には「打ってつけ」である。だからこうした政治家は、この国際主義者が戦争を仕掛けたい国に「戦争を」と意思表明することで媚を売っているのである。

上位で楽に当選する者ならいざ知らず、下位の者には「再選が全て」である。となると、なりふりかまわず、アメリカにとって無用なヨーロッパやアジアの戦争に平気でアメリカを参戦させるような、つまり、「印刷機のインクのためなら、平気でアメリカ人の血を売る」、そういう落ちぶれた政治家がかなりの数になる、ということになっているのかもしれないのである。

さて、心あるアメリカ人なら誰しも「相応の国防」は望むところ。ただし「相応の国防」であって、新聞等に騙され、慌てて異国の戦争に参戦することになってはならない。あくまで「専守防衛」に徹することが大切である。

アメリカの第五列

外国勢力を援助するため、国民を煽動し、我が国の国益を損なおうとする者たちをいわゆる「第五列」というが、こうした連中がこのアメリカを脅かしているのではないか、という声が上がっている。

私は何年もこうした、アメリカ国内に潜む、外国の国益を優先する連中に反対することを、ものに書き、口にもしてきた。こうした者どもとは、一人の例外も許さず、ことごとく戦うことを主張してきた。イギリスに付くか、ドイツに付くか、いずれに付くにせよ、参戦運動をするのは、即ちこれ「反米運動」なのである。中国に付くか、日本に付くか、いずれに付くにせよ、参戦運動をするのは、これもまた即ち「反米運動」なのである。

いずれもアメリカの国益より、外国勢力の利益を優先するものである。

戦争屋は片時も休まず、情報を捻じ曲げ、「アメリカへの忠誠、これ即ちイギリス国王への忠誠なり」との思想をアメリカ人に植え付けようと努力している。イギリス国王への忠誠など、一七七六年の独立宣言でとっくに終わったはずだ。以来、独立宣言を取り消す等ということは、見たことも聞いたこともない。

また、同じく（表沙汰にはならないが、国際主義者が儲かるために仕組んだ策略であるが）、アメリカの国益をないがしろにし、アメリカを日本と戦わせたい連中は、「アメリカ人なら蔣介石を支援すべし」との考えを広めようとしている。

いくら何でも無茶である。中国とは、血生臭い専制政治が数千年も続いている国である。冷酷残忍な独裁国家である。アメリカ人とは比較にならないほどの、気質も考え方も異なる東洋の伝統を持つ国である。これほどアメリカと違う国はまず考えられないのである。

だから、いわゆる「第五列」との戦いにおいて重要なことは、カーネギー国際平和財団などの膨大な数の組織を相手に、一つの例外を認めず、戦うことである。これらは平和という仮面こそかぶっているが、イギリス側に付いて参戦させるための運動に、毎月何千万ドルという金をつぎ込んでいる。カーネギー財団の創設者はアイルランド生まれの英国人、故アンドリュー・カーネギー〔訳注／一八三五〜一九一九〕である。現在の総裁ニコラス・マーレイ・バトラーは、第一次大戦にアメリカを参戦させた運動の功績を買われて抜擢された人物である。こうした類の人物の演説は、どこでも「ハト派」と持てはやされている。「ハト派」の仮面をかぶっていれば、どんなに戦争の話題を取り上げても許される。ところが、彼らの言う「平和」とはいつも「イギリスの敵を倒せ」という話ばかりである。

アメリカの新聞・雑誌に登場する人の中には、密かに革命を企む組織の人間が多い。私は、彼らの実名や所在地、その確たる証拠を挙げることができる。こうした反体制煽動家は、一九一七年の革命で帝政ロシアが崩壊し、革命が成就した如く、また一九一八年の敗戦でドイツ帝国が崩壊した如く、もしアメリカを参戦させることができれば、アメリカでの革命を前進させることができると信じているのである。

したがって、今彼らは「アメリカ政府を守るため」ではなく、「破壊すること」を狙って我々に戦争を仕掛けているのである。

アメリカの「第六列」

しかし、こうした外国の国益を優先した物書きやラジオ解説者、政治家以上にアメリカの平和にとってはるかに危険なのは、ああしたウソにすっかり騙され感情的になっている何百万人もの国民である。

これは「第五列」ならぬ、いわば「第六列」とでもいえるものである。一八九八年の米西戦争、一九一七年の第一次大戦参戦というアメリカにとって「する必要のなかった戦争」に引き込まれたのは、ひとえに、こうした真っ正直で、新聞の書くことを何でも信じ、まさか「新聞が書かないことが多くある」とは夢にも思わなかった人がいたためである。

歴史は悪よりも愚かさを厳しく罰する。国家はそれ以上にしばしば、悪よりも愚によって滅ぶのである。今のアメリカはこの両者がもたらす危機に瀕している。今、可及的速やかになすべきことは、こうした国内の危機が肥大化し、国家が破滅の道をたどることがないように、「平和を堅持すること」である。

悪党どもは盛んに愚かな大衆を、する必要もない異国の揉め事に動員しようとしている。多くの国民が今までと変わらぬ暮らしを願っているこの国の繁栄のために、心ある国民は物事を的確に判断して行動しなければならない。

あなたにできることは何か?

この国の新聞、ラジオ界にもまともなアメリカ人が現れる日も近い。

しかしそれは当面おくとして、可及的速やかに解決すべき課題を検討しよう。

今、できる最善の道は何であろうか。

勝利への行動を

いくつか提言させてもらいたい。

考えの違う人の考えを変えよう、などということは止めて、同じ考えの人と行動を共にすること。

我が陣営には、誠にアメリカ人らしいアメリカ人がおり、既に圧倒的多数派である。したがって、我が陣営が一致協力して行動すれば、数だけでも勝てる。

次に、正真正銘「専守防衛による平和」を唱えている既存団体を支援すること。

現在、ざっと見ても例えば、退役軍人会はほとんどが信頼できる人たちである。また「アメリカの母」という団体もいい仕事をしているようである。似たような団体はたくさんある。

次に、あらゆるマスコミの攻撃をものともせず、またコントロールされ、ウソを書き続ける新聞に騙されず、あなたを支持してきた勇気ある人を支持すること。

例えば、リンドバーグ大佐、ヒラム・ジョンソン上院議員、ロバート・レイノルズ、ウィリアム・R・キャッスル等、国際主義者たちがいくら金を積んでも買収できず、また新聞、ラジオを使って手なずけようとしても「転向」しなかった人たちである。

次に、地元で協力的な人、または団体と付き合うことである。そして地域の団体同士が力を合わせることである。

次に、真にアメリカ人らしい聖職者、教師を支援すること。確かに新聞に持てはやされんがため、己の心情を曲げた者が多いし、無知な者もいる。しかし一八九八年、また一九一七年、聖職者、教師としての名誉を傷つけた、あの「いかさま宣伝屋」に「二度と騙されまい」と、あなた方に与する人が何千といるのである。

次は、敵を喜ばすようなキャンペーンはしてはならない、ということである。

そんなことをしても無駄である。これこそ敵の「思う壺」である。この戦いは、国際主義者を喜ばしていては勝てない。「徹底抗戦」しないと勝てない戦いである。そうすることで、我々アメリカ人が他人の干渉を受けない「真のアメリカの主」となることができるのである。

次に気をつけなければならないことは、新聞が本来は少数派である国際主義者のために活動する有名人をいくら持ち上げても、これに騙されてはいけないということである。こうした人は取り上げるが、その十倍もいると思われるアメリカ魂を持った傑出した人たちの意見は無視されているのである。

本来は少数派であるものを、あたかも多数派であるかの如き印象を与えてしまう特殊な技能を有するがゆえに、また外国勢の利権を、あたかもアメリカの国益であるかの如きに見せてしまう能力を有するがゆえに雇われているのが、新聞の編集者であるということを忘れてはならない。

もっと厳しい制限があるのはラジオである。軽薄な視聴者に「あらゆる意見を公平に放送している」と思わせるため、時々まともなアメリカ人の意見を織り交ぜているのがラジオなのである。

真実を広めよう

ところが幸運にも、会合での発言の自由や手紙で意見を表明する自由は、本稿執筆段階ではまだ認められている。これを最大限活用しない手はない。

本冊子は一個人の活動ではあるが、ささやかながらも何かのお役に立てるのではないか、と考え執筆している次第である。概要だけではあるけれども、知られることの少ないこと、多くが忘れてしまったことを書き留めたものである。今こそ全ての人に知ってもらいたい内容ばかりなのである。

本冊子は

多くの人が手にできるような値段設定になっている。外国勢力と手を結び、肩入れする気は毛頭ない、「アメリカ人によるアメリカ人のため」に書いてきたものである。アメリカの平和が続くことを願い、誰と組むわけでもなく、また攻め来る敵あらば、それが誰であろうとこの国を守るために戦い、攻撃されない限り、どこの国とも味方することも敵に回すこともしないという信念を示したものである。

ご同意下されたら、ご入用冊数分の現金か小切手をお願い致したい。百ドルご送金下されば、直ちに五百五十部お送り致します。

あるいは、本冊子を御贈呈されたい方がいらっしゃいましたら、その方々のお名前、ご住所、クラブ名など必要事項をお書き下されば、アメリカ国内なら百ドルで五百部、それぞれの方へお送り致します。

あなた様宛なら五十ドルで二七五部、ご送付される方が別々な場合は、国内五十ドルで二百五十部、それぞれの方へお送り致します。

ミリオンセラーに

何度か経験があるが、拙著をご購入下さったり、送料に送付先名簿を添えてご注文下さったりした方がアメリカ全土に数百万もいらっしゃる。

他では手に入らない情報が、行動力も影響力もある方々にすぐ使えるようになっている。時事問題の教材にご購入下さった大学教授がいらっしゃる。アメリカ魂を持ったコラムニストが引用して下さる。全国の聖職者がその支部に購入し配布するようお勧め下さっている。こうした冊子は誠に微力なものではあるが、低価格ながら結果を出すものだから、その効果は絶大である。

今ほど「事実」が必要な時はない。十冊でも百冊でも御購入頂き、お配り頂ければ、そのお方がお読みになり、ご自分でも新たに購入なさることになるでしょう。

必要なのは「事実」である。この冊子で友人に事実を伝えて欲しい。

こうして、この小冊子が百万人の手に届けば、この国家の一大事に、アメリカを愛する大多数の国民が勝利することに多大の貢献をなすことができるのである、

あらゆる地域の方々のご協力を頂かないと成り立たない。お一人様、千冊、いや場合によっ

ては五百冊でも結構ですから、配布願いたい。

どうか、お住まいの地域の聖職者、先生方、公務員、地域の有力者、退役軍人会会長様、下院議員等にお手渡し願いたい。

アメリカを愛するアメリカ人にどういう危機が迫っているか、説明する必要はあまりない。こうまで政治が腐って、これでもし必要もない戦争をするようなことになると、壊滅的打撃になる。このまま戦争屋の野望が達成されると、国家は負債を抱え、壊滅的混乱となること必定である。

アメリカを愛する心があるなら、自分にできることを何でもやるべきである。

真珠湾の真実

原題 Context of Pearl Harbor
『アメリカン・マーキュリー』１９６９年冬号
（先田賢紀智　訳）

「共産主義拡散が第二次大戦時の連合国側の主目的であった」と、稀代の歴史解説者ラルフ・タウンゼントが従来無視されてきた真珠湾攻撃へ至る様々な要因の「真実」を語る。

真珠湾攻撃に関する本は山ほど出ているが、真相を明らかにするには事実（fact）を述べる一文で十分である。つまり、

アメリカ政府は、日本が帝政ロシアの東アジア政策の邪魔になっていた頃は日本が取ったあらゆる行動に対してのみならず、取らなかった行動に対してまでも日本に一方的に肩入れし精神的にも大いに支持していたが、一九一七年のロシア革命でソビエトが政権を取り日本がソビエトの東アジア政策の邪魔となってからは、日本が取ったあらゆる行動に対してのみならず、取らなかった行動に対してまでも全て「有罪」の判決を下し始めた。

これは様々な記録に残っている。そのいくつか紹介しよう。

お読み下さい。一八九〇年代後半（訳注：日清戦争のことか。これからも年月日の表現には多少

注意が必要)、そして一九〇四年~五年、日本が帝政ロシア(訳注:当時はロマノフ朝の帝政)に仕掛けた日露戦争中のアメリカの主要な新聞雑誌を。そうすればアメリカ政府が日本の朝鮮半島の獲得(訳注:日清戦争の下関条約)と満洲統治を熱心に支持していた事が分ります。(訳注:ポーツマス条約。第二六代大統領セオドア・ルーズベルト(真珠湾攻撃時のフランクリン・D・ルーズベルトの遠戚)が仲立ちしアメリカのポーツマスで八月一日から十七回にわたり行われた。)

お読み下さい。アメリカのリベラル(自由党員)が当時、アメリカ政府に要望を突き付けていた様子を。「日本のアジア大陸における勢力拡大を支持せよ」という要望である。また、リベラル陣営に吹き込まれたキリスト教の伝道者達が日本の勝利のため、熱心に祈りを捧げていた様子を。また当時のアメリカのリベラルのトップにいた「クーン・ローブ商会」の会頭であったジェイコブ・H・シフが、セオドア・ルーズベルト大統領の信任を得て、日本が、南満洲に侵入しつつあるロシア軍をシベリアに押し戻すために開戦できるようにするため、巨額の借款を用立てた模様を。

お読み下さい。一九〇五年の夏、日本がシフの融資してくれたお蔭で日露戦争に勝利した模様を。その結果、ロシアが撤退のやむなきに至った満洲を日本が獲得したことにアメリカ全土が沸き返った様子を。(訳注:前述の如く、日露戦争の講和条約は米国大統領の仲介で、米国東部ニューハンプシャー州ポーツマス市で取り交わされた)。

お読み下さい。日本海軍の英雄(訳注:東郷平八郎)を絶賛するアメリカの報道振りを。宣戦布告なく攻撃を敢行し、卓越した戦法によりロシア艦隊を実質上壊滅させた日本海軍の英雄に対するアメリカの報道を。(訳注:ここも日付に注意。一九〇四年二月十日、ロシア政府が日本に正式に宣戦布告。日本政府もこれに宣戦布告。これに先立つ八日、日本の駆逐艦隊がロシアの旅順港を夜襲。翌朝、連合艦隊（東郷平八郎司令長官）も参戦したが反撃を受け失敗。なお、当時の国際法では宣戦布告前の戦闘は違法ではなかった。「開戦ニ関スル条約」が成立したのは一九〇七年のこと。「アメリカだって建国以来二百回くらい武力行使をしたうちで、上院の決議をとって宣戦布告したのは四回だった」（『大東亜戦争、こうすれば勝てた』講談社、一九一頁）。ここでも日付に注意。タウンゼントの言う「卓越した戦法」とは翌年五月二十七日の「日本海海戦」の「T字戦法」であろう）。

お読み下さい。これを受けアメリカ全土の若者という若者が東郷に敬意を表し、自分のペットの犬猫のみならず子牛にまで「トーゴー」と名付けた様子を。

それは日本が「反」帝政ロシア勢力の道具になり、リベラル陣営の遠大な目的達成の道具となっていた時のことである。

反帝政洗脳

こうしたリベラル陣営の最優先事項は「帝政の転覆」「ユダヤ人優遇政体確立革命」であった。だからジェイコブ・シフは日露戦争時、日本に与えた借款に条件を付けた。「日本に捕えられたロシア人捕虜にシフの手の者が反帝政革命の思想を洗脳する」という条件である。そうして戦後、釈放され帰国する前に膨大な反帝政文書に洗脳された捕虜は、帰国後もこの洗脳は解けなかった。その数五万人と、後にシフ自身が語っている。

帝政打倒は一九〇五年の日露戦争のロシアの敗北直後に起こった暴動で成就したものではない。それは帝政打倒派とジェイコブ・シフが暗躍するアメリカ政府が協力して蒔いた種、これが十二年後の一九一七年三月になって実を結んだものである。

一九一七年三月二十三日、アメリカのマジソン・スクエア・ガーデンにおいてリベラル派の「帝政打倒祝賀大集会」が開かれた。そこであのジェイコブ・シフの祝辞が読まれた。あの日露戦争時のロシア人捕虜の洗脳についての祝辞であった（『ニューヨーク・タイムズ』一九一七年三月二十四日、二頁）。

ジェイコブ・シフの業績をリベラル派が書いているが、それによればアメリカの第一次大戦への参戦がロシア革命の後になったのはリベラル派の圧力があったようである。もしアメリカの参戦が早まっていたならば、戦争で衰弱したスラブ民族（ロシア国民）が息を吹き返し、革命派に対する反抗はもっと強まっていたかもしれない。（訳注：ロシア皇帝ニコライ二世を倒し、ソビエト（評議会・会議・労兵会の意）の支持のもとに臨時政府が成立したのが一九一七年の三月十二日。別称「三月革命」。アメリカ下院が宣戦を可決したのは四月六日。講和条約がベルサイユ宮殿で開かれ調印されたのが一九一九年の六月二十八日。）

これらは全てあの一九四一年十二月七日のハワイの真珠湾へと続く道である。

さてその一九四一年の秋。ドイツ軍はロシア全土に侵攻していた。モスクワの危機である。ルーズベルトはどうしたか。アメリカ議会から宣戦布告の承認を得るにはそれ相当の事件を起こす必要がある。そのためにはドイツを挑発せねばならない。そこでルーズベルトはアメリカ海軍部隊に攻撃命令を発した。欧州近辺の海域にいるドイツ軍の船舶を攻撃せよとの命令である。しかしドイツ軍には厳命があった。それはアメリカの期待する事件を誘発しないため「違法行為に耐えよ」という命令である。この間、アメリカのリベラル派の官僚は、ドイツ軍がロシア全土に侵攻しようが、パリがヒトラーに占領されようが、イギリス軍がダンケルクで敗走しようが、取り乱さなかった。がしかし、モスクワへの脅威……ここまで来ると流石に耐えられなかった。

一方アジアでは様々な反則技を繰り出すルーズベルトが共産主義に肩入れする新手の反則技を仕組んであった。大枚をはたき、どこかのいくつかの米空軍基地からパイロットを引き抜き大編成の航空隊を編成し対日戦に参戦させたのである。アメリカ製の航空機を実戦に投入、しかも宣戦布告なし。クレア・シェンノート率いる「フライング・タイガー」である。

さて、モスクワへの脅威が迫る今、アメリカでは斯様な「中立」を偽装することはできない。全面戦争に突入する他、道はない。が、如何にして。世論調査によれば国民の八割が未だ「参戦反対」である。

ドイツは挑発に乗らない。そこでアメリカの目は日本に向かった。その頃日本は絶望的苦境に喘いでいた。資源に乏しく日中戦争は終わりが見えない日本は満身創痍。一方、中国にはデクスター・ホワイトによるアメリカ財務省から潤沢な援助があり、それ故に長期化する泥沼から日本が抜け出ることを許さなかったのである。

日本資産凍結

一九四一年七月、ルーズベルトはアメリカ国内の日本資産の凍結を命じた。日本にだけアメリカ石油の購入を禁じるばかりか、日本がアメリカ以外からこれを購入することを困難もしくは不可能にする一方、反日、容共の中国を支援し日本を益々窮地に追い込んだ。

日本の外交官は何人もルーズベルトに謁見し「実行可能な解決法はお持ちでないか」とお伺いを立てていた。

ところがアメリカ政府はあらゆる反共勢力を敵国とすることに決定していたのである。それはちょうど今日のアメリカ軍部が正真正銘の反共国家のみならず共産主義をとらない国家までも敵国としているのと同じである。

一九四一年十一月二十六日、コーデル・ハルは宣戦布告同様の「処方箋」を日本政府に叩き付けた。この所謂ハルノート（訳注：note は外交上の文書、公式の通達文、または通牒程の意味）は、事実上日本に対する、満洲と中国内にある日本軍占領地域からの撤退命令であった。報道陣に公開された要約（正確な文言ではない）にある通り、これは日本の「占領地」をアメリカは認めないと云うものであった。ところが、こうした日本の「占領地」の多くは、日本が帝政ロシアの敵であった時（訳注：日本が当時のロマノフ朝と戦った「日露戦争」）に獲得したものである。このことは当時アメリカ政府は日本に肩入れまたは少なくとも心から賛同していたのである。このことはハルノートの中に明示されてないが、考えれば分ることである。また一九四五年、勝ったアメリカが日本からどこを奪ったかを見れば分ることである。

さて日本は泥沼化する日中戦争から手を引こうとずっと努めてきた。領土など欲しがってはいない。ただ反共の橋頭堡として満洲を支配する権利、もう一つは、日本が撤退した後、満洲が以前の秩序なき混乱に戻り日本の投資した資産が荒らされることは何としても避けたい。これを保護する権利を主張しただけであったのである。だがアメリカの新聞はずっと「中国での戦争は日本が新しい領土を獲得しようとして始まった」と書くから読者はそう思い込んでしまった。だが事実は違う。戦争は主に中国共産党の圧力、とりわけ満洲を要求したあの悪名高き毛沢東の圧力によって始まったのである。毛は声高にこれのみを宣伝し、毛自身の文書に証拠は豊富に残っている。「タウンゼントは事実を歪曲している」という非難は的外れである。

「ジャップよ進退を明確にせよ！」と大書した記事がある。筆者が目にした『テキサス・シティ』一九四一年十一月二十七日の見出しである。リベラル陣営の高揚感の典型である。

パナマ運河通航禁止

さてハルが、とても日本が飲めない条件を押し付け宣戦布告同様の要望書を送りつけたのと前後して、アメリカ政府はパナマ運河の通航を日本船に禁じる命令を下した。これも違法である。筆者が知る限りこの事実は未だ公文書には見当たらない。

今やアメリカの石油は手に入らず、ほとんどの南米諸国との直接取引も封じられた日本に対し、容共の蔣介石軍と毛沢東の正真正銘の共産軍にはアメリカ政府から援助がある。この援助により日本軍は泥沼化した消耗戦に遺憾ながら引き込まれている。こうした泥沼にもがく日本がこれから取らねばならぬ行動、これはある程度、予測可能であろう。

ところでこれより数ヵ月前、最悪の事態に備え日本は仏領印度支那（訳注：フランスの植民地。現在のベトナム、カンボジア、ラオス。）に侵攻していた。これは前年六月にフランスがドイツに敗れたのに乗じたのである（訳注：「好機南進」。北部仏印進駐は九月、南部仏印進駐はハルノートの四ヵ月前の七月）。ところでここ仏印は距離的にシンガポール海峡（訳注：英軍基地がある）とスマトラのオランダ油田（訳注：蘭軍基地がある）に近く、両国の海軍の攻撃距離内にある。ということは、日本はいつでも南部仏印を放棄する用意がある、但しアメリカが日本の和平案に、結果として日本の自滅とはならない、そういう案にアメリカが同意すれば、である。これは明示されていないが、そうした含みがあったのである。

希望的観測による行動

一方、太平洋に目を向けると、なぜかアメリカ海軍が真珠湾に集結している。戦略ミスか。今、これを徹底的に叩けば時が稼げる。フィリピンを分断し、シンガポールを占領し、スマトラを油田源として取り、中部太平洋諸島の要所に基地を置いてアメリカを数年抑える。これで和平案成立までアメリカの手からアジアを守ることが出来る。

情報通の日本人でも「アメリカと十分渡り合えると考える人はまずいなかった。逆にアメリカ政府内にはアメリカの国益より「共産主義の目的」に憑りつかれた者やこれの政治的奴隷となっている者がウジャウジャいたのである。これでは日本の指導者達には激化する戦争から逃げ道が見つからない。「窮鼠却って猫を噛む」。

ところが一九四一年の十二月、日本の指導部に「猫を噛む鼠」が如き決断力のある人材はなかった。その内には私が面識があるお方もおられたのであるが。その多くがアメリカ留学組でアメリカ好きである。ところが彼らの願いは最後まで鼻であしらわれた。その願いというのは、歴史的に中国領土であった土地から日本人が安全に撤退するために協議をすること等の問題を調整をしたいという願いである。が、既に鼻であしらわれてあったのである。

日本側は最後の最後まで奇跡・神風が吹くことを望んだ。だから帝国海軍及び航空隊に対する攻撃命令は最後の最後まで「待て」がかかっていた。練りに練った奇襲作戦である。しかし奇跡は起こらず。そして、あの「風の暗号（Wind Message）」が送られた。（訳注：海外の外交団に知らせる日本政府の暗号。ＮＨＫの短波放送の天気予報で「東の風、雨」「北の風、曇り」「西の風、晴れ」とあれば、それぞれ対米、対ソ、対英関係の悪化、開戦準備を意味していた。真珠湾攻撃の数日前に発信したようである。もちろんアメリカ側はこれを傍受、解読していた。）

日本は駐米大使野村吉三郎が十二月七日（日）に米国国務長官コーデル・ハルに宣戦布告を手交する手筈であった。ところがこれが長文で遺憾の意が縷々述べてあった。これを（暗号を解読し、英訳し）爆撃機が真珠湾上空に到達する予定時刻まで正確に一時間を切ってから届ける手筈だった。これは「宣戦布告なくして攻撃を開始した」との汚名をかわす見え見えの作戦であった。それとアメリカ艦隊に出口の狭い真珠湾から逃げ出す時間を与えないがためのぎりぎりの作戦でもあったのである。

ところがワシントンの日本大使館事務員の不手際により暗号読解と手交文書の作成に手間取る。そして電文の核心である「戦争」が判明した時は、時すでに遅し。真珠湾に爆弾が投下されている最中であったのである。（訳注：真珠湾攻撃の予定時刻は日本時間十二月八日午前三時三十分、ハワイ時間七日午前八時、ワシントンでは七日午後一時三十分。駐米大使野村吉三郎がハルに渡したのは二時二十分頃。攻撃開始から一時間近く過ぎていた。）

ところで如何にしてアメリカ側が日本の真珠湾攻撃の何時間も前に暗号を解読しそれを上層部が入手したか、これは今や広く知られている。

聞き取り調査や一次資料から次のことが明らかになっている。

一九四一年九月二十五日、ルーズベルト大統領が出席した閣議において以下のことが決議された。一つは「日本に対し極端なる挑発行為をしかけること」。今一つは「ある程度アメリカ軍の損失は覚悟しておくこと」である。これらは日本を侵略者として世界中に知らしめ、それにふさわしい「大立ち回り」をさせてやるためである。やはりルーズベルトは国民が戦争へと突き進むきっかけを望んでいたのである。

そこにはヘンリー・スティムソン陸軍長官も同席していた。彼はフーバー大統領の国務長官（訳注：一九二九～三三）を務めた人物であった。国務長官時代の一九三一年、スティムソンは日本に戦争を仕掛けようとした。が、フーバーに却下された人物である。あれから約十年後の一九四〇年、ルーズベルトがこのスティムソンを陸軍長官として復帰させると交戦派リベラル陣が湧き上がった。

このスティムソンがあの九月二十五日の閣議の模様を綴った日記から引用しよう。

問題は、如何にして我々の危険は極力抑えつつ、奴等（日本）を最初の一発を打たなければならない立場に誘い込むか、であった。これは難問であった。

多くの作家がこれを引用している。例えば海軍少将ロバート・A・シアボールト著『真珠湾最後の秘密』"The Final Secret of Pearl Harbor"（一九五四年、七六頁）。

ルーズベルト、ハル、それとスティムソンの三人による「読み」すなわち、それ相応の事件が起きたらアメリカ人国民も立ち上がるという「読み」は閣議で承認された。この模様を知らない人は「日本は〝挑発されない〟のにも拘らず攻撃をした」と思う。となれば「世界征服を目論む狂気の日本」という噂が単なる噂ではなく事実であった、ということになるのである。

当時、日本の戦争は四年にも及んでいたが、あの戦争は、一九三七年（昭和十二年）の夏の七月七日の夜、北京郊外で起きた発砲事件が泥沼化した戦争である（訳注：盧溝橋事件）。私はあの年の七月南満洲の奉天にいた。七月七日の事変以来あの奉天にも緊張が走り、私の予約した北京行の列車は「事件進展中　情勢不穏」につき運休となった。それから「現地で双方が事件解決に合意」というニュース、続いて「間もなく運行再開」というニュースが入った。ところが七月十二日、米国財務省からデクスター・ホワイトを通じて蔣介石にかなりの「現ナマ」が渡った。これで緊張が再燃し、やがてこれが全面戦争となったのである。

さてアメリカに戻った私は驚いた。あの盧溝橋事件後の「現地解決」に触れた記事が一つもないのである。この「現地解決」は「対日戦と満洲奪還を叫ぶ暴徒と結託した蔣介石によって覆された」と報道されていたのにもかかわらず、である。現にこれは現地の中国にあるアメリカ領事館員や責任のある人物の間では盛んに話題になっていたことである。

一九三七年に新たに始まった日中戦争における日本側の作戦は以下の通り。「まず中国軍に猛攻を加えこれを数百キロ内陸部に追い込める。次に沿岸諸都市を支配する。しかる後、新しく領土は求めず、補償なしの撤退を申し出る。但し満洲の支配権は譲らない」というものである。

そして作戦通り内部侵攻作戦が事実上成功した日本軍は一九三八年一月一日「和平交渉」を切り出した。しかしアメリカの援蔣ルートは相変わらず。蔣介石陣営の赤化は進み、中国全土に抗日網が増強されているがごとくに思えた。同時にアメリカでは中国共産党への同情論を新聞が盛んに煽っていたのである。

アメリカは共産主義をアジアに打ち立てた。そして用済みとなった蔣介石を台湾に追い落とし「お払い箱」とした。こうして八年続いた戦争が終わると思惑通り中国を毛沢東に引き渡した。しかしこの戦争は参戦した中国人のほとんどが「あらゆる方面からの脅威を打ち払うために戦った」と信じていた戦争であった。しかしこうしたアメリカが赤化されたポーランドを「共産主義の支配」から救うだろうか。救わないだろう。それと同様に中国をも「共産主義の支配」から救うだろうか。救わないだろう。

アメリカの密約は共産主義の味方

あらゆるアメリカの密約は共産主義の味方だった。但し、密約が露顕する事態に備えて「言い訳」はちゃんと用意してある。「ルーズベルトは精神的に病んでいたのではないか」という「言い訳」が。ところがルーズベルトの後継者であるトルーマンは言い訳するどころか、その数々の悪行を継続している。例えば東欧では十を数える国が「アメリカは我々を自由にしてくれた」と思い込んでいた。が、実は「アメリカは密約によって我々を共産主義のモスクワの奴隷にしたのか」と気付いた頃は「後悔先に立たず」。その十の国とはアルバニア、エストニア、リトアニア、ラトビア、ブルガリア、ポーランド、ハンガリー、ユーゴスラビア、チェコスロバキア、ルーマニアである。そして朝鮮の半分も朝鮮人には朝鮮人には異質の共産主義の支配に委ねられた。それも朝鮮の完全な独立が約された後のことである。朝鮮では今でも、もしあなた以外に誰も聞いている者が傍にいなければ、御年輩の朝鮮人がこう言いますよ、「叶うものならもう一度日本人に戻って来てもらいたい」と。

中国を見ると、アメリカの見せかけだけの「自由の十字軍」のお蔭で約七億の民が警察国家の奴隷にされた。それは中国人が今まで経験したことのないものである。この七億の国民全体がかつてない惨憺たる羽目に陥っているのである。そして中国からポーランドまでアメリカに「救ってやる」と言われて騙された国は、アメリカの助言を真に受け、その敵対する国からの和平交渉を拒否していた。しかしこれを受け入れていた方が、救世主ぶったアメリカの言いなりになった結果今、投げ込まれている悲惨な状態より何百倍も良かったのである。というのは、第二次大戦でアメリカが味方した国でもまた結果的に共産陣営に組み込まれた国でも、戦前は出国を希望する一般国民を出国禁止にした国は一つもなかった。ところがアメリカが「解放」して以来、ほとんどの国民にとって出国は不可能となっているのである。

第二次大戦が終わってからの五年間、アメリカは唯一の最終兵器（原爆）保有国であった。よって、どこの国でもアメリカの言い分を拒否したらアメリカと決闘になる。としたらこれを拒否できる国は地球上どこにもない。従ってアメリカは一発も撃たずともいつでもどこでも自らを正当化できたのである。それにもかかわらず、ルーズベルトの後継者であるトルーマンは数々のルーズベルトの悪行の修正を拒んだのである。そして米国上院も同じく共産主義者と交わした密約のどれ一つも議会で批准されていないにも拘らず、トルーマンの悪行の数々を正すことを拒んだのである。アメリカは第二次大戦で自由の砦として信望を得たが、信望に見合うことは何一つ実践していなかったのである。

一九三〇年代アメリカは日本がいかなる和平案を持ちかけようが中国共産党を援助して抗日戦を続けさせている。

一九六〇年代のベトナム戦争で今度は「赤い」中国が、アメリカがいかなる和平案を持ちかけようが、ベトコン（ベトナムの共産勢力）とハノイを援助して対米戦争を続けさせている。

いずれもアメリカ政府が仕組んだのである。

山ほど出ている解説書によれば「日本が満洲を中国に明け渡さなかったために、真珠湾攻撃となった」となる。確かに日本が満洲の権益を主張する根拠に「非の打ち所がない」という訳ではない。しかし思いのほか根拠があったのである。逆に中国の主張する根拠は「非の打ち所だらけ」だったのである。

日本は匪賊・馬賊が暴れ回る無法地帯に飛び込み、これを数年で制圧し王政復古させた。以前、数百年満洲を支配した王朝である。ラスト・エンペラー、ヘンリー・プーイーこと愛新覚羅溥儀はこの満洲王朝の末裔であった。これには二百万の満洲族のみならず、モンゴル族、朝鮮族、はたまた中国人まで合わせた数百万人が喜んだ。日本人もこれを見て「受け入れられた」と見た。(訳注:「五族協和」。満洲国建国の際の日本政府の謳い文句)。軍部はこの新政権を守った。新しい繁栄の大波が湧き上がったのである。

短い中国の満洲統治

記録に残る満洲の歴史は数百年しかないが、その歴史の中で中国に支配されたのは約十五年しかない。一九一一年から二〇年代半ばのことである。満洲族は一六〇〇年代に中国を征服し、北京に遷都。以来一九一一年まで満洲を自らの故郷としてある種、特別保護地域としていた。その一九一一年の辛亥革命で満洲王朝(清朝)が倒れ、中国を追われ、北京には新しく中国人による「中華民国」が成立。この新政権は満洲人がその故郷である満洲に帰り、ここを元のように統治することを許さず、これを中国に編入した。こういう歴史があった地である。

その後、一九二〇年代になると満洲は「満洲は中国ではない、独立国である」と宣する独裁者で悪党の暴れ者の中国人(訳注:張作霖)に乗っ取られた。一九三一年、日本がこの暴れ者を追い払い(訳注:張作霖爆殺事件は二八年六月四日)、満洲皇族を玉座に返り咲かせた(訳注:溥儀が満洲国執政となったのは三二年。三四年に皇帝)。ところでアメリカはこの間どうしていたか。張作霖が満洲の独立を叫んでいた時も日本が満洲を支配した時も「満洲は中国」との態度を変えなかったのである。

これは「もしもの話」であるが、もし日本が一九四一年、アメリカに対し「一八九八年にスペインから獲得したプエルトリコから撤兵し、これをスペインに復せよ」を要求したとしたらアメリカはこれを素直に飲んだであろうか。（訳注：米西戦争に勝利したアメリカはプエルトリコ、グアム、そしてフィリピンまでも獲得。因みに「リメンバー・パールハーバー」で第二次大戦に参戦、「リメンバー・メイン」でスペインに戦争を仕掛け、一八三六年「リメンバー・アラモ」でメキシコからテキサスを奪った。）

アメリカが「アジアの審判員はアメリカである。日本は満洲から出て行け」と宣い、戦争を始めた。その結果、数百万が倒れた。この判決に従わず、満洲を中国に返還しなかった罪で日本の指導部は、侵略戦争を開始した罪、その他の罪を問われ死刑判決を言い渡された。しかしお気づきであろうか。アメリカも日本同様、満洲を中国に返還しなかったことを。アメリカには、日本を破ると同時に満洲の支配権をソビエトに譲渡するという密約があったのである。ソビエトも同様に動き、「赤い」毛沢東の中国全土乗っ取りが成功するように諸問題を処理したのである。だからアメリカは、日本には満洲を中国に元通りに返還するように要求したのに、自分では正確な意味で返還したことにはならないのである。

米国政府に潜むリベラルで、最初に「吊るされる」のは誰になるだろうか。

著者略歴

ラルフ・タウンゼント（Ralph Townsend　1900-1976）

アングロサクソン系アメリカ人。コロンビア大学卒。新聞記者、コロンビア大学英文科教師を経て国務省に入る。1931年上海副領事として中国に渡る。満州事変に伴う第一次上海事変を体験。その後福建省の副領事として赴任。1933年初めに帰国。外交官を辞め、大学講師のかたわら著述と講演活動に専念。親日派の言論を展開したため、真珠湾攻撃後は１年間投獄される。６冊の著作すべてに極東アジアに関する鋭い知見を披露している。

訳者略歴

田中　秀雄（たなか　ひでお）

1952年福岡県生まれ。慶應義塾大学文学部卒。日本近現代史研究家。著書・訳書に『優しい日本人、哀れな韓国人』（WAC出版）、『中国共産党の罠』（徳間書店）、『日本はいかにして中国との戦争に引きずり込まれたか』『朝鮮で聖者と呼ばれた日本人』（以上、草思社）、『暗黒大陸中国の真実』（R.タウンゼント著、共訳、芙蓉書房出版）、『中国の戦争宣伝の内幕』（F.ウィリアムス著、芙蓉書房出版）

先田　賢紀智（さきた　けんきち）

1955年鹿児島県生まれ。早稲田大学第一文学部卒。1980年より千葉県の県立高等学校英語科教諭。アメリカ、イギリス、中国、韓国、東南アジア諸国に渡り、近現代史を研究。著書に『インドネシア紀行』（共著、展転社）、『南京「事件」研究の最前線』（共著、展転社）、『ありがとう武士道』（S.フォール著、共訳、麗澤大学出版会）、『暗黒大陸中国の真実』（R.タウンゼント著、共訳、芙蓉書房出版）

※本書は『アメリカはアジアに介入するな』（小社刊、2005年）の
増補・改題・新編集版です

続　暗黒大陸中国の真実
──ルーズベルト政策批判　1937-1969──

2020年11月27日　第1刷発行

著　者

ラルフ・タウンゼント

訳　者

田中秀雄《たなかひでお》・先田賢紀智《さきたけんきち》

発行所
㈱芙蓉書房出版
（代表　平澤公裕）
〒113-0033東京都文京区本郷3-3-13
TEL 03-3813-4466　FAX 03-3813-4615
http://www.fuyoshobo.co.jp

印刷・製本／モリモト印刷

ISBN978-4-8295-0802-2

【芙蓉書房出版の本】

暗黒大陸中国の真実　新装版

ラルフ・タウンゼント著　田中秀雄・先田賢紀智訳

本体 2,300円

80年以上前に在中国アメリカ人外交官が書いた本。「今と変わらない姿にただ驚くばかり」と大反響だったロングセラーが新装版で再登場！　戦前の日本の行動を敢然と弁護し続け、真珠湾攻撃後には、反米活動の罪で投獄されたタウンゼントがその眼で見た中国と中国人の姿を赤裸々に描いた本。

自滅する中国

エドワード・ルトワック著　奥山真司監訳

本体 2,300円

中国をとことん知り尽くした戦略家が戦略の逆説的ロジックを使って中国の台頭は自滅的だと解説した異色の中国論。

スマラン慰安所事件の真実

ＢＣ級戦犯岡田慶治の獄中手記

田中秀雄編　本体 2,300円

日本軍占領中の蘭領東印度（現インドネシア）でオランダ人女性35人をジャワ島スマランの慰安所に強制連行し強制売春、強姦したとされる事件で、唯一死刑となった岡田慶治少佐が書き遺した獄中手記。遺書、詳細な解説も収録。

敗戦、されど生きよ

石原莞爾最後のメッセージ

早瀬利之著　本体 2,200円

終戦後、広島・長崎をはじめ全国を駆け回り、悲しみの中にある人々を励まし日本の再建策を提言した石原莞爾晩年のドキュメント。終戦直前から昭和24年に亡くなるまでの４年間の壮絶な戦いを描く。